M. Scott Peck

La Nueva Psicología del Amor

M. Scott Peck

LA NUEVA
PSICOLOGÍA
DEL AMOR

M. Scott Peck

LA NUEVA PSICOLOGÍA DEL AMOR

TOP
EMECE

Diseño de tapa: *Eduardo Ruiz*
Fotocromía de tapa: *Moon Patrol S.R.L.*
Traducción: *Alfredo Báez*
Título original: *The Road Less Traveled*
Copyright © 1978 by M. Scott Peck, M. D.
© *Emecé Editores S.A., 1986, 1997*
Alsina 2062 - Buenos Aires, Argentina
4ª impresión: 5.000 ejemplares
Impreso en Companhia Melhoramentos de São Paulo
Julio de 1999

E-mail:editorial@emece.com.ar
http: // www.emece.com.ar

IMPRESO EN BRASIL / PRINTED IN BRAZIL
Queda hecho el depósito que previene la ley 11.723
I.S.B.N.: 950-04-1810-X
22.085

A mis padres,
Elizabeth y David,
que con disciplina y amor
me abrieron los ojos
para ver la gracia

Índice

Introducción 11

I: DISCIPLINA

Problemas y dolor 15
Posponer la satisfacción 18
Los pecados de los padres 21
Resolver problemas y tomarse tiempo 27
La responsabilidad 32
Neurosis y trastornos del carácter 35
Huir de la libertad 40
Dedicación a la realidad 44
La transferencia: el mapa anticuado 47
Rendir cuentas 51
Callar la verdad 58
Equilibrio 63
El aspecto saludable de la depresión 69
Renuncia y renacimiento 71

II: EL AMOR

Definir el amor 81
Enamorarse 84
El mito del amor romántico 91
Algo más sobre los límites del yo 94
La dependencia 98
Catexis sin amor 106
«Autosacrificio» 111
El amor no es un sentimiento 116
Ejercitar la atención 120
Los riesgos de la pérdida 132
Los riesgos de la independencia 135

Los riesgos de comprometerse 140
Los riesgos de la confrontación 151
El amor es disciplinado 156
El amor respeta la individualidad 161
Amor y psicoterapia 170
El misterio del amor 181

III: DESARROLLO Y RELIGIÓN

Concepciones del mundo y religión 185
La religión de la ciencia 192
El caso de Kathy 197
El caso de Marcia 208
El caso de Theodore 210
El niño y el agua de la bañera 221
La visión científica de túnel 225

IV: LA GRACIA

El milagro de la salud 235
El milagro del inconsciente 242
El milagro de la casualidad afortunada 253
La definición de gracia 259
El milagro de la evolución 262
Alfa y omega 268
Entropía y pecado original 270
El problema del mal 276
Evolución de la conciencia 279
Naturaleza del poder 282
La gracia y la enfermedad mental. El mito de Orestes 287
Resistencia a la gracia 294
Admisión de la gracia 303

Epílogo 309
Notas 313

Introducción

Las ideas aquí expuestas proceden en su mayor parte de mi trabajo clínico cotidiano con pacientes que se esfuerzan por alcanzar mejores niveles de madurez o que se esfuerzan por evitarlos. En consecuencia, este libro contiene fragmentos de historias clínicas reales. El carácter confidencial es esencial en la práctica psiquiátrica, de modo que en todas las descripciones se han alterado los nombres y otras particularidades a fin de mantener el anonimato de mis pacientes, procurando, sin embargo, no deformar la realidad esencial de las experiencias compartidas.

No obstante, puede existir cierta deformación a causa de la brevedad de la exposición de los casos. La psicoterapia rara vez es un proceso breve, pero como por fuerza he tenido que centrarme en los puntos más característicos de cada caso, el lector puede tener la impresión de que dicho proceso es claro y dramático. El drama es real y finalmente podríamos alcanzar la claridad, pero es preciso recordar que a efectos de facilitar la lectura hemos omitido de las descripciones aquellos períodos prolongados de confusión y frustración inherentes a casi toda terapia.

También quisiera disculparme por referirme continuamente a Dios con la imagen tradicionalmente masculina; lo he hecho así por razones de simplicidad, no porque tenga una idea clara y distinta sobre el género.

Como psiquiatra, creo que hay que mencionar desde el principio dos postulados que están en la base de este libro. Uno es que no hago ninguna distinción entre mente y espíritu y, por lo tanto, no distingo entre el desarrollo espiritual y el desarrollo mental.

El otro postulado es que dicho desarrollo es una empresa compleja, ardua, que dura toda la vida. La psicoterapia, si quiere prestar una ayuda sustancial al desarrollo espiritual y mental, no puede ser un procedimiento rápido o sencillo. No pertenezco a ninguna escuela en particular de psiquiatría o psicoterapia; no soy freudiano, ni junguiano, ni adleriano, ni conductista, ni gestaltista. No creo que haya una sola respuesta fácil. Considero que las formas breves de psicoterapia pueden ser útiles y que, por consiguiente, no hay que desacreditarlas, pero que la ayuda que procuran es inevitablemente superficial. El desarrollo espiritual es un largo viaje. Quisiera dar las gracias a los pacientes que me permitieron acompañarlos en importantes tramos de su viaje particular. Su viaje fue también el mío, y buena parte de lo que presento aquí es lo que aprendimos juntos. Quiero también dar las gracias a muchos de mis maestros y colegas, particularmente a mi mujer, Lily. Ha puesto tanto de su saber como cónyuge, madre, psicoterapeuta y persona en este trabajo que resulta difícil distinguirlo del mío propio.

I
Disciplina

Problemas y dolor

La vida es difícil.

Ésta es una gran verdad, una de las más grandes.[1] Es una gran verdad porque, una vez que la comprendemos realmente, la trascendemos. Cuando nos damos cuenta de que la vida es difícil —una vez que lo hemos comprendido y aceptado verdaderamente—, ya no resulta difícil, porque una vez que se acepta esta verdad, la dificultad de la vida ya no importa.

La mayoría de las personas no comprende de forma cabal la idea de que la vida es difícil. Sin embargo, no deja de lamentarse, ruidosa o sutilmente, de la enormidad de sus propios problemas, de la carga que representan y de todas sus dificultades, como si la vida fuera en general una aventura fácil, como si la vida *tuviera que ser* fácil. Estas personas manifiestan, de una u otra manera, la creencia de que sus dificultades constituyen la única clase de desgracia que no debería haberles tocado en suerte, pero que, por algún motivo, ha caído especialmente sobre ellas o sobre su familia, su tribu, su clase, su nación, su raza o su especie, y no sobre otros. Conozco bien estas lamentaciones porque yo mismo las he proferido alguna vez.

La vida es una serie de problemas. ¿Hemos de lamentarnos o hemos de resolverlos? ¿No queremos enseñar a nuestros hijos a resolverlos?

La disciplina es el instrumento básico que necesitamos para resolver los problemas de la vida. Sin disciplina no podemos resolver nada. Con un poco de disciplina podemos solucionar algunos problemas y con una total disciplina podemos resolver todos los problemas.

15

La vida es difícil porque afrontar y resolver problemas es doloroso. Los problemas, según su naturaleza, pueden suscitar en nosotros frustración, dolor, tristeza, sentimientos de soledad o de culpa, arrepentimiento, cólera, miedo, ansiedad, angustia o desesperación. Son sentimientos desagradables, a menudo muy desagradables, en ocasiones tanto como cualquier dolor físico, y a veces tan intensos como los peores dolores físicos. A causa del dolor que los acontecimientos o conflictos nos producen, los denominamos problemas. Y como la vida plantea una interminable serie de problemas, siempre es difícil y está tan llena de sufrimiento como de alegría.

Sin embargo, la vida cobra su sentido precisamente en este proceso de afrontar y resolver problemas. Los problemas constituyen la frontera entre el éxito y el fracaso. Los problemas fomentan nuestro valor y nuestra sabiduría; más aún, crean nuestro valor y nuestra sabiduría. Sólo a causa de los problemas maduramos mental y espiritualmente. Cuando deseamos estimular el desarrollo y la madurez del espíritu humano, lanzamos un desafío a la capacidad del hombre para resolver problemas, del mismo modo que en la escuela ponemos problemas a los niños para que los resuelvan. Aprendemos gracias al sufrimiento que supone afrontar y resolver problemas. Como dijo Benjamín Franklin: «Lo que hiere, enseña». De aquí que las personas juiciosas, lejos de temer los problemas, los afronten de buen grado y acepten el sufrimiento que comportan.

No todos somos tan juiciosos. Como tememos el sufrimiento, casi todos procuramos, en mayor o menor medida, evitar los problemas. Posponemos el enfrentarnos con ellos, con la esperanza de que desaparezcan. Los eludimos, los olvidamos, fingimos que no existen. Incluso tomamos medicamentos para pasarlos por alto, pues al mitigar el sufrimiento podemos olvidar los problemas que lo causan. Intentamos eludir todos los problemas en lugar de afrontarlos directamente. Preferimos eludirlos a vivirlos.

Esta tendencia a eludir los problemas y los sufrimientos inherentes a ellos es la base primaria de toda enfermedad mental. Dado que casi todos los seres humanos tenemos, en mayor o menor medida, esta tendencia, casi todos estamos, en mayor o menor medida, mentalmente enfermos, es decir, no gozamos de una salud mental completa. Algunos vamos tan lejos en este empeño por evitar los problemas y los sufrimientos que nos alejamos mucho de todo cuanto puede ser útil para encontrar una salida fácil, forjando a veces las más complicadas fantasías, con total exclusión de la realidad. Digámoslo con las breves y sencillas palabras de Carl Jung: «La neurosis es siempre un sustituto de los sufrimientos verdaderos».[2]

Pero el sustituto termina por convertirse en algo más penoso que el sufrimiento legítimo que aquél debía evitar. La neurosis misma se convierte en el máximo problema. Muchos intentan entonces evitar ese dolor y ese problema mediante una capa tras otra de neurosis. Afortunadamente, sin embargo, algunos tienen el valor de hacer frente a sus neurosis y comienzan a aprender —por lo general con la ayuda de la psicoterapia— el modo de experimentar el sufrimiento genuino. En todo caso, cuando eludimos el sufrimiento genuino que resulta de afrontar problemas, nos privamos también de la posibilidad evolutiva que los problemas nos ofrecen. Por esta razón, en las enfermedades mentales crónicas se detiene nuestro proceso de desarrollo y quedamos atascados. Y, sin una cura, el espíritu humano comienza a encogerse y marchitarse.

Así pues, debemos inculcar en nosotros y en nuestros hijos los medios para alcanzar la salud mental y espiritual. Quiero decir que debemos enseñarnos a nosotros mismos y a nuestros hijos la necesidad del sufrimiento y el valor que éste implica, la necesidad de afrontar directamente los problemas y de experimentar el dolor que nos acarrean. He señalado que la disciplina es el instrumento fundamental necesario para resolver los problemas de la vida. Como veremos, este instrumento comprende varias técnicas de sufrimiento, mediante las cuales experimentamos el dolor de los problemas de manera que penetramos en ellos con esfuerzo y terminamos por resolverlos; éste es un proceso de aprendizaje y desarrollo. Cuando enseñamos disciplina —a nosotros mismos o a nuestros hijos— estamos enseñando la manera de sufrir y también la manera de desarrollarse y crecer.

¿Cuáles son esos instrumentos, esas técnicas de sufrimiento, esos medios de experimentar el dolor de los problemas de modo constructivo, eso que yo denomino disciplina? Son cuatro: posposición de la satisfacción, aceptación de la responsabilidad, dedicación a la verdad y equilibrio. Como veremos, éstos no son instrumentos complejos cuya aplicación exija gran entrenamiento. Por el contrario, son instrumentos simples y casi todos los niños ya los utilizan a los diez años. Sin embargo, reyes y presidentes a menudo se olvidan de usarlos, con gran perjuicio para ellos. La cuestión no reside en la complejidad de tales instrumentos, sino en la voluntad de utilizarlos. En efecto, se trata de instrumentos con los cuales se afronta el dolor en lugar de evitarlo, de modo que si se procura eludir los sufrimientos legítimos, no se hará uso de ellos. Por eso, después de analizarlos uno por uno, en la sección siguiente consideraremos la voluntad de usarlos, que es el amor.

Posponer la satisfacción

No hace mucho tiempo, una paciente, analista financiera de unos treinta años, se quejó durante varios meses de su tendencia a retrasarse en el trabajo. Habíamos analizado sus sentimientos hacia los jefes y la autoridad en general y, especialmente, hacia sus padres. Habíamos examinado las actitudes de la paciente frente al trabajo y al éxito, y habíamos establecido que esas actitudes tenían relación con su matrimonio, con su identidad sexual, con su deseo de competir con el marido y con su miedo a esta competencia. Sin embargo, a pesar de todo este normal trabajo psicoanalítico, la paciente continuaba perdiendo el tiempo como siempre. Por fin, un día me atreví a considerar algo que parecía evidente y le pregunté: «¿Le gustan los pasteles?» Me contestó que le gustaban. «¿Qué parte del pastel prefiere usted, el pastel mismo o la capa de crema?», le pregunté entonces. «¡Oh, la capa de crema!», contestó con entusiasmo. «¿Y cómo come usted un trozo de pastel?», le pregunté, sintiéndome el psiquiatra más necio del mundo. «Primero como la capa de crema, claro», repuso la paciente. De su forma de comer los pasteles pasamos a considerar sus hábitos de trabajo y, como era de esperar, descubrí que al emprender el trabajo diario la paciente dedicaba la primera hora a la parte más gratificante de su trabajo y dejaba lo desagradable para las otras seis horas. Le indiqué que si se obligaba a realizar la parte desagradable de su trabajo en la primera hora, después quedaría en libertad para disfrutar de las otras seis. Le dije que me parecía que una hora de molestia seguida por seis horas de placer era preferible a una hora de placer seguida de seis horas desagradables. La paciente manifestó que estaba de acuerdo y, como era una persona con fuerza de voluntad, ya no volvió a retrasarse en el trabajo.

Posponer la satisfacción es un proceso que supone programar lo agradable y lo desagradable de la vida de manera que el placer aumente al experimentar primero el malestar que más tarde nos conducirá a aquél. Ésta es la única manera decente de vivir.

Casi todos los niños aprenden a utilizar este instrumento o proceso de programación a una edad temprana, alrededor de los cinco años. Por ejemplo, un niño de cinco años que está jugando una partida con un compañero puede decirle a éste que juegue el primer turno, para luego gozar él del suyo. A los seis años los niños pueden comenzar comiendo el pastel y dejar para el final la crema. Durante toda la escuela primaria el niño ejerce diariamente su temprana capacidad de posponer la satisfacción, especialmente en lo que se refiere a los deberes que ha de hacer en su casa. A los doce años algunos niños ya son capaces de sentarse a realizar sus tareas sin que los padres se lo indiquen y antes de sentarse a ver la televisión. A los quince o dieciséis años se espera esta conducta de los adolescentes y se la considera normal.

Sin embargo, como los educadores saben, un número elevado de adolescentes en modo alguno cumple esta norma. Si bien muchos adolescentes de quince o dieciséis años tienen una desarrollada capacidad para posponer la satisfacción, algunos presentan una escasa capacidad o, incluso, parecen carecer por completo de ella. Ésos son los estudiantes con problemas. Aunque su nivel de inteligencia sea medio o superior, su rendimiento escolar es pobre, sencillamente porque no trabajan. Se saltan clases o faltan a la escuela con cualquier excusa. Son impulsivos y su impetuosidad se refleja en toda su vida social. Intervienen en frecuentes peleas, entran en contacto con las drogas, se ven involucrados en problemas con la policía. Su lema: disfruta ahora y paga después. Es entonces cuando los padres acuden a los psicólogos y psicoterapeutas, pero casi siempre parece demasiado tarde. Estos adolescentes se molestan ante cualquier intento de intervenir en su estilo de vida impulsivo, y aun cuando es posible vencer ese enojo mediante actitudes cordiales y no enjuiciadoras por parte del terapeuta, la impetuosidad de estos jóvenes es tan grande que les impide participar en el proceso psicoterapéutico de una manera significativa. Faltan a las sesiones y evitan toda situación importante y dolorosa. Así pues, en general la intervención terapéutica es ineficaz y estos chicos terminan por abandonar los estudios y experimentan una serie de fracasos que a menudo desembocan en matrimonios desastrosos, en accidentes, en hospitales psiquiátricos o en la cárcel.

¿A qué se debe esto? ¿Por qué la mayoría puede desarrollar la capacidad de posponer la satisfacción en tanto que una minoría considerable no logra desarrollar dicha capacidad? No se dispone de una respuesta científica absoluta. El papel que desempeñan los factores genéticos no está claro. Las variables no pueden controlarse suficientemente mediante pruebas científicas. Pero la mayor parte de los signos apunta claramente a la calidad de la educación dada por los padres como factor determinante.

Los pecados de los padres

A veces, en los hogares de los adolescentes indisciplinados, el problema no reside en la ausencia de alguna clase de disciplina por parte de los padres. Normalmente estos niños son castigados con frecuencia durante toda la infancia: son abofeteados, víctimas de puñetazos y puntapiés, son golpeados por sus padres por cualquier pequeña infracción. Semejante disciplina no tiene sentido porque es una disciplina indisciplinada.

Una de las razones por las que carece de sentido es que los propios padres son indisciplinados y, por lo tanto, sirven como modelos de indisciplina a sus hijos. Son los padres que dicen «Sigue mis instrucciones, no mi ejemplo». A menudo se emborrachan en presencia de los hijos y se pelean ante ellos sin dignidad, racionalidad ni contención. A veces su aspecto es descuidado y sucio. Con frecuencia hacen promesas que luego no cumplen. Su propia vida es a menudo confusa y caótica, tanto que sus intentos por ordenar la vida de sus hijos no parecen a éstos muy razonables. Si el padre pega regularmente a la madre, ¿qué sentido tiene para un chico que su madre le pegue porque él ha pegado a su hermanita? ¿Tiene algún sentido decirle que debe aprender a controlar sus impulsos? Dado que cuando somos pequeños no poseemos la capacidad de comparación, nuestros padres son figuras semejantes a dioses a nuestros ojos infantiles. Cuando los padres hacen las cosas de una forma determinada, el niño cree que ésa es la manera de hacerlas, la manera en que ellos deberían hacerlas. Si un niño ve que sus padres se conducen día tras día de manera disciplinada, contenida y digna, y muestran la capacidad de ordenar su propia vida, el hijo llegará a sentir en las más profundas fibras de su ser que así es como hay que vivir. Si un hijo ve que sus padres viven sin freno día tras día, llegará a creer hasta en las fibras más profundas de su ser que ésa es la manera en que hay que vivir.

Pero más importante que el modelo es el amor. En efecto, incluso en hogares caóticos y desordenados en ocasiones está presente el amor verdadero, y de esos hogares pueden salir muchachos bien disciplinados. Y, no pocas veces, padres que ejercen profesiones liberales —médicos, abogados, mujeres de organizaciones sociales y filántropos— y llevan una vida estrictamente ordenada y decorosa pero sin experimentar amor verdadero, echan al mundo hijos que resultan tan indisciplinados, destructivos y desorganizados como un niño salido de un hogar caótico y pobre.

En última instancia el amor lo es todo. Analizaremos el misterio del amor más adelante; no obstante, puede ser útil hacer aquí una breve y limitada mención del amor y de su relación con la disciplina.

Cuando amamos alguna cosa, ésta es valiosa para nosotros, y cuando algo es valioso para nosotros le dedicamos tiempo, tiempo para disfrutarlo y tiempo para cuidarlo. Obsérvese a un adolescente enamorado de su automóvil y adviértase cuánto tiempo dedica a admirarlo, a sacarle brillo, a repararlo, a ponerlo a punto. O considérese una persona madura que posee una preciada rosaleda y véase cuánto tiempo dedica a podar los rosales, a protegerlos, a fertilizar adecuadamente la tierra y a estudiarlos. Lo mismo ocurre cuando amamos a los hijos: destinamos mucho tiempo a admirarlos y a cuidarlos. Les brindamos nuestro tiempo.

La buena disciplina exige tiempo. Cuando no tenemos tiempo para dedicar a nuestros hijos, o no estamos dispuestos a dedicárselo, ni siquiera les prestamos suficiente atención para advertir cuándo expresan sutilmente la necesidad de nuestra disciplina y ayuda. Si su necesidad de disciplina es lo bastante grande para molestar nuestra conciencia, aún podemos pasar por alto esa necesidad con el pretexto de que es mejor dejarlos que hagan lo que quieran, diciendo: «Hoy no tengo la fuerza necesaria para ocuparme de ellos». O, si finalmente nos vemos obligados a emprender alguna acción por sus fechorías y, por causa de nuestra irritación, imponemos la disciplina a menudo de modo brutal, más por cólera que por decisión, sin examinar el problema y sin pararnos a considerar qué forma de disciplina es la más apropiada para el problema en cuestión.

Los padres que dedican tiempo a sus hijos perciben sutiles necesidades de disciplina, aun cuando éstos no hayan cometido una fechoría evidente, a las cuales habrán de responder con una suave exhortación o con una reprimenda o un elogio, empleando siempre reflexión y cuidado. Habrán de observar de qué manera comen sus hijos, cómo estudian; observarán cuándo dicen mentiras, cuándo eluden problemas en lugar de afrontarlos. Y entonces se tomarán el tiempo necesario para llevar a cabo estas correcciones y ajustes menores, escucharán a sus hijos y les responderán aflojando un poco aquí, apretando un poco allí, les leerán libros, les contarán cuentos, les darán un abrazo y un beso, palmaditas en la espalda y ligeras reprimendas. De esta manera, la calidad de la disciplina suministrada por padres cariñosos es superior a la disciplina de padres que no son cariñosos. Pero esto es sólo el comienzo. Al tomarse tiempo para observar las necesidades de sus hijos y pensar en ellas, los padres que los aman se plantearán a menudo las decisiones que deben tomar y, en un sentido muy real, sufrirán junto con sus hijos. Éstos no son ciegos. Se dan cuenta de que sus padres están dispuestos a sufrir con ellos y, aunque tal vez no respondan con gratitud inmediata, también ellos aprenderán a sufrir y se dirán: «Si mis padres están dispuestos a sufrir conmigo, el sufrimiento no debe de ser tan malo y yo mismo estaría dispuesto a sufrir». Éste es el comienzo de la autodisciplina.

El tiempo y la calidad del tiempo que los padres dedican a sus hijos indican a éstos el grado en que son valorados por aquéllos. Algunos padres que no sienten verdadero amor por sus hijos intentan encubrir su falta de cariño con frecuentes declaraciones de amor a sus hijos y diciéndoles repetida y mecánicamente que son valorados, pero no les dedican un tiempo significativo. Estos niños nunca son por completo engañados con tales palabras huecas. Conscientemente suelen aferrarse a ellas pues desean creer que son queridos, pero inconscientemente saben que las palabras de sus padres no están a la altura de sus actos.

Por el contrario, niños que son realmente queridos, aunque en momentos de enfado pueden conscientemente sentir y proclamar que se los descuida, inconscientemente se saben valorados. Y este conocimiento vale más que todo el oro del mundo. En efecto, cuando un niño sabe que es valorado, cuando siente en lo más profundo de su ser que es valorado, se siente en verdad valioso.

El sentimiento de ser valioso —«Soy una persona valiosa»— es esencial para la salud mental y es la piedra angular de la autodisciplina. Este sentimiento es un producto directo del amor parental y debe adquirirse durante la niñez; se trata de una convicción muy difícil de adquirir durante la edad adulta. A la inversa, cuando los niños aprendieron en virtud del amor de sus padres a sentirse valiosos, es casi imposible que las vicisitudes de la vida adulta les destruyan esa convicción.

El sentimiento de ser valioso constituye una de las bases de la autodisciplina porque, cuando uno se considera valioso, se cuida a sí mismo de todas las maneras que sea necesario. La autodisciplina implica estimarse y cuidarse a sí mismo. Por ejemplo —puesto que estamos analizando el proceso de posponer la satisfacción y de ordenar y programar el tiempo—, examinemos brevemente la cuestión del tiempo. Si nos sentimos valiosos, sentiremos que también nuestro tiempo es valioso y, por consiguiente, desearemos emplearlo bien. La analista de finanzas que retrasaba su trabajo no valoraba su tiempo. Si lo hubiera valorado no se habría permitido pasar la mayor parte de su jornada laboral de manera tan lamentable e improductiva. No dejó de tener consecuencias para ella el hecho de que en su niñez los padres la enviaran a pasar las vacaciones escolares al campo al cuidado de un matrimonio contratado, a pesar de que los padres habrían podido hacerse cargo perfectamente de la niña si así lo hubieran deseado. Sencillamente no la valoraban. No deseaban cuidarla. Y así, la niña creció sintiendo que era algo de poco valor, que no valía la pena ocuparse de ella y, por lo tanto, ella misma no se estimaba ni se cuidaba. No sentía que en su caso valiera la pena disciplinarse. A pesar de que era una mujer inteligente y competente, necesitaba la más elemental instrucción en cuanto a disciplina porque le faltaba una estimación realista de su propio valor y del valor de su tiempo. Una vez que logró darse cuenta de que su tiempo era valioso, naturalmente deseó organizarlo para usarlo mejor.

Como resultado de recibir un amor parental coherente y cuidados cariñosos durante toda la niñez, estos afortunados niños entran en la edad adulta no sólo con un profundo sentido interno de su propio valor, sino también con una profunda sensación interna de seguridad. Todos los niños tienen miedo de que los abandonen, y por una buena razón. El temor a ser abandonados aparece alrededor de los seis meses de vida, tan pronto como el niño es capaz de percibirse como un ser individual, separado de sus padres. Al percibirse como un individuo separado advierte que, como tal, es absolutamente impotente, que está totalmente desamparado y que se encuentra por entero a merced de sus padres en lo que se refiere a todas las formas de sustento y medios de supervivencia. Para el niño, ser abandonado por sus padres equivale a la muerte. La mayoría de los padres, aun cuando en otros aspectos sean relativamente ignorantes o insensibles, perciben de manera instintiva el miedo de los niños a ser abandonados y por eso día tras día repiten centenares y millares de veces palabras que los tranquilicen: «Sabes que mamá y papá no te dejarán solo», «Por supuesto, mamá y papá volverán para buscarte», «Mamá y papá no se van a olvidar de ti». Si estas palabras van acompañadas por hechos durante meses y años, al llegar a la adolescencia el niño habrá perdido el miedo a ser abandonado y experimentará en cambio una profunda sensación interior de que el mundo es un lugar seguro, en el cual hallará protección cuando la necesite. Con ese sentimiento interno de seguridad, ese niño tiene la libertad suficiente para posponer la satisfacción, sea ésta de la clase que sea, pues sabe con certeza que la oportunidad de obtener satisfacción, igual que el hogar y los padres, está siempre presente y es accesible cuando se la necesita.

Pero muchos no son tan afortunados. Son numerosos los niños realmente abandonados por sus padres durante la niñez, ya sea por defunción, por deserción, por simple negligencia o, como en el caso de la analista de finanzas, sencillamente por falta de interés. Otros no son abandonados en sentido estricto, pero no reciben de sus padres las tranquilizadoras palabras de que no se los abandonará; por ejemplo, algunos padres, en su deseo de imponer disciplina del modo más fácil y rápido, amenazan abierta o sutilmente con el abandono para alcanzar este fin. El mensaje que dan a sus hijos es: «Si no haces exactamente lo que deseo que hagas, no te querré más y ya puedes imaginarte lo que eso significaría». Por supuesto, significaría abandono y muerte. Estos padres sacrifican el amor por su necesidad de controlar y dominar a los hijos y lo que logran es niños excesivamente temerosos del futuro. Así, estos niños, abandonados psicológica o realmente, llegan a la edad adulta careciendo del profundo sentimiento de que el mundo es un lugar seguro en el que puede hallarse protección. Por el contrario, perciben el mundo como algo peligroso y temible y no están dispuestos a desechar ninguna satisfacción o seguridad en el presente por la promesa de una gratificación o seguridad mayor en el futuro, puesto que éste les parece ciertamente dudoso.

En suma, para que los niños desarrollen la capacidad de posponer las satisfacciones, es necesario que tengan modelos disciplinados, que posean un sentido del propio valor y cierto grado de confianza en la seguridad de su existencia. Estas «posesiones» se adquieren idealmente en virtud de la autodisciplina y de los cuidados coherentes y genuinos de los padres; estos cuidados son los dones más preciosos que madres y padres pueden legar. Cuando un niño no ha recibido estos dones de sus propios padres, podrá quizás adquirirlos de otras fuentes, pero en este caso el proceso de adquisición es invariablemente un penoso camino cuesta arriba que a menudo dura toda la vida y con frecuencia resulta infructuoso.

Hemos considerado algunas de las maneras en que el amor parental o su falta pueden influir en el desarrollo de la autodisciplina en general y en la capacidad para posponer la satisfacción en particular; examinaremos ahora algunas formas más sutiles pero más devastadoras en que la incapacidad para posponer la satisfacción afecta a la vida de la mayoría de los adultos. En efecto, aunque afortunadamente casi todos desarrollamos suficiente capacidad para posponer las satisfacciones, lo cual nos permite pasar por el colegio y la universidad y lanzarnos a la vida adulta sin ir a parar a la cárcel, nuestro desarrollo suele ser imperfecto e incompleto, de manera que nuestra capacidad para resolver los problemas de la vida es también imperfecta e incompleta.

A los treinta y siete años aprendí a reparar cosas. Hasta entonces casi todos mis intentos de hacer trabajos de fontanería, reparar juguetes o montar algún mueble según las jeroglíficas instrucciones contenidas en un folleto, terminaban en fracaso, confusión y frustración. A pesar de habérmelas compuesto para aprobar todas las materias de la carrera de medicina y para mantener una familia en mi condición de psiquiatra de más o menos éxito, me consideraba un inútil en materia de mecánica. Estaba convencido de que era deficitario en algún gen o que sufría alguna maldición de la Naturaleza que me negaba la capacidad para la mecánica. Un día, cuando estaba al cabo de mis treinta y siete años, mientras daba un paseo un domingo de primavera, me encontré con un vecino que estaba reparando una cortadora de césped. Después de saludarlo le dije: «¡Vaya!, lo admiro a usted; yo nunca he sido capaz de arreglar estas cosas». Mi vecino, sin vacilar un instante, me replicó: «Eso le ocurre porque no se toma el tiempo suficiente». Reanudé mi paseo, un tanto inquieto por la simplicidad, la espontaneidad y el carácter categórico de su respuesta. «¿Tendrá razón este hombre?», me pregunté. De alguna manera sus palabras me quedaron grabadas, y en la siguiente ocasión en que me dispuse a hacer una pequeña reparación recordé ante todo que debía tomarme tiempo. El freno de mano del coche de una paciente se había trabado. Ella sabía que había que hacer algo debajo del tablero de mandos para soltarlo, pero no exactamente qué. Me eché al suelo, al lado del asiento del conductor, y me tomé todo el tiempo necesario hasta sentirme cómodo. Una vez que estuve cómodo, también me tomé mi tiempo para examinar la situación. Lo miré todo durante varios minutos; al principio sólo vi fue un confuso revoltijo de cables, tubos y varillas cuya función desconocía. Pero poco a poco, sin apresurarme, logré localizar el dispositivo del freno y examiné todas sus partes. Advertí claramente una especie de pequeño picaporte que impedía soltar el freno. Con toda lentitud estudié esa pieza hasta que comprendí que, si la empujaba hacia arriba con la punta del dedo, se movería fácilmente y soltaría el freno; así lo hice: un solo movimiento, una pequeña presión de mi dedo y el problema estaba resuelto. ¡Ya era un experto mecánico!

En realidad, no tengo los conocimientos ni el tiempo disponible para hacer reparaciones mecánicas puesto que he preferido dedicar mi tiempo a otras cuestiones. Por eso suelo acudir al trabajador especializado cuando necesito efectuar una reparación. Pero ahora sé que se trata de una elección que yo hago y no de una maldición o de un defecto genético y que no soy un incapacitado ni un impotente en cuestiones mecánicas. Sé que yo, igual que cualquier otro que no sea mentalmente deficiente, puedo resolver cualquier problema si me tomo el tiempo necesario.

La cuestión es importante porque mucha gente sencillamente no dedica el tiempo requerido para resolver problemas intelectuales, sociales o espirituales de la vida, así como antes yo no me tomaba tiempo para resolver problemas mecánicos. Antes de mi «iluminación» mecánica, yo habría metido torpemente la cabeza debajo del tablero de mandos del coche de mi paciente, habría tocado unos cuantos cables sin tener la más remota idea de lo que estaba haciendo y, tras un infructuoso resultado, me habría levantado y habría dicho: «Esto está más allá de mi capacidad». Ésta es precisamente la manera como muchos afrontamos los otros problemas de nuestra vida diaria. La analista de finanzas mencionada era una madre esencialmente cariñosa y abnegada, pero más bien incapaz respecto a sus dos niños. Estaba atenta y se preocupaba lo bastante para percibir cuándo los hijos padecían algún problema emocional o cuándo algo no marchaba bien en su modo de educarlos. Pero luego, inevitablemente, adoptaba dos tipos de acción con los niños: o bien hacía lo primero que se le pasaba por la cabeza —por ejemplo, los obligaba a comer más en el desayuno o los mandaba a la cama temprano— sin detenerse a considerar si semejante decisión tenía algo que ver con el problema, o bien acudía a la siguiente sesión terapéutica conmigo —el encargado de reparar cosas— y, desesperada, declaraba: «Está más allá de mi capacidad. ¿Qué haré?». Esta mujer tenía una mente muy aguda y analítica y cuando no se retrasaba era perfectamente capaz de resolver complejos problemas en su trabajo. Pero cuando se encontraba frente a un problema personal se conducía como si careciera de inteligencia. En este caso se trataba de una cuestión de tiempo. Una vez que la paciente tomaba conciencia de su problema personal se sentía tan desconcertada que exigía una solución inmediata y no estaba dispuesta a tolerar su malestar el tiempo suficiente para analizar el problema. Para ella, solucionar un problema representaba una satisfacción, pero era incapaz de posponer esa gratificación más de dos o tres minutos; como resultado, las soluciones que encontraba eran generalmente inapropiadas, de manera que su familia se encontraba en una agitación crónica. Por fortuna, su perseverancia en la terapia le permitió ir aprendiendo poco a poco a disciplinarse y a tomarse el tiempo necesario para analizar los problemas de la familia y encontrar soluciones efectivas y bien pensadas.

No estamos hablando aquí de defectos esotéricos asociados sólo a personas que claramente manifiestan perturbaciones psiquiátricas. La analista de finanzas es un ser humano corriente. ¿Quién de nosotros puede decir que infaliblemente dedica tiempo suficiente a analizar los problemas de sus hijos o las tensiones que se perciben en el seno de la familia? ¿Quién de nosotros es tan autodisciplinado que nunca dice resignadamente ante problemas de la familia: «Esto supera mi capacidad»?

En realidad, en la manera de afrontar los problemas existe un defecto más primitivo y más destructivo que los intentos inapropiados de hallar soluciones instantáneas; se trata de un defecto más común y generalizado: la esperanza de que los problemas desaparezcan por sí solos. Un viajante de comercio soltero, de treinta años, que practicaba terapia de grupo en una pequeña ciudad, comenzó a salir con la mujer, recientemente separada, de otro miembro del grupo, un banquero. El viajante sabía que el banquero era un hombre iracundo que estaba muy alterado por el hecho de que su mujer lo hubiese abandonado. Nuestro hombre sabía que no era sincero con el grupo ni con el banquero no sacando a relucir sus relaciones con la ex mujer de éste. También sabía que era casi inevitable que tarde o temprano el banquero se enterara de aquellas relaciones. Sabía que la única solución consistía en confesarlo todo al grupo y soportar la cólera del banquero con el apoyo del grupo. Pero no hizo nada. Al cabo de tres meses, el banquero se enteró de las relaciones, se enfureció como cabía esperar y se valió del incidente para abandonar la terapia. Cuando los miembros del grupo le hicieron notar su desastrosa conducta, el viajante de comercio dijo: «Yo sabía que hablar del tema ocasionaría un altercado y supongo que me pareció que, si no decía nada, tal vez podría evitar una pelea. Seguramente pensé que si aguardaba lo suficiente el problema desaparecería solo».

Los problemas no desaparecen. Es necesario vivirlos, experimentarlos, pues de otra manera permanecen y constituyen para siempre una barrera que se opone al desarrollo y madurez del espíritu.

Los miembros del grupo hicieron comprender al viajante que su principal problema era su tendencia a no considerar los problemas, a pasarlos por alto con la esperanza de que desaparecieran por sí mismos. Cuatro meses después, a principios del otoño, el viajante de comercio, obedeciendo a sus fantasías, abandonó repentinamente el trabajo de las ventas y abrió un negocio propio de reparación de muebles que no le exigía viajar. El grupo lamentó que su amigo pusiera toda la carne en el asador y también dudó de la prudencia de hacer aquel cambio cuando se aproximaba el invierno, pero el viajante de comercio les aseguró que ganaría lo suficiente con la nueva ocupación. No se habló más del asunto. A principios de febrero, el hombre anunció que debía abandonar el grupo porque ya no podía pagar los honorarios. Estaba completamente arruinado y debía buscarse un nuevo trabajo. En cinco meses había reparado un total de ocho muebles. Cuando le preguntaron por qué no había empezado a buscar antes un trabajo, replicó: «Hace seis semanas sabía que el dinero se me estaba yendo rápidamente, pero no podía creer que llegaría a este punto. La cuestión no me parecía muy urgente, pero ¡vaya! es urgente ahora». Evidentemente, el hombre había hecho caso omiso de su problema. Lentamente empezó a vislumbrar que mientras no resolviera su problema capital de negar los problemas nunca iría más allá del primer paso, ni siquiera con la ayuda de toda la psicoterapia del mundo.

Esta inclinación a pasar por alto los problemas es, a la vez, una simple manifestación de la actitud de no estar dispuesto a posponer las satisfacciones. Como dijimos, afrontar problemas es penoso. Afrontar un problema voluntariamente y temprano, antes de vernos obligados por las circunstancias, significa desechar algo agradable o menos penoso para emprender algo más penoso. Significa decidir sufrir ahora con la esperanza de una satisfacción futura en lugar de continuar entregándonos a la satisfacción presente con la esperanza de que el sufrimiento futuro no será necesario.

Puede parecer que el viajante de comercio que pasaba por alto problemas tan palpables fuera emocionalmente inmaduro o psicológicamente primitivo, pero, vuelvo a decirlo, era un hombre ordinario, corriente y su inmadurez y su primitivismo están en todos nosotros. Un famoso general que mandaba un ejército me dijo una vez: «El único gran problema de este ejército y, supongo, de cualquier organización es que la mayoría de los mandos permanece en sus unidades mirando los problemas, contemplándolos de frente, sin hacer nada, como si los problemas fueran a desaparecer si ellos permanecen allí sentados el tiempo suficiente». Ese general no estaba hablando de débiles mentales o de hombres anormales; hablaba de otros generales y coroneles, hombres maduros de demostrada capacidad y entrenados en la disciplina.

Los padres son como ejecutivos y, además de estar por lo común mal preparados para ello, su tarea puede ser tan compleja en sus detalles como dirigir una empresa o una asociación. Y, lo mismo que los mandos del ejército, la mayoría de los padres advertirá problemas en sus hijos o en sus relaciones con ellos durante meses o años antes de emprender una acción efectiva, si es que la emprenden alguna vez. «Pensábamos que tal vez desaparecería con la edad», dicen los padres cuando acuden al psiquiatra infantil con un problema que dura ya cinco años. En cuanto a la complejidad de la situación de ser padres, hay que reconocer que las decisiones parentales son difíciles y que con frecuencia a los niños «el mal se les pasa con la edad». Pero casi nunca hace daño tratar de ayudar a que se les pase el problema o considerar éste con mayor atención. Aunque es cierto que, a menudo, a los niños «se les pasa con la edad», muchas veces esto no ocurre e, igual que tantos otros problemas, cuanto más tiempo se pasan por alto, más crecen y más difíciles son de resolver.

La responsabilidad

No podemos resolver los problemas de la vida sino solucionándolos. Esta afirmación puede parecer tontamente tautológica y, sin embargo, parece estar más allá de la comprensión de muchos representantes del género humano. Esto se debe a que debemos aceptar la responsabilidad de un problema antes de resolverlo. No podemos solucionar un problema diciendo «no es mi problema». No podemos solucionar un problema esperando que otro lo resuelva por nosotros. Podemos resolver un problema sólo cuando decimos: «Éste es *mi* problema y me corresponde a mí resolverlo». Pero muchos, demasiados, procuran evitar la molestia de sus problemas diciéndose: «Este problema me ha sido provocado por otra persona o por circunstancias sociales que están más allá de mi control y, por lo tanto, corresponde a esa otra persona o a la sociedad resolverlo. En realidad no es un problema mío».

El punto a que pueden llegar psicológicamente algunas personas para no asumir la responsabilidad de problemas personales resulta, además de triste, a veces incluso ridículo. En una ocasión me enviaron a un sargento del ejército destinado en Okinawa, que se hallaba en serias dificultades por entregarse excesivamente a la bebida, para que lo evaluase psiquiátricamente y, si era posible, para que lo ayudara. El hombre negó que fuera alcohólico y que el alcohol fuese un problema personal.

—En Okinawa, por las noches, no hay nada que hacer, salvo beber —me explicó.

—¿No le gusta leer? —le pregunté.

—Oh, sí, claro, me gusta leer.

—Entonces, ¿por qué no lee por las noches en lugar de beber?

—En los cuarteles hay demasiado ruido para leer.

—¿Por qué no va a la biblioteca?

—Está muy lejos.

—¿Más lejos que el bar que usted frecuenta?

—Bueno, la verdad es que no soy buen lector. No me interesa mucho la lectura.

—¿Le gusta la pesca? —le pregunté entonces.

—Sí, me encanta pescar.

—¿Por qué no va a pescar en lugar de beber?

—Porque tengo trabajo durante todo el día.

—¿No puede usted pescar por la noche?

—No, en Okinawa no se pesca de noche.

—Pues conozco varias organizaciones —le dije— que pescan aquí por la noche. ¿Quiere que lo ponga en contacto con ellas?

—La verdad es que no me gusta pescar.

—Por lo que usted dice —aclaré—, en Okinawa hay otras cosas para hacer, aparte de beber, pero lo que más le gusta hacer a usted en Okinawa es beber.

—Sí, supongo que es así.

—A causa de la bebida está usted teniendo dificultades, de modo que se encuentra ante un problema real, ¿no es así?

—Esta maldita isla haría beber a cualquiera.

Durante un rato continué tratando de convencer al sargento, pero éste no estaba en modo alguno interesado por ver su inclinación a beber como un problema personal que podría resolver con ayuda o sin ella, de modo que, lamentándolo mucho, comuniqué a su superior que no era posible prestar ayuda a aquel hombre, que continuó bebiendo y que terminó por ser apartado del servicio.

Una esposa joven, que residía también en Okinawa, se cortó la muñeca con una hoja de afeitar e inmediatamente fue conducida a la sala de urgencias, donde la vi. Le pregunté por qué lo había hecho.

—Para matarme.

—¿Por qué quería matarse?

—Porque no soporto vivir en esta maldita isla. Tiene usted que hacerme volver a Estados Unidos. Me mataré si permanezco aquí más tiempo.

—¿Por qué es tan doloroso vivir en Okinawa? —le pregunté.

La mujer rompió a llorar y en medio de los sollozos, dijo:

—Aquí no tengo amigos, estoy siempre sola.

—Eso es malo. ¿Por qué no ha hecho amistades?

—Tengo que vivir en una urbanización de Okinawa donde ninguno de mis vecinos habla inglés.

—¿Por qué no va a la zona residencial norteamericana o al club de mujeres para entablar alguna relación?

—Porque mi marido se lleva el coche para ir al trabajo.

—¿Y no podría llevarlo usted misma al trabajo, puesto que está sola durante todo el día y se aburre? —pregunté.

—Es un coche con el cambio de marcha manual, y no sé conducirlo; sólo sé conducir los que tienen caja automática.

—Podría aprender a conducirlo.

La mujer se me quedó mirando.

—¿En estas carreteras? Usted debe de estar loco.

Neurosis y trastornos del carácter

Casi todas las personas que acuden a un psiquiatra sufren una neurosis o un trastorno del carácter. Para decirlo en términos sencillos, estas dos afecciones son alteraciones del sentido de la responsabilidad y, como tales, son modos opuestos de relacionarse con el mundo y sus problemas. El neurótico asume demasiada responsabilidad; la persona que presenta un trastorno del carácter no asume la suficiente. Cuando los neuróticos se encuentran en un conflicto con el mundo, automáticamente creen que son ellos los culpables de la situación; cuando los individuos con trastornos del carácter están en conflicto con el mundo, automáticamente piensan que el mundo tiene la culpa. Los dos personajes antes mencionados padecían de un trastorno del carácter: el sargento creía que su inclinación a la bebida se debía a Okinawa, que él no tenía la culpa de ello; la mujer también consideraba que no podía hacer nada para remediar su aislamiento. Otra mujer neurótica, que también se sentía sola y aislada en Okinawa, se quejaba: «Todos los días voy al club de mujeres de suboficiales para entablar alguna amistad, pero no me siento cómoda allí; pienso que a las demás mujeres no les gusto. Algo debe de andar mal en mí; tendría que ser capaz de hacer amigos con mayor facilidad, debería ser más sociable. Quiero saber qué es lo que hay en mí que me hace tan impopular».

35

Aquella mujer se atribuía toda la responsabilidad de estar sola y creía que ella era la única culpable. En el curso de la terapia se dio cuenta de que era una persona extraordinariamente inteligente y con multitud de iniciativas, y de que se sentía incómoda con las mujeres de los otros sargentos, así como con su propio marido, porque era mucho más inteligente y ambiciosa que aquellas mujeres y que su marido. Llegó a comprender que su soledad, aunque era un problema, no se debía necesariamente a una falta o defecto suyo. Posteriormente se divorció, se dedicó a estudiar mientras educaba a sus hijos, llegó a ser directora de una revista y finalmente se casó con un editor de éxito.

Hasta las fórmulas expresivas de los neuróticos y de los que presentan trastornos de carácter son diferentes. El discurso del neurótico se distingue por expresiones como «debo», «debería», «no debería», lo cual indica que la imagen de sí mismo que se ha forjado el individuo lo presenta como una persona inferior, que nunca da la talla y que siempre toma decisiones equivocadas. El discurso de la persona con trastornos del carácter se distingue en cambio por expresiones como «no puedo», «no podría», «he de», y «he tenido que», que nos dan la imagen de una persona que no tiene poder de decisión y cuya conducta está completamente dirigida por fuerzas exteriores que se hallan por entero fuera de su control. Como cabría imaginar, los neuróticos, en comparación con las personas que tienen trastornos del carácter, son fáciles de tratar con psicoterapia porque se responsabilizan de sus dificultades y por lo tanto comprenden que tienen problemas. Quienes presentan trastornos del carácter son mucho más difíciles de tratar, si no imposibles, porque no se ven a sí mismos como fuente de sus problemas; antes bien, consideran que es el mundo y no ellos lo que debe cambiar, de manera que no llegan a reconocer la necesidad del autoanálisis. Muchos individuos padecen ambas alteraciones, neurosis y trastorno del carácter, y por ello el psiquiatra se refiere a ellos como «neuróticos del carácter», con lo cual se indica que en algunos aspectos de la vida los pacientes se sienten extremadamente culpables por haber asumido una responsabilidad que no les correspondía, mientras que en otros aspectos de la vida no asumen con realismo la responsabilidad que les corresponde. Afortunadamente, una vez que se les ha enseñado a confiar en el proceso psicoterapéutico, a menudo es posible inducirlos a que analicen y corrijan su falta de disposición a asumir responsabilidades cuando corresponde hacerlo.

Pocos nos libramos de ser neuróticos o de padecer algún tipo de trastorno del carácter, por lo menos en cierta medida (que es lo que en esencia permite la posibilidad de beneficiarse de la psicoterapia si uno está seriamente determinado a participar en el proceso). Esto se debe a que la distinción entre aquello de lo que se es responsable y aquello de lo que no se es responsable en esta vida es uno de los máximos problemas de la existencia humana. Es un problema que nunca llega a resolverse por completo; durante toda la vida debemos evaluar y volver a evaluar continuamente dónde están nuestras responsabilidades en medio del continuo cambio de los acontecimientos. Esta operación de evaluar y volver a evaluar no deja de ser penosa aunque se realice adecuada y conscientemente. Para llevar a cabo adecuadamente este proceso debemos estar resueltos a sufrir un autoexamen continuo y debemos poseer la capacidad de soportarlo. Esta capacidad o disposición no es inherente al ser humano. En cierto sentido, todos los niños presentan trastornos del carácter puesto que su tendencia instintiva los lleva a negar su responsabilidad en los conflictos que atraviesan. Por ejemplo, dos hermanos que se pelean se culparán siempre recíprocamente de haber iniciado la pelea y cada uno negará ser el culpable. De forma análoga, puede decirse que todos los niños padecen de neurosis, ya que instintivamente asumen la responsabilidad de ciertas privaciones que experimentan, pero que no comprenden todavía. Por ejemplo, el niño que no es querido por sus padres siempre supone que no es digno de amor en lugar de ver en los padres una deficiencia en su capacidad de amar. También los quinceañeros que entran en la adolescencia y no logran salir con chicas o no alcanzan el éxito en los deportes se consideran seres humanos seriamente deficitarios en lugar de verse como los jóvenes perfectamente sanos que son en realidad. Sólo por obra de una vasta experiencia y un largo y feliz proceso de maduración adquirimos la capacidad de ver el mundo y el lugar que ocupamos en él de manera realista y sólo así estamos en condiciones de estimar con realismo nuestra responsabilidad frente a nosotros mismos y al mundo.

Muchas cosas pueden hacer los padres para ayudar a sus hijos en este proceso de maduración. Miles de veces se les presentan oportunidades de hacerlas durante el desarrollo de los hijos; es entonces cuando los padres pueden hacerles ver la tendencia a evitar o eludir la responsabilidad de sus propias acciones o pueden tranquilizarlos en cuanto a ciertas situaciones de las cuales los niños no tienen la culpa. Pero, para aprovechar esas oportunidades es necesario, como ya he señalado, que los padres sean sensibles a las necesidades de los hijos y que estén dispuestos a dedicarles tiempo y esfuerzo para ayudarlos a satisfacerlas. Esto requiere a su vez amor por parte de los padres, que deben asumir su responsabilidad para fomentar el desarrollo de los hijos.

Por otro lado, hay muchas cosas que los padres hacen para obstaculizar este proceso de maduración. Los neuróticos, a causa de su tendencia a asumir responsabilidades, pueden ser excelentes padres siempre que su neurosis sea relativamente leve y no se sientan tan abrumados por responsabilidades innecesarias que les queden exiguas energías para las necesarias responsabilidades del papel de padres. En cambio, las personas con trastornos del carácter resultan padres desastrosos, que afortunadamente no se dan cuenta de que tratan a sus hijos con un nocivo espíritu destructivo. Se dice que «los neuróticos se hacen infelices a sí mismos y que los que padecen trastornos del carácter hacen infelices a todos los demás». Entre las personas a quienes hacen infelices los padres con trastornos del carácter están en primer lugar sus hijos. Al igual que en otros ámbitos de su vida, estos padres no asumen adecuadamente la responsabilidad de ser padres. Son propensos a desentenderse de sus hijos de mil maneras sutiles en lugar de dedicarles la atención necesaria. Cuando estos chicos llegan a ser delincuentes o tienen dificultades en la escuela, los padres con trastornos del carácter echan automáticamente la culpa al sistema escolar o a otros niños que, según insisten, representan una «mala influencia» para sus propios hijos. Esta actitud, claro está, hace caso omiso del problema. Como eluden toda responsabilidad, estos padres con trastornos del carácter sirven como modelos de irresponsabilidad a sus hijos. Por fin, en sus esfuerzos por eludir toda responsabilidad en cuanto a su propia vida, estos padres a menudo transfieren dicha responsabilidad a sus hijos y dicen: «La única razón por la que continúo casado con vuestra madre (o padre) es por vosotros, chicos» o «Vuestra madre es un manojo de nervios a causa de vosotros» o «Yo podría haber ido a la universidad y haber tenido éxito si no os hubiera tenido que mantener». De esta manera, tales padres están diciendo realmente a sus hijos: «Vosotros sois los responsables de la calidad de mi matrimonio, de mi salud mental y de mi falta de éxito en la vida». Al carecer de la capacidad para comprender lo inapropiada que es esta actitud, los hijos a menudo aceptan esta responsabilidad, y, en la medida en que la acepten, llegarán a ser neuróticos. De esta manera los padres que presentan trastornos del carácter producen casi invariablemente hijos neuróticos o con trastornos del carácter. Los propios padres echan sus pecados sobre sus hijos.

No sólo en su papel de padres estos individuos con trastornos del carácter son negativos y destructivos; esos mismos rasgos del carácter se extienden por lo común a su matrimonio, sus amistades y sus negocios... a todos los ámbitos de su existencia en los que no asumen su responsabilidad. Esto es inevitable porque, tal y como ha quedado dicho, no se puede resolver un problema si el individuo no asume la responsabilidad de resolverlo. Cuando un individuo con trastornos del carácter echa la culpa de sus problemas a otro (al cónyuge, al hijo, al amigo, al padre, al jefe o a alguna otra cosa, como las malas influencias, la escuela, el gobierno, el racismo, el sexismo, la sociedad, el «sistema»), esos problemas persisten, nada se hace para resolverlos. Al rechazar su propia responsabilidad, estas personas pueden sentirse tranquilas consigo mismas, pero así cesan de resolver los problemas de la vida, cesan de crecer espiritualmente y se convierten en un peso muerto para la sociedad. Así, proyectan su desasosiego en la sociedad. El dicho de los años sesenta (atribuido a Eldridge Cleaver) se refiere a todos nosotros en todo momento: «Si no eres parte de la solución, entonces eres parte del problema».

Huir de la libertad

Cuando un psiquiatra establece el diagnóstico de un trastorno del carácter lo hace porque resulta definitivamente llamativa la tendencia del individuo en cuestión a eludir responsabilidades. Sin embargo, casi todos nosotros de vez en cuando tratamos de eludir —de maneras que pueden ser muy sutiles— la molestia de asumir la responsabilidad de nuestros propios problemas. Debo a Mac Badgely la curación de un sutil trastorno del carácter que yo sufría a los treinta años. En aquel momento Mac era el director de la clínica psiquiátrica para pacientes externos en la que yo estaba completando mi formación psiquiátrica como médico residente. En la clínica se nos asignaban por turnos rotativos nuevos pacientes a mis colegas y a mí. Tal vez porque yo me dedicaba más a mis pacientes que los demás colegas residentes, me encontré trabajando muchas más horas que ellos. Los demás psiquiatras solían ver a sus pacientes sólo una vez por semana, mientras que yo veía a los míos dos o tres veces por semana. En consecuencia, observaba cómo mis colegas abandonaban la clínica a las cuatro y media todas las tardes para irse a su casa, en tanto que a mí me aguardaban consultas hasta las ocho o nueve de la noche, cosa que me contrariaba en extremo. A medida que iba tomando conciencia de mi profundo enfado y me iba sintiendo más y más agotado, comprendí que tenía que hacer algo. Fui, pues, a ver al doctor

Badgely y le expliqué la situación. Le pregunté si podría verme liberado durante unas semanas de aceptar nuevos pacientes para poder ordenar mi tiempo. ¿Sería factible? Le pregunté a él si se le ocurría otra solución. Mac me escuchó con mucha atención sin interrumpirme en ningún momento hasta que terminé de hablar. Al cabo de un instante de silencio, Mac, con gran simpatía, me dijo:

—Bueno, veo que tiene usted un problema.

Sonreí, sintiéndome comprendido y le dije:

—Gracias. ¿Qué le parece que tendría que hacer?

Y entonces Mac me replicó:

—Ya se lo he dicho, Scott; usted tiene un problema.

En modo alguno era ésa la respuesta que yo esperaba y le dije, algo molesto:

—Sí, ya sé que tengo un problema, por eso he venido a verlo. ¿Qué cree que podríamos hacer?

Mac me respondió:

—Scott, me parece que no ha oído lo que le he dicho; yo por mi parte lo he escuchado atentamente y estoy de acuerdo con usted. Usted tiene un problema.

—¡Maldición! —exclamé—. Ya sé que tengo un problema y lo sabía cuando vine aquí. La cuestión es ésta: ¿qué voy a hacer para resolverlo?

—Scott —replicó Mac—, preste atención pues voy a decírselo de nuevo; estoy de acuerdo con usted. Usted tiene un problema. Específicamente usted tiene un problema con el tiempo, con *su* tiempo, no con mi tiempo. No es problema mío. Es *su* problema con *su* tiempo. Usted, Scott Peck, tiene un problema con su tiempo. Eso es todo lo que tengo que decirle.

Me volví y salí enfurecido del despacho de Mac. Y continué furioso. Odiaba a Mac Badgely. Durante tres meses lo odié. Estaba seguro de que el hombre padecía un grave trastorno del carácter. ¿Cómo podía ser tan insensible? Yo había acudido humildemente a él, sólo para pedirle un poco de ayuda, para pedirle un consejo, y aquel imbécil no estaba dispuesto a asumir su responsabilidad de prestarme ayuda y ni siquiera a hacer su trabajo como director de la clínica. Se suponía que como director de la clínica tenía que ayudar a resolver semejantes problemas.

Pero al cabo de tres meses caí en la cuenta de que Mac tenía razón y de que era yo, y no él, quien padecía un trastorno del carácter. Mi tiempo era responsabilidad mía. Me correspondía a mí y sólo a mí decidir cómo utilizar y ordenar mi tiempo. Si deseaba dedicarlo a mi trabajo más de lo que hacían mis colegas residentes, era una decisión mía y las consecuencias de semejante decisión eran de mi responsabilidad. Podría resultarme penoso ver cómo mis colegas abandonaban sus consultorios dos o tres horas antes que yo, y podría ser penoso escuchar las quejas de mi mujer de que no dedicaba suficiente tiempo a la familia, pero esos sinsabores eran consecuencias de la decisión que yo había tomado. Si no deseaba sufrirlos, tenía la libertad de no trabajar tanto y de estructurar mi tiempo de manera diferente. Mi trabajo intenso no era una carga que me hubiera impuesto un destino implacable o un director de clínica insensible; era la manera en que yo había decidido vivir mi vida y ordenar las cosas que tenían prioridad para mí. Lo cierto es que no modifiqué mi estilo de vida. Pero con mi cambio de actitud desapareció el resentimiento hacia mis colegas. Sencillamente ya no tenía sentido enfadarme con ellos por el hecho de que hubieran elegido un estilo de vida diferente del mío cuando yo era completamente libre de hacer lo que ellos hacían si así lo deseaba. Enfadarme con ellos era enfadarme con mi propia decisión de ser diferente de ellos, una decisión con la que me sentía satisfecho.

La dificultad que tenemos para aceptar la responsabilidad de nuestra conducta estriba en el deseo de evitar la desazón de las consecuencias de dicha conducta. Al pedir a Mac Badgely que asumiera la responsabilidad de estructurar mi tiempo, yo trataba de evitar la molestia de trabajar durante muchas horas, aun cuando trabajar esas horas era una consecuencia inevitable de mi decisión de dedicarme a mis pacientes y de mejorar mi formación. Al obrar así, yo también estaba buscando, sin saberlo, aumentar la autoridad de Mac sobre mí. Le estaba entregando mi poder, mi libertad. En realidad le estaba diciendo: «Hágase cargo de mí. Usted es el jefe». Cuando tratamos de eludir la responsabilidad de nuestra propia conducta procuramos transferir esa responsabilidad a otro individuo, organización o entidad. Pero eso significa renunciar a nuestro poder en favor de esa entidad, sea el destino, sea la sociedad, sea la administración, la empresa para la que uno trabaja o nuestro jefe. Por eso resulta apropiado el título que dio Erich Fromm a su estudio sobre el nazismo y el autoritarismo: *El miedo a la libertad*. Al querer eludir el sufrimiento que produce la responsabilidad, millones y hasta miles de millones de seres humanos intentan diariamente huir de la libertad.

Conozco a un hombre de brillantes dotes, aunque irritable, que cuando se lo permito habla sin cesar y elocuentemente sobre las opresivas fuerzas que obran en nuestra sociedad: el racismo, el sexismo, el régimen militar e industrial y la policía que los detiene a él y a sus amigos porque llevan el pelo largo. Una y otra vez he procurado convencerlo de que no es un niño. Cuando somos niños, nuestros padres ejercen un poder real y total sobre nosotros debido a nuestra real y total dependencia. Realmente, nuestros padres son responsables en gran medida de nuestro bienestar, y nosotros nos hallamos también en igual medida a merced de ellos. Cuando los padres son opresivos, como ocurre a menudo, los niños no pueden remediarlo; cuando somos niños, nuestras decisiones y elecciones son limitadas. Pero cuando somos adultos y gozamos de buena salud física, nuestras decisiones y elecciones son casi ilimitadas. Esto no significa que no sean penosas. Con frecuencia debemos elegir el menor de entre dos males, pero la elección está aún en nuestras manos. Sí, convengo con mi conocido, hay ciertamente fuerzas opresoras que obran en el mundo. Sin embargo, tenemos la libertad de elegir cada paso que damos para responder a esas fuerzas y afrontarlas. Él decidió llevar el pelo largo y vivir en una zona del país donde a la policía no le gustan los tipos de pelo largo. Tiene la libertad de mudarse de ciudad o de cortarse el cabello y hasta de organizar una campaña electoral para obtener el puesto de jefe superior de policía. Pero, a pesar de todo su brillo intelectual, el hombre no reconoce estas libertades. Prefiere lamentarse de su falta de poder político a aceptar y alegrarse de su inmenso poder personal. Habla de su amor a la libertad y de las fuerzas opresoras que la coartan, pero cada vez que describe la manera en que resulta víctima de tales fuerzas lo que realmente hace es renunciar a su libertad. Espero que algún día abandone su actitud de resentimiento con la vida sólo porque algunas decisiones resultan dolorosas.[3]

La doctora Hilde Bruch, en el prefacio a su libro *Learning Psychotherapy*, afirma que todos los pacientes acuden a los psiquiatras fundamentalmente con un problema común: la sensación de impotencia, el temor y la convicción íntima de ser incapaces de afrontar y modificar las cosas.[4] En la mayoría de los pacientes una de las raíces de esta sensación de impotencia es el deseo de eludir parcial o totalmente el desasosiego de la libertad y, por consiguiente, también la negativa parcial o total a aceptar la responsabilidad de sus problemas y de sus vidas. Se sienten impotentes porque en realidad han renunciado a su poder. Para curarse, tarde o temprano deben aprender que la integridad de la vida de un adulto es una serie de elecciones, de decisiones personales. Si aceptan esto totalmente se convierten en personas libres. En la medida en que no lo acepten se sentirán siempre víctimas.

Dedicación a la realidad

El tercer instrumento de la disciplina o técnica para afrontar el sufrimiento de resolver problemas —instrumento que debemos utilizar continuamente si queremos que nuestra vida sea saludable y que nuestro espíritu se desarrolle— es la dedicación a la verdad. Superficialmente esto parece evidente, pues la verdad es la realidad. Lo falso es irreal. Cuanto más claramente veamos la realidad del mundo, mejor equipados estaremos para tratar las cuestiones del mundo. Cuanto menos claramente veamos la realidad del mundo —cuanto más confundido esté nuestro espíritu por el error, las percepciones falsas y las fantasías— menos capaces seremos de tomar medidas idóneas y decisiones sensatas. Nuestra concepción de la realidad es como un mapa en el cual se representa el terreno de la vida. Si el mapa es verdadero y exacto, generalmente sabremos dónde estamos, y si decidimos adónde deseamos ir, sabremos cómo llegar al punto propuesto. Si el mapa es falso e inexacto nos perderemos.

Si bien esto es evidente, casi todas las personas prefieren, en mayor o menor medida, pasarlo por alto. Prefieren pasarlo por alto porque el camino que conduce a la realidad no es fácil. En primer lugar, no hemos nacido con mapas, sino que debemos hacerlos. Trazar estos mapas exige esfuerzos. Cuanto mayores sean nuestros esfuerzos para percibir y apreciar la realidad, más amplios y más exactos serán nuestros mapas. Pero muchos no desean hacer estos esfuerzos. Algunos dejan de hacerlos al término de la adolescencia. Sus mapas son pequeños y esquemáticos y su concepción del mundo es estrecha y errónea. Al final de la madurez casi todas las personas han dejado de hacer esfuerzos. Están seguras de que sus mapas son completos y de que su *Weltanschauung* es la indicada (y hasta sacrosanta); ya no están interesadas por adquirir nueva información. Es como si estuvieran cansadas. Sólo unas cuantas personas afortunadas continúan, hasta el momento de la muerte, indagando el misterio de la realidad, ampliando y volviendo a definir su concepción del mundo y de lo que es verdadero.

El mayor problema de trazar mapas no radica en que hay que comenzar de inseguros esbozos, sino en que es necesario revisarlos y corregirlos continuamente para que nuestros mapas sean exactos. El mundo mismo está en constante cambio. Aparecen y desaparecen glaciares. Aparecen y desaparecen culturas. Lo más importante es que el punto desde el cual enfocamos el mundo también cambia constantemente y con gran rapidez. Cuando somos niños somos dependientes e impotentes. Como adultos podemos ser muy poderosos, aunque a causa de una enfermedad o de la vejez podemos volver a ser nuevamente impotentes y dependientes. Cuando tenemos hijos a quienes cuidar, el mundo se nos presenta en forma diferente de cuando no teníamos hijos; cuando criamos a niños pequeños el mundo nos parece diferente de cuando educamos a adolescentes. Cuando somos pobres el mundo nos parece diferente de cuando somos ricos. Diariamente nos vemos bombardeados con nueva información sobre la naturaleza de la realidad. Si queremos incorporar esa información debemos revisar y corregir continuamente nuestros mapas, y a veces si hemos acumulado una buena dosis de información debemos hacer correcciones sustanciales. El proceso de llevar a cabo revisiones y sobre todo correcciones profundas es doloroso, a veces extremadamente doloroso. Y aquí reside la principal fuente de muchos de los males de la humanidad.

¿Qué ocurre cuando uno ha elaborado durante mucho tiempo y con enorme esfuerzo una visión viable del mundo, un mapa aparentemente útil, y luego la nueva información indica que esa concepción es errónea y que es necesario volver a trazar el mapa? Los esfuerzos necesarios para llevar a cabo esta tarea parecen enormes, casi abrumadores. Lo que solemos hacer entonces y habitualmente, de manera inconsciente, es pasar por alto la nueva información. A menudo este acto no es pasivo. Podemos denunciar la nueva información y tildarla de falsa, peligrosa, herética, considerarla obra del demonio. Y hasta podemos emprender una cruzada contra ella e intentar manipular el mundo de suerte que éste se sujete a nuestra concepción de la realidad. Antes que tratar de modificar su mapa, un individuo puede tratar de destruir la nueva realidad. Y es triste comprobar que semejante persona puede dedicar mucha más energía a defender una visión anticuada del mundo que la que habría necesitado para revisarla y corregirla.

La transferencia: el mapa anticuado

Esta actitud de aferrarse activamente a una concepción anticuada de la realidad constituye la base de muchas enfermedades mentales. Los psiquiatras se refieren a este proceso con el término transferencia. Probablemente haya tantas sutiles variaciones en la definición de transferencia como psiquiatras. Mi definición personal es ésta: la transferencia es el conjunto de modos de percibir el mundo y reaccionar ante él que se desarrollan en la niñez y que habitualmente resultan apropiados en la niñez pero que son *inapropiadamente* transferidos al ambiente del adulto.

Las maneras en las que se manifiesta la transferencia (aunque siempre destructivas e hirientes) son con frecuencia sutiles. Con todo, los ejemplos más claros no son nada sutiles. Uno de estos ejemplos fue un paciente cuyo tratamiento fracasó a causa de su transferencia. Se trataba de un brillante técnico en informática que apenas superaba los treinta años. Acudió a mi consulta porque su mujer lo había abandonado y se había llevado a sus dos hijos. No se sentía particularmente triste por la pérdida de la esposa, pero lo había hundido la pérdida de sus hijos, a quienes se sentía unido por un profundo lazo afectivo. Inició las sesiones de psicoterapia con la esperanza de recuperarlos, pues su mujer había declarado firmemente que no regresaría junto a él si no se sometía a tratamiento psiquiátrico. La mujer se quejaba sobre todo de que el marido se mostraba continua e irracionalmente celoso y al mismo tiempo distante con ella, frío, nada comunicativo ni afectuoso. También se quejaba de los frecuentes cambios de empleo de su marido. La vida de éste había sido muy inestable desde la adolescencia. Durante la adolescencia había tenido frecuentes altercados con la policía, había estado en la cárcel tres veces por embriaguez, mala conducta, «vagancia» y por «impedir que un agente de policía cumpliera con su deber». Abandonó los estudios en la universidad donde estudiaba ingeniería eléctrica porque, según dijo, «los profesores eran un puñado de hipócritas en nada diferentes de los policías». A causa de su disposición y creatividad en el campo de los ordenadores, sus servicios eran muy solicitados. Sin embargo, nunca logró progresar ni conservar un trabajo más de un año y medio; en ocasiones fue despedido, pero la mayoría de las veces abandonaba el trabajo después de disputas con sus superiores, a quienes calificaba de «liantes y embusteros interesados sólo en proteger su propia situación». Su frase más frecuente era: «No se puede confiar en nadie». Decía que su niñez había sido «normal» y que sus padres eran «corrientes». En el breve período que estuvo conmigo me contó con tono indiferente y sin emoción alguna numerosos incidentes de su niñez en los cuales los padres lo habían defraudado. Le habían prometido una bicicleta para su cumpleaños pero se olvidaron de su promesa y le regalaron otra cosa. En otra ocasión se olvidaron por completo de su cumpleaños. El paciente no veía nada especialmente malo en su conducta ya que ellos «estaban muy ocupados». Los padres le prometían hacer cosas con él los fines de semana pero generalmente estaban demasiado atareados. En numerosas oportunidades se olvidaron de ir a recogerlo a reuniones o fiestas porque «tenían muchas cosas en la cabeza».

Lo que le ocurría a este hombre era que durante su niñez había sufrido penosas decepciones por la falta de cuidados de sus padres. Gradual o súbitamente —no lo sé con certeza— llegó a la inquietante conclusión, a mediados de su niñez, de que no podía confiar en sus padres. Una vez que lo comprendió así, comenzó a sentirse mejor y su vida se hizo más llevadera. Ya no esperaba nada de sus padres ni alentaba esperanzas cuando éstos le hacían promesas. Cuando dejó de confiar en sus padres, la frecuencia y la gravedad de sus decepciones disminuyeron enormemente.

Pero un ajuste de esta índole constituye la base de futuros problemas. Para un niño sus padres lo son todo, representan el mundo. El niño no dispone de una perspectiva que le permita ver que otros padres son diferentes y frecuentemente mejores. Supone que la manera en que obran sus padres es la manera en que se hacen las cosas. En consecuencia, la conclusión —su realidad— a la que llegó ese niño no fue «No puedo confiar en mis padres» sino «No puedo confiar en la gente». No confiar en la gente se convirtió, pues, en el mapa con el cual este individuo entró en la adolescencia y la edad adulta. Con este mapa y con una abundante carga de resentimiento debido a sus muchas decepciones era inevitable que el individuo tuviera sucesivos conflictos con figuras representantes de la autoridad: policías, profesores y jefes en el trabajo. Y esos conflictos sólo sirvieron para reforzar su sensación de que no podía confiarse en la gente. El hombre tuvo muchas oportunidades de revisar y corregir su mapa, pero las dejó pasar todas. Por un lado, la única manera en que podía saber si había o no personas en el mundo de los adultos en quienes pudiera confiar era arriesgarse a confiar en ellas, lo cual implicaba apartarse del mapa que se había trazado. Por otro lado, esa experiencia le exigía revisar también el concepto que tenía de sus padres y darse cuenta de que éstos no lo habían amado, de que su niñez no había sido «normal» y de que sus padres no eran «corrientes» debido a su insensibilidad hacia las necesidades de su hijo. Comprender todas estas cosas habría sido extremadamente doloroso. Por último, como su desconfianza de la gente era un ajuste realista a la realidad de su niñez, se trataba de un ajuste destinado a disminuir su dolor y sufrimiento. Dado que resulta muy difícil abandonar un ajuste que antes funcionaba tan bien, el individuo continuó desconfiando, continuó creando inconscientemente situaciones que servían para reforzarlo, continuó distanciándose de todos y así se le hizo imposible gozar del amor, de la calidez, de la intimidad y del afecto. Ni siquiera se permitía a sí mismo intimar con su mujer. Las únicas personas con las que podía trabar relaciones afectivas íntimas eran los dos hijos. Eran las únicas personas sobre las que tenía control, las únicas que no ejercían autoridad sobre él, las únicas de todo el mundo en las que podía confiar.

Cuando entran en juego problemas de transferencia, como generalmente ocurre, la psicoterapia consiste, entre otras cosas, en un proceso de revisión de mapas. Los pacientes recurren a la terapia porque su mapa evidentemente no le da buenos resultados. ¡Pero cómo se aferran a él y cómo se resisten al proceso en cada paso del camino! Con frecuencia necesitan aferrarse a su mapa y luchan para no perderlo, y esa necesidad es tan grande que la terapia se hace imposible, como ocurrió en el caso del técnico en informática. Al principio me pidió que lo atendiera los sábados. Después de tres sesiones dejó de acudir porque había iniciado un trabajo de mantenimiento de césped los sábados y los domingos. Le ofrecí verlo los jueves al atardecer. Se presentó a dos sesiones y luego dejó de acudir porque estaba haciendo horas extras en la empresa. Volví entonces a modificar mi horario a fin de poder verlo los lunes al atardecer, cuando, según él había dicho, era improbable que hiciera horas extras. Al cabo de dos sesiones, otra vez dejó de acudir a la consulta porque había aceptado trabajar los lunes por la tarde. Le hice ver entonces la imposibilidad de practicar la terapia en semejantes circunstancias. El paciente admitió que no estaba obligado a aceptar más horas extras, pero dijo que necesitaba dinero y que el trabajo era para él más importante que la terapia. Declaró que podría acudir únicamente los lunes en que no tuviera que trabajar horas extras y que me telefonearía a las cuatro de la tarde todos los lunes para decirme si podría asistir a la sesión aquella tarde. Le dije que semejantes condiciones no eran aceptables y que no estaba dispuesto a modificar mis planes todos los lunes por la posibilidad de que él pudiera acudir a las sesiones. Él pensó que mi actitud era irrazonable y rígida, que no me importaban sus necesidades, que yo sólo estaba interesado en mi propio tiempo y que en realidad él no me importaba nada, de manera que no se podía confiar en mí. Así terminó nuestro intento de trabajar juntos y yo pasé a ser otro hito en su viejo mapa.

El problema de la transferencia no se manifiesta sólo entre los psicoterapeutas y sus pacientes. Es un problema entre padres e hijos, entre marido y mujer, entre el patrón y el empleado, entre amigos, entre grupos e incluso entre naciones. Es interesante hacer conjeturas, por ejemplo, sobre el papel que la transferencia desempeña en las cuestiones internacionales. Nuestros líderes nacionales son seres humanos que vivieron una niñez y tuvieron experiencias infantiles que los formaron. ¿Qué mapa seguía Hitler? ¿De dónde procedía ese mapa? ¿Qué mapa seguían los líderes norteamericanos al iniciar, llevar a cabo y mantener la guerra de Vietnam? Evidentemente era un mapa muy diferente del de la generación siguiente. ¿En qué medida la experiencia nacional de los años de depresión contribuyó a trazar su mapa y en qué medida la experiencia de los años cincuenta y sesenta contribuyó a trazar el mapa de la generación más joven? Si la experiencia nacional de los años treinta y cuarenta contribuyó a forjar la conducta de los líderes norteamericanos en cuanto a librar la guerra de Vietnam, ¿hasta qué punto era válida esa experiencia para las realidades de los años sesenta y setenta? ¿Qué podemos hacer para revisar más rápidamente nuestro mapa?

La verdad o la realidad se evita cuando resulta dolorosa. Podemos revisar y corregir nuestro mapa sólo cuando tenemos la disciplina para superar ese dolor. Pero para adquirir semejante disciplina es necesario que nos entreguemos enteramente a la verdad. Es decir, siempre debemos considerar que la verdad (determinada de la mejor manera posible) es más importante, más vital para nuestro interés que nuestro bienestar. Y a la inversa, siempre debemos considerar nuestra desazón personal relativamente poco importante e, incluso, acogerla de buen grado para ponerla al servicio de la búsqueda de la verdad. La salud mental es un proceso continuo de dedicación a la realidad a toda costa.

Rendir cuentas

¿Qué significa una vida de total consagración a la verdad? Significa ante todo una vida de continuo y riguroso autoanálisis. Conocemos el mundo sólo a través de nuestra relación con él. Por eso, para conocer el mundo debemos analizar no sólo éste sino también al analista. Los psiquiatras aprenden esto durante su formación y saben que es imposible comprender verdaderamente los conflictos y transferencias de sus pacientes sin comprender antes sus propias transferencias y conflictos. Por esta razón se estimula a los psiquiatras a que se sometan a psicoterapia o a psicoanálisis como parte de su formación y desarrollo. Desgraciadamente, no todos los psiquiatras lo hacen. Hay muchos que analizan rigurosamente el mundo, pero no tienen el mismo rigor para analizarse a sí mismos. Pueden ser individuos competentes (tal como el mundo juzga la competencia), pero nunca serán sabios ni prudentes. Una vida de sabiduría debe ser una vida de contemplación combinada con la acción. En la cultura estadounidense, la contemplación no se ha tenido en gran estima. En los años cincuenta se consideraba a Adlai Stevenson un «intelectual» y no se creía que pudiera ser buen presidente precisamente porque era hombre contemplativo y dado a profundas reflexiones. He oído a padres que decían a sus hijos adolescentes con toda seriedad: «Piensas demasiado». Esto es absurdo si recordamos que lo que nos hace humanos es el lóbulo frontal, nuestra capacidad para pensar y analizarnos a nosotros mismos. Afortunadamente, semejantes actitudes parecen estar cambiando, y ahora comenzamos a darnos cuenta de que las fuentes de peligro para el mundo están más dentro que fuera y de que el autoanálisis es esencial para la supervivencia. Claro está que me refiero a un número relativamente pequeño de personas que están cambiando de actitud. El análisis del mundo exterior nunca es tan penoso personalmente como el análisis del mundo interior, y, en realidad, a causa de la desazón que supone en la vida un verdadero autoanálisis, la mayoría se abstiene de practicarlo. Pero cuando uno está dedicado a la verdad, esa desazón parece relativamente poco importante, y es menos importante (y por lo tanto menos penosa) cuanto más se avanza en la práctica del autoanálisis.

Una vida de total dedicación a la verdad significa también una vida en la cual el individuo esté dispuesto a aceptar que le pidan cuentas. La única manera de estar seguros de que nuestro mapa de la realidad es válido consiste en exponerlo a la crítica y al cuestionamiento de otros cartógrafos. Si no lo hacemos así, vivimos en un sistema cerrado, dentro de una campana de vidrio, por utilizar la imagen de Sylvia Plath, donde respiramos sólo nuestro propio aire corrompido y nos hallamos cada vez más sometidos al engaño. Sin embargo, a causa de la inquietud inherente al proceso de revisar nuestro mapa de la realidad, generalmente tendemos a evitar o a rechazar todo cuestionamiento de su validez. Decimos a nuestros hijos: «No me repliques, soy tu padre». Decimos a nuestro cónyuge: «Vive y deja vivir. No me critiques; si lo haces, te haré la vida imposible». La persona anciana transmite a su familia y al mundo este mensaje: «Soy viejo y frágil. Si me contrariáis puedo morir, por lo menos llevaréis sobre vuestros hombros la responsabilidad de haberme hecho infeliz durante los últimos días». A nuestros empleados les decimos: «Si os atrevéis a pedirme explicaciones, hacedlo con la mayor discreción o tendréis que buscar otro trabajo».[5]

La tendencia a evitar el tener que dar explicaciones está tan generalizada en los seres humanos que se la puede considerar una característica propia de la naturaleza humana. Pero decir que es natural no significa que sea una conducta esencial, beneficiosa o inmutable. También es natural defecarse encima o no cepillarse nunca los dientes, pero aprendemos a hacer lo no natural hasta el punto de que se convierte en una segunda naturaleza. La verdad es que toda autodisciplina podría definirse como un proceso por el que aprendemos a hacer lo no natural. Otra característica de la naturaleza humana —acaso la que nos hace más humanos— es nuestra capacidad para hacer cosas innaturales, para trascender y, por lo tanto, para transformar nuestra propia naturaleza.

Ninguna acción es menos natural y en consecuencia más humana que someterse a psicoterapia. En efecto, en virtud de este acto dejamos que otro ser humano nos pida cuentas de todo lo que hacemos y hasta le pagamos por el servicio de escrutarnos y discernir lo que hay en nosotros. Esta apertura al sentido de la responsabilidad es una de las cosas que puede simbolizar el tenderse en el diván del psicoanalista. Iniciar un proceso psicoterapéutico es un acto que indica gran valor. La primera razón por la que la gente no se somete a psicoterapia no es la falta de dinero, sino la falta de valentía. Lo mismo cabe decir de muchos psiquiatras, de esos que nunca ven el momento de iniciar su propia terapia, a pesar de que tienen más motivos que nadie para someterse a la disciplina que todo análisis comporta. Por otro lado, porque poseen ese valor, muchos pacientes de psicoanálisis son más fuertes y sanos que la media de la gente, incluso al comienzo de la terapia y a pesar de lo que dé a entender su imagen estereotipada.

Aunque someterse a psicoterapia es una forma definitiva de rendir cuentas, nuestras interacciones habituales nos ofrecen día a día análogas oportunidades para mostrarnos abiertos: junto a la máquina de refrescos de la empresa, en las reuniones de trabajo, en el fútbol, sentados a la mesa o por la noche en la cama; cuando alternamos con nuestros colegas, jefes y empleados, con nuestros amigos, con nuestros padres y con nuestros hijos. Una mujer muy acicalada que hacía algún tiempo acudía a mi consultorio comenzó de pronto a peinarse cada vez que, al terminar la sesión, se levantaba del diván. Le hice un comentario sobre su nuevo modo de proceder y ella me explicó, enrojeciendo: «Hace unas semanas, al volver de una sesión, mi marido se dio cuenta de que llevaba el pelo aplastado por detrás. No quise decirle por qué. Temo que se burle si sabe que vengo aquí a tenderme en el diván». Ya teníamos otra cuestión que analizar. El mayor valor de la psicoterapia es que la disciplina practicada durante la «hora de cincuenta minutos» se extienda a las relaciones y los hechos diarios del paciente. El espíritu no queda completamente curado hasta que la aceptación del sentido de la responsabilidad se convierte en un modo de vida. Aquella mujer no se hallaría del todo bien mientras no fuese tan sincera con su marido como conmigo.

De todas las personas que acuden a un psiquiatra o a un psicoterapeuta, son muy pocas las que al principio piensan a un nivel consciente en su responsabilidad o en educarse en la disciplina. Casi todas buscan alivio sin más. Cuando comprenden que se les va a pedir que rindan cuentas, muchas huyen y otras se sienten tentadas a hacerlo. Enseñarles que el único alivio verdadero llega mediante la asunción de responsabilidades y la disciplina es una labor delicada, a menudo prolongada y frecuentemente infructuosa. Por eso hablamos de seducir a los pacientes para que perseveren en la psicoterapia. Y podemos decir de algunos pacientes, a los que hemos estado tratando durante un año o más, que realmente aún no han entrado en el proceso terapéutico.

En psicoterapia se estimula (o se exige, según el punto de vista) la franqueza por la técnica de la «asociación libre». Cuando se emplea esta técnica se le dice al paciente: «Diga cuanto se le pase por la cabeza sin considerar si es algo aparentemente insignificante, embarazoso, penoso o sin sentido. En su pensamiento hay más de una cosa al mismo tiempo, de modo que debe usted hablar de aquello que más se resiste a expresar». Esto es más fácil de decir que de hacer. Sin embargo, quienes se entregan concienzudamente a este procedimiento realizan por lo general rápidos progresos. Pero algunos se resisten tanto a la petición de responsabilidad que simplemente fingen que practican la asociación libre. Hablan con locuacidad de esto o de aquello pero dejan a un lado detalles decisivos. Una mujer podrá hablar durante una hora sobre las desagradables experiencias de su niñez, pero omitirá la circunstancia de que aquella misma mañana el marido ha tenido unas palabras con ella por haber dejado la cuenta bancaria común con mil dólares en números rojos. Semejantes pacientes intentan transformar la hora psicoterapéutica en una especie de conferencia de prensa. En el mejor de los casos malgastan el tiempo esforzándose por evitar el rendir cuentas y por lo general se entregan a una sutil forma de mentira.

Para que los individuos y las organizaciones estén abiertos a la petición de responsabilidades es necesario que sus mapas de la realidad se hallen realmente abiertos a la inspección pública. Aquí se necesita algo más que una conferencia de prensa. De ahí que una vida de total dedicación a la verdad signifique una vida de total sinceridad. Se trata de un continuo e incesante proceso de escrutamiento de uno mismo para asegurarse de que las comunicaciones que se hacen —no sólo las palabras que se dicen— reflejen siempre y con la mayor precisión posible la verdad o la realidad tal como la conocemos.

Esta sinceridad no deja de comportar sufrimientos. La gente miente para evitar el sufrimiento de la responsabilidad y sus consecuencias. La mentira del presidente Nixon sobre Watergate no fue más sutil que la del niño de cuatro años que dice a su madre que la lámpara se cayó sola de la mesa y se rompió. En la medida en que la petición de responsabilidades es legítima (y generalmente lo es), mentir es un intento de eludir el legítimo sufrimiento y por tanto puede producir indisposición mental.

La idea de eludir algo plantea la cuestión de «tomar un atajo». Cuando intentamos evitar un obstáculo buscamos una senda que nos lleve a nuestra meta y que sea más fácil y rápida: un atajo. Como creo que la madurez del espíritu humano es el fin de la existencia del hombre, me dedico, como es lógico, a la idea de progreso. Está bien y es justo que, como seres humanos, crezcamos y progresemos lo más rápidamente posible. Por eso está bien y es justo que busquemos un atajo legítimo para alcanzar el desarrollo personal. La palabra clave es «legítimo». Los seres humanos tienden a pasar por alto los atajos legítimos y a buscar los ilegítimos. Por ejemplo, un atajo legítimo es memorizar la sinopsis de un libro para preparar un examen, en vez de leer entera la obra original. Si el resumen es bueno y si asimilamos el material, podemos obtener los conocimientos esenciales de una manera que nos ahorre tiempo y esfuerzos. Pero copiar en un examen no es un atajo legítimo. Es posible que ahorremos tiempo y, si la copia nos sale bien, que obtengamos un aprobado en el examen y el ansiado título, pero no habremos adquirido los conocimientos esenciales. Por eso el diploma obtenido será una mentira, una falsedad. En la medida en que el título se convierte en la base de la vida del que hizo la trampa, esa vida se transforma en una mentira y una falsedad permanentes y a menudo hay que dedicarse a ocultar y perpetuar la mentira.

La buena psicoterapia es un atajo legítimo para alcanzar la madurez personal, atajo que a menudo se pasa por alto. Una de las racionalizaciones más frecuentes para pasarlo por alto se basa en la cuestión de su legitimidad, diciendo: «Temo que la psicoterapia pueda convertirse en una muleta, y yo no deseo depender de una muleta». Generalmente esto encubre temores más importantes. Valerse de la psicoterapia no es recurrir a una muleta, como tampoco lo es emplear martillo y clavos para construir una casa. Es posible construir una casa sin martillo ni clavos, pero este procedimiento no es, en general, deseable ni satisfactorio. De forma análoga, es posible alcanzar la madurez personal sin emplear la psicoterapia, pero a menudo es innecesariamente aburrido, prolongado y difícil. Lo sensato, normalmente, es utilizar medios accesibles, como los atajos.

Por otro lado, la psicoterapia también puede ser un atajo ilegítimo. Esto ocurre por lo común en ciertos casos de padres que recurren a la psicoterapia para sus hijos. Desean que los hijos cambien de alguna manera: que dejen de tomar drogas, que dejen de tener arrebatos de ira, que dejen de sacar malas notas. Algunos padres, tras agotar sus propios recursos para ayudar a los hijos, se dirigen al psicoterapeuta sinceramente dispuestos a trabajar en el problema. Otros acuden conociendo perfectamente la causa del problema del hijo y esperan que el psiquiatra haga algo mágico para cambiar al hijo sin tener que cambiar la causa fundamental del problema. Por ejemplo, algunos padres dicen con franqueza: «Sabemos que tenemos una dificultad en nuestro matrimonio, y esta circunstancia es probable que tenga algo que ver con el problema de nuestro hijo. Sin embargo, no deseamos mezclar nuestro matrimonio en el asunto; no queremos someternos a la terapia; lo que deseamos es que usted trabaje sólo con nuestro hijo y, si es posible, que lo ayude a ser más feliz». Otros no son tan francos. Afirman que están dispuestos a hacer todo lo necesario, pero cuando se les explica que los síntomas de su hijo son la expresión de su resentimiento hacia el estilo de vida de la familia, los padres dicen: «Que por su culpa tengamos que darle la vuelta a toda nuestra vida nos parece ridículo». E irán a ver a otro psiquiatra, a alguien que tal vez les ofrezca un atajo indoloro. Y luego es probable que se digan a sí mismos y a sus amigos: «Hemos hecho todo lo posible por nuestro muchacho; hasta hemos acudido a cuatro psiquiatras diferentes, pero nada ha podido mejorarlo».

Mentimos a los demás y nos mentimos a nosotros mismos. Que nuestra propia conciencia y nuestro sentido de la realidad pida cuentas a nuestra adaptación —a nuestro mapa— puede ser tan legítimo y doloroso como cualquier petición de responsabilidades dentro de la sociedad. De las innumerables mentiras que la gente suele decir, dos de las más comunes, potentes y destructivas son: «Queremos a nuestros hijos» y «Nuestros padres nos quieren». Puede ser que nuestros padres nos quieran y que nosotros queramos a nuestros hijos, pero cuando no es así la gente llega a extremos extraordinarios para no admitirlo. Yo suelo decir que la psicoterapia es el «juego de la verdad» o el «juego de la sinceridad» porque una de sus finalidades es ayudar a los pacientes a afrontar estas mentiras. Una de las raíces de la enfermedad mental es invariablemente un circuito cerrado de mentiras que nos han dicho y que nos hemos dicho a nosotros mismos. Sólo en una atmósfera de máxima sinceridad pueden descubrirse y extirparse esas raíces. Para crear esa atmósfera es esencial que los terapeutas tengan una capacidad total de apertura y veracidad en sus relaciones con los pacientes. ¿Cómo puede esperarse que un paciente soporte el dolor de afrontar la realidad si nosotros no somos capaces de soportarlo? Podemos guiar solamente si vamos delante.

Callar la verdad

Las mentiras pueden dividirse en dos clases: mentiras blancas y mentiras negras.[6] Una mentira negra es una afirmación que hacemos sabiendo que es falsa. Una mentira blanca es una afirmación que no es en sí misma falsa pero que deja a un lado una parte significativa de la verdad. El hecho de que una mentira sea blanca no significa que sea menos mentira o más excusable. Las mentiras blancas pueden ser tan destructivas como las negras. Un gobierno que oculta información esencial al pueblo mediante la censura no es más democrático que otro gobierno que dice falsedades. La paciente que no mencionó el hecho de que había dejado en descubierto la cuenta bancaria de la familia estaba amenazando su progreso en la terapia en la misma medida que si hubiera mentido directamente. Realmente, debido a que puede parecer menos reprobable, callar información esencial es la forma más común de mentira, y porque a menudo es más difícil detectarla, puede resultar incluso más perniciosa que la mentira negra.

La mentira blanca se considera socialmente aceptable en muchas de nuestras relaciones «porque no queremos herir los sentimientos de la gente». Pero entonces podemos lamentarnos de que nuestras relaciones sociales sean generalmente superficiales. Que los padres alimenten a sus hijos con un conjunto de mentiras blancas se considera no sólo aceptable sino beneficioso y prueba de amor parental. Cónyuges que tuvieron la suficiente valentía para ser enteramente sinceros entre sí, a menudo encuentran difícil serlo con sus hijos. No les dicen que fuman marihuana o que tuvieron una riña la noche anterior con respecto a sus relaciones, o que están enfadados con los abuelos, o que el médico declaró que uno de ellos o los dos presentan trastornos psicosomáticos, o que están haciendo una inversión financiera arriesgada, o cuánto dinero tienen todavía en el banco. Generalmente, esa retención de la verdad y esa falta de franqueza son racionalizadas sobre la base de un deseo afectuoso de proteger a los hijos y evitarles innecesarias preocupaciones. Sin embargo, la mayoría de las veces, semejante «protección» resulta infructuosa. Los hijos saben de todos modos que mamá y papá fuman hierba, que la noche anterior tuvieron una disputa, que los abuelos están enfadados, que mamá está nerviosa y que papá está perdiendo dinero. El resultado, pues, no es protección sino privación; los niños se ven privados de conocimientos que podrían tener sobre el dinero, la enfermedad, las drogas, la sexualidad, el matrimonio, sus padres, sus abuelos y la gente en general. También se ven privados de las tranquilizadoras palabras que podrían haber recibido de sus padres, si éstos hubieran discutido esos temas con más franqueza. Y por último, se ven privados de modelos de franqueza y sinceridad, y a cambio se les ofrecen modelos de sinceridad parcial, franqueza incompleta y valentía limitada. En algunos padres, el deseo de «proteger» a sus hijos es motivado por un verdadero pero mal encaminado amor. En otros, sin embargo, el «afectuoso» deseo de proteger a los hijos sirve más para encubrir y racionalizar el deseo de evitar toda censura por parte de los hijos y de conservar la autoridad sobre ellos. Esos padres dicen en realidad: «Niños, quedaos con vuestras preocupaciones infantiles y dejadnos a nosotros las preocupaciones de los adultos. Miradnos como a fuertes y cariñosos guardianes, siempre vigilantes. Esa imagen es buena para todos, de manera que no la critiquéis. A nosotros nos permite sentirnos fuertes, y a vosotros, seguros, y será más sencillo para todos si no analizamos estas cosas demasiado profundamente».

No obstante, puede surgir un verdadero conflicto cuando el deseo de sinceridad total choca con la necesidad de protección de algunas personas. Por ejemplo, matrimonios muy bien avenidos pueden considerar alguna vez el divorcio como una alternativa e informar a sus hijos sobre tal posibilidad en un momento en que no es probable que los cónyuges estén dispuestos a divorciarse; esto supone abrumar innecesariamente a los hijos. Para un niño, la idea del divorcio representa una amenaza a su sentido de la seguridad, una amenaza que los niños no pueden percibir en todo su alcance por carecer de la perspectiva necesaria. Se siente seriamente amenazado por la posibilidad del divorcio aun cuando ésta sea remota. Si el matrimonio de sus padres naufraga definitivamente, los niños tendrán que afrontar la amenazadora posibilidad del divorcio, hablen o no hablen sus padres del asunto. Pero si el matrimonio funciona bien, los padres harían un flaco servicio a sus hijos si les dijeran con entera franqueza: «Anoche hablábamos sobre la posibilidad de divorciarnos, pero en este momento no la consideramos seriamente». Por otro lado, con frecuencia es necesario que los psicoterapeutas se reserven sus pensamientos y opiniones, y los oculten a los pacientes en las primeras fases de la psicoterapia, porque éstos todavía no están en condiciones de recibirlos o afrontarlos. Durante mi primer año de formación psiquiátrica un paciente me contó en su cuarta visita un sueño que evidentemente manifestaba cierta preocupación por la homosexualidad. Quise parecer brillante y le dije: «Su sueño indica que a usted le preocupa la posibilidad de ser homosexual». El paciente dio muestras de visible ansiedad y no acudió a las tres sesiones siguientes. Sólo con gran trabajo y con mucha suerte lo convencí de que retornara a la terapia. Mantuvimos otras veinte sesiones hasta que el paciente se fue a vivir a otra zona debido a un cambio en su trabajo. Esas sesiones le resultaron considerablemente beneficiosas a pesar de que en ningún momento volvimos a tocar el tema de la homosexualidad. El hecho de que su inconsciente se hubiera preocupado por la cuestión no significaba que el paciente estuviera listo para afrontarla en un plano consciente, y por no abstenerme de expresar mi pensamiento le causé un perjuicio; casi lo perdí no sólo como paciente mío, sino como paciente en general.

Mantener las opiniones en reserva, de manera selectiva, es algo que también debe practicarse de vez en cuando en el mundo de los negocios o de la política, si uno pretende ser acogido en los círculos de poder. Si sobre cuestiones importantes o insignificantes fuéramos a decir siempre lo que pensamos, se nos consideraría insubordinados. Tendríamos fama de ser hombres faltos de discreción y no se nos consideraría dignos de confianza para ser nombrados siquiera portavoces de una organización. Para ser eficaz en el seno de una organización uno debe convertirse parcialmente en una «persona de la organización», ser circunspecto en la expresión de opiniones individuales y fundir, a veces, la propia identidad personal con la de la organización. Por otro lado, si uno considera su efectividad dentro de una organización como la única meta de su conducta y se permite sólo expresar opiniones que no levanten olas, uno toma partido por el fin para justificar los medios y habrá perdido la integridad y la identidad personales al convertirse por entero en una persona de la organización.

El camino que deben recorrer los grandes ejecutivos entre la conservación y la pérdida de su identidad e integridad es extraordinariamente estrecho y pocos, muy pocos, logran recorrerlo felizmente.

De manera que de vez en cuando es necesario abstenerse de expresar opiniones, sentimientos, ideas y hasta conocimientos en muchas circunstancias de los negocios humanos. ¿Qué normas, pues, puede uno seguir si está consagrado a la verdad? Primero, nunca decir una falsedad. Segundo, tener en cuenta que callar la verdad es siempre potencialmente mentir y que en cada caso en que se oculta la verdad hay que tomar una decisión moral significativa. Tercero, la decisión de callar la verdad nunca debería basarse en necesidades personales, como la necesidad de adquirir poder, la necesidad de producir buena impresión o la necesidad de proteger nuestro propio mapa contra las responsabilidades. Cuarto, la decisión de callar la verdad debe basarse, siempre y por entero, en las necesidades de la persona o las personas a quienes se oculta la verdad. Quinto, la estimación de las necesidades de otra persona es un acto de responsabilidad tan complejo que sólo se puede realizar sabiamente cuando uno obra con verdadero amor por la otra persona. Sexto, el factor primario para estimar las necesidades de otro es la valoración de la capacidad de esa persona para utilizar la verdad en favor de su propio desarrollo espiritual. Por último, al estimar la capacidad ajena de utilizar la verdad para alcanzar el desarrollo espiritual personal, hemos de tener en cuenta que generalmente tendemos a subestimar antes que a sobrestimar dicha capacidad.

Todo esto puede parecer una tarea extraordinaria, imposible de llevar a cabo a la perfección, una carga, una verdadera barrera crónica e interminable. Y precisamente porque se trata de una incesante carga de autodisciplina, la mayor parte de la gente opta por una vida de sinceridad y franqueza limitadas y de relativa reserva, pues rehúsa mostrarse al mundo y mostrarle su mapa. Éste es el camino más fácil. Sin embargo, las recompensas de la difícil vida de sinceridad y dedicación a la verdad son más que proporcionales a las demandas exigidas.

Por el hecho de que su mapa sea permanentemente puesto en tela de juicio, las personas abiertas se desarrollan continuamente. En virtud de su apertura pueden establecer y mantener relaciones íntimas con mayor eficacia que las personas cerradas. Como nunca dicen falsedades pueden sentirse seguras y orgullosas sabiendo que en nada han contribuido a la confusión del mundo sino que, por el contrario, han servido como fuentes de iluminación y clarificación. Por último, son totalmente libres, no se ven agobiadas por la necesidad de ocultar nada, no tienen que escabullirse entre las sombras. No tienen que inventar nuevas mentiras para esconder las viejas. No necesitan malgastar esfuerzos para borrar rastros o conservar disfraces. Y en última instancia comprueban que la energía que exige la autodisciplina de la sinceridad es mucho menor que la energía necesaria para mantener las cosas en secreto. Cuanto más sincero es uno, más fácil resulta continuar siendo sincero, de la misma manera que cuanto más miente uno, más necesario es seguir mintiendo. En virtud de su franqueza, la gente dedicada a la verdad vive a la luz del día y, al ejercitar el valor de vivir al descubierto, se ve libre de todo temor.

Equilibrio

Espero que el lector ya haya comprendido claramente que el ejercicio de la disciplina es una tarea no sólo difícil y compleja sino que además exige flexibilidad y juicio. Las personas valientes deben esforzarse continuamente por ser honestas, pero también han de poseer la capacidad de ocultar alguna parte de la verdad cuando esto es necesario. Para ser personas libres debemos asumir la responsabilidad total de nuestros actos, pero también debemos tener la capacidad de rechazar la responsabilidad que no es realmente nuestra. Para ser organizados y eficientes, para vivir con cordura, debemos posponer diariamente la satisfacción y mantener un ojo fijo en el futuro. Además, para vivir alegremente debemos, además, poseer la capacidad de vivir en el presente y de obrar con espontaneidad. En otras palabras, la disciplina misma tiene que ser disciplinada. El tipo de conducta para llegar a la disciplina disciplinada es lo que yo denomino equilibrio, que constituye el cuarto y último argumento.

El equilibrio es lo que nos da flexibilidad. En todas las esferas de actividad se necesita una extraordinaria flexibilidad si uno desea alcanzar el éxito. Para considerar sólo un ejemplo, tengamos en cuenta la cuestión de la ira y su expresión. La ira es una emoción engendrada en nosotros (y en organismos menos evolucionados) por incontables generaciones a fin de favorecer nuestra supervivencia. Experimentamos ira o cólera cuando comprobamos que otro organismo intenta invadir nuestro territorio geográfico o psicológico o cuando trata de someternos de una manera u otra. Esta emoción nos lleva a devolver el golpe. Sin nuestra cólera, estaríamos retrocediendo continuamente hasta ser aplastados y exterminados. Sólo con el enfado podemos sobrevivir. Sin embargo, muy a menudo tenemos la impresión inicial de que otros se están entrometiendo en nuestras cosas, pero después de un examen más atento nos damos cuenta de que ésa no era la intención que tenían. También puede darse el caso de que, al advertir que alguien está invadiendo nuestro terreno, nos demos cuenta de que, por una razón u otra, no nos conviene responder con ira. Es, pues, necesario que los centros superiores del cerebro (el juicio) regulen y modulen los centros inferiores (las emociones). Para desenvolvernos con éxito en nuestro complejo mundo, hemos de poseer la capacidad no sólo de expresar nuestra cólera sino también de no expresarla. Además, debemos poder manifestar nuestro enfado de diferentes maneras. A veces, por ejemplo, conviene expresarlo sólo después de mucha reflexión y autocrítica. Otras veces resulta más provechoso expresarlo inmediatamente y de manera espontánea. En ocasiones es mejor expresarlo con serenidad e indiferencia, y otras en voz alta y acaloradamente. Así pues, debemos saber no sólo tratar nuestra cólera de diferentes maneras en diferentes momentos, sino también determinar cuál es el momento oportuno de manifestarla y cuál debe ser el estilo indicado para expresarla. Para dirigir nuestra ira con toda competencia y propiedad se requiere un complejo y flexible sistema de respuesta. No ha de sorprender, pues, que el aprendizaje de las maneras de conducir la cólera sea una tarea compleja que, en general, no puede completarse antes de llegar a la edad adulta o a mediados de la vida y que a veces nunca llega a completarse.

En mayor o menor grado, todas las personas tienen fallos en sus sistemas flexibles de respuesta. Buena parte del trabajo de psicoterapia consiste en ayudar a nuestros pacientes a elaborar sistemas de respuesta más flexibles que los que tienen. En general, cuanto más afectados están nuestros pacientes por la ansiedad, la culpabilidad y la inseguridad, más difícil resulta esta tarea. Por ejemplo, trabajé con una mujer esquizofrénica de treinta y dos años para quien fue una verdadera revelación enterarse de que hay algunos hombres a los que no debería dejar pasar de la puerta de la calle, otros a los que podía hacer entrar en el salón pero no en su dormitorio, y, finalmente, algunos a los que podía introducir en su dormitorio. Antes, la paciente se había comportado según un sistema de respuesta por el cual o bien dejaba entrar a todo el mundo en su dormitorio, o bien (cuando esta respuesta no parecía dar resultado) no les permitía pasar de la puerta de la calle. De esta manera fluctuaba entre una promiscuidad degradante y un árido aislamiento. La paciente se sentía obligada a enviar una carta perfectamente redactada y escrita a mano para responder a toda invitación o regalo que recibía. Como no podía sobrellevar continuamente semejante carga, acabó por no escribir ninguna misiva o por rechazar todas las invitaciones. También aquí se mostró sorprendida al enterarse de que en el caso de ciertos regalos no era necesario enviar notas de agradecimiento y que, cuando correspondía hacerlo, a veces una breve nota era suficiente.

La salud mental madura exige, pues, una extraordinaria capacidad de mantener flexible y continuamente un delicado equilibrio entre necesidades, objetivos, deberes, responsabilidades, etc., que pueden estar en conflicto. La esencia de esta disciplina de equilibrio es saber renunciar. Recuerdo la primera lección al respecto que recibí una mañana de verano cuando tenía nueve años. Acababa de aprender a montar en bicicleta y estaba probando animadamente hasta qué punto llegaban mis nuevas habilidades. Más o menos a un kilómetro de mi casa el camino presentaba una pronunciada pendiente; descendiendo aquella mañana por la colina, experimentaba el aumento de velocidad como un éxtasis. Frenar y renunciar a ese éxtasis me parecía un absurdo proceder. Decidí mantener la velocidad y tomar con cuidado la curva que empezaba al terminar la pendiente. Mi éxtasis se esfumó a los pocos segundos cuando me vi proyectado a unos tres metros fuera del camino entre los arbustos. Tenía rasguños, sangraba y la rueda delantera de mi nueva bicicleta se había retorcido por el choque contra un árbol. En aquella ocasión perdí el equilibrio.

Mantener el equilibrio es una disciplina precisamente porque implica renunciar a algo y eso siempre resulta penoso. En ese caso, yo no había querido renunciar a la velocidad que me embriagaba a fin de poder mantener el equilibrio al llegar a la curva. Aprendí, sin embargo, que perder el equilibrio es en definitiva más doloroso que renunciar a algo para mantenerlo. De un modo u otro ésa ha sido una lección que he tenido que continuar aprendiendo durante toda mi vida. Tal y como hace, por otra parte, todo el mundo, pues para tomar las curvas y esquinas de nuestra vida debemos abandonar continuamente partes de nosotros mismos. La única alternativa a esta renuncia es no avanzar en modo alguno en nuestro viaje vital.

Podrá parecer extraño, pero la mayor parte de las personas eligen esta alternativa, en lugar de seguir avanzando por el viaje de la vida, y todo para evitar la penosa experiencia de desembarazarse de partes de ellas mismas. Si esto parece extraño se debe a que no comprendemos la profundidad del dolor que entraña semejante renuncia. En sus formas más graves, la renuncia es la experiencia humana más penosa. Hasta ahora sólo me he referido a formas menores de renuncia: sacrificar la velocidad de la bicicleta, el lujo de estallar en cólera, contener la irritación o la pulcritud de una carta de agradecimiento. Consideremos ahora lo que significa renunciar a ciertos rasgos de la personalidad, a esquemas de conducta bien establecidos, a ideologías y hasta a estilos de vida. Éstas son formas mayores de renuncia, necesarias si uno pretende avanzar muy lejos por el camino de la vida.

Una noche, hace poco, decidí destinar mi tiempo libre a consolidar y hacer más estrechas mis relaciones con mi hija de catorce años. Durante varias semanas, mi hija me había estado pidiendo que jugara una partida de ajedrez con ella, por eso aquella noche sugerí que lo hiciéramos. Ella aceptó con entusiasmo y nos sentamos dispuestos a jugar una reñida partida de ajedrez. Sin embargo, mi hija debía asistir a clase a la mañana siguiente, y a las nueve me preguntó si yo no podría mover más aprisa porque debía irse temprano a la cama; tenía que levantarse a las seis de la mañana. Yo sabía que mantenía una rígida disciplina en sus hábitos de sueño y me pareció que debía poder reducir un tanto esa rigidez. Entonces le dije: «Vamos, puedes irte a la cama un poquito más tarde por una vez. No deberías jugar una partida que luego no puedes terminar. Nos lo estamos pasando bien». Continuamos jugando durante otros quince minutos, en los cuales mi hija iba quedando claramente en desventaja. Por fin me rogó: «Por favor, papá, mueve más aprisa». «No, de ninguna manera», repliqué. «El ajedrez es un juego serio. Si hemos de jugarlo bien debemos hacerlo lentamente. Si no quieres jugarlo en serio es mejor que no juegues». Y así, mientras ella se sentía cada vez más desgraciada, continuamos jugando otros diez minutos hasta que de pronto rompió a llorar, me dijo que daba por perdida aquella estúpida partida y se fue llorando escaleras arriba.

Inmediatamente me sentí como si tuviera otra vez nueve años y me encontrara tendido en el suelo, ensangrentado entre los arbustos, junto al camino y a mi bicicleta. Evidentemente había cometido un error; no había sabido tomar bien aquella curva del camino. Había empezado la velada con el deseo de pasar un buen rato con mi hija. A los noventa minutos ella ya estaba llorando y tan encolerizada que apenas podía dirigirme la palabra. ¿Qué había salido mal? La respuesta era evidente, sólo que yo no quería verla, de modo que pasé dos horas de disgusto hasta llegar a aceptar el hecho de que yo había echado a perder aquella velada al permitir que mi deseo de ganar una partida de ajedrez fuera más importante que mi deseo de consolidar una buena relación con mi hija. Esa comprobación me deprimió enormemente. ¿Cómo había podido perder el equilibrio de esa manera? Poco a poco fui vislumbrando que mi deseo de ganar era muy grande y que habría sido necesario desechar una parte de ese deseo. Sin embargo, aun esa pequeña renuncia me pareció imposible. Durante toda mi vida el deseo de ganar me ha sido provechoso, puesto que he podido ganar muchas cosas. ¿Cómo se puede jugar al ajedrez sin querer ganar? Nunca he podido hacer nada sin entusiasmo. ¿Cómo podría jugar al ajedrez con entusiasmo pero sin querer ganar? Sin embargo, tendría que cambiar algo, pues me daba cuenta de que mi entusiasmo, mi gusto por la competición y mi seriedad formaban parte de un esquema de conducta que resultaba eficaz pero que al mismo tiempo contribuía a alejar a mi hija de mí, de manera que si yo no conseguía modificar ese esquema de conducta, se repetirían otras veces esas innecesarias escenas de amargura y llanto. Mi depresión continuó durante algún tiempo, pero ya ha quedado superada. Renuncié a parte de mi deseo de ganar todas las partidas. Me libré de esa parte de mí mismo. Murió. Tuve que matarla. La maté con mi deseo de ganar en mi papel de padre. Cuando era niño, el deseo de ganar siempre me era provechoso. Ahora, como padre, reconozco que semejante deseo era un obstáculo en mi camino. Los tiempos han cambiado. Para adecuarme a ellos he tenido que renunciar a algo. Y no lo echo de menos. Creía que iba a echarlo de menos, pero no ha sido así.

El aspecto saludable de la depresión

Lo anterior es un pequeño ejemplo de lo que han de pasar con frecuencia, durante la terapia, las personas que tienen la valentía de calificarse de pacientes. La psicoterapia intensiva es un período de intenso desarrollo durante el cual el paciente puede sufrir más cambios de los que experimentan algunos individuos en toda su vida. Para que se produzca este desarrollo concentrado hay que renunciar a cierta cantidad del «antiguo yo». Es una parte inevitable de toda buena psicoterapia. En realidad, este proceso de renuncia comienza normalmente antes de que el paciente acuda por primera vez al consultorio del psicoterapeuta. Por ejemplo, con frecuencia la decisión de buscar atención psiquiátrica representa en sí misma una renuncia a la imagen que el individuo se ha forjado y que se expresa así: «Estoy bien». Renunciar a esta imagen puede resultar particularmente difícil a los varones de nuestra cultura para quienes «No estoy bien y necesito ayuda para comprender por qué no estoy bien y para volver a estar bien» se equipara frecuentemente a «Soy débil y poco masculino, y no sirvo». A decir verdad, el proceso de renuncia empieza, a menudo, antes de que el paciente haya tomado la decisión de someterse a tratamiento psiquiátrico. Ya he dicho que durante el proceso de librarme de mi deseo de ganar siempre, me sobrevino la depresión. Esto ocurre porque la depresión es la sensación asociada a la renuncia a algo que uno quiere; o por lo menos a algo que es parte de nosotros mismos y nos es familiar. Puesto que los seres humanos mentalmente sanos deben desarrollarse y crecer, y dado que perder el antiguo yo o renunciar a él es una parte imprescindible del proceso de desarrollo mental y espiritual, la depresión es un fenómeno normal y fundamentalmente saludable. Sólo es un fenómeno anormal o patológico cuando algo interfiere en el proceso de renuncia; entonces la depresión se prolonga y no se resuelve al completarse el proceso.[7]

Una de las principales razones por las que la gente recurre a la ayuda psiquiátrica es la depresión. En otras palabras, los pacientes ya han entrado con frecuencia en un proceso de renuncia o desarrollo antes de considerar la posibilidad de acudir a la psicoterapia y son precisamente los síntomas de ese proceso de desarrollo los que los llevan al consultorio del terapeuta. El trabajo de éste consiste, pues, en ayudar al paciente a completar un proceso que el paciente mismo ya ha iniciado. Esto no quiere decir que los pacientes tengan siempre conciencia de lo que les está ocurriendo. Por el contrario, en general sólo desean encontrar alivio a los síntomas de su depresión «para que las cosas puedan ser como antes». No saben que las cosas ya no pueden ser «como antes». Pero el inconsciente sí que lo sabe. Precisamente porque el inconsciente sabe que «las cosas tal como eran» ya no son viables ni constructivas, el proceso de desarrollo y renuncia comienza a nivel inconsciente, en el cual se experimenta la depresión. Lo más probable es que el paciente diga: «No sé por qué estoy deprimido» o atribuya la depresión a factores que no vienen al caso. Como los pacientes no están aún a nivel consciente dispuestos a reconocer que «el antiguo yo» y «las cosas tal como eran» han quedado obsoletos, no se dan cuenta de que su depresión está señalando ese cambio profundo que se necesita para alcanzar una adaptación evolutiva apropiada. Que el inconsciente vaya un paso por delante de la conciencia podrá parecer extraño a los profanos; sin embargo, es un hecho cierto no sólo en este caso específico sino en general, pues se trata de un principio básico del funcionamiento mental. En la sección final de este libro trataremos este tema más profundamente.

Recientemente se ha hablado mucho de la «crisis de la madurez». En realidad, es sólo una de las muchas «crisis» o estadios críticos de desarrollo en la vida, como señaló Erik Erikson hace ya treinta años. (Erikson describió ocho crisis; quizás haya más.) Lo que convierte en crisis estos períodos de transición del ciclo vital —es decir, lo que los hace problemáticos y dolorosos— es el hecho de que al pasar con éxito por ellos renunciamos a nociones queridas y a viejos modos de actuar y de considerar las cosas. Muchas personas no están dispuestas a sufrir el dolor de semejante renuncia o son incapaces de soportarlo. En consecuencia, se aferran, a menudo para siempre, a sus viejos esquemas de pensamiento y conducta; así no vencen ninguna crisis, ni experimentan verdadero desarrollo, ni tienen la jubilosa experiencia de renacimiento que acompaña el paso feliz a una mayor madurez. Aunque podría escribirse todo un libro sobre cada uno de ellos, aquí nos limitaremos a enumerar, por orden de aparición, algunos de los principales deseos, situaciones y actitudes a los que hay que renunciar durante una vida que evoluciona satisfactoriamente:

El estado infantil, en el que no hay que satisfacer demandas exteriores.

La fantasía de omnipotencia.

El deseo de poseer totalmente (incluso en el plano sexual) a uno de los padres.

La dependencia infantil.

Las imágenes distorsionadas de los padres.

El sentimiento de omnipotencia de la adolescencia.

La «libertad» de no tener ningún compromiso.

La agilidad de la juventud.

El atractivo sexual y/o potencia de la juventud.

La fantasía de inmortalidad.

La autoridad sobre los hijos.

Diversas formas de poder temporal.

La independencia de la salud física.

Por último, nuestro yo y la vida en sí misma.

Renuncia y renacimiento

Con respecto al último de los puntos mencionados, podrá parecer a muchos que ese requisito —renunciar a uno mismo y a la propia vida— representa una crueldad por parte de Dios o del destino, que convierte nuestra existencia en una especie de broma pesada que nunca puede ser aceptada por completo.

Esta opinión es particularmente cierta en nuestra actual cultura occidental, en la cual el yo propiamente dicho es considerado sagrado, y la muerte, una ofensa indescriptible. Sin embargo, la realidad es todo lo contrario. En la renuncia a su propio yo, el ser humano puede hallar la felicidad más sólida y duradera de la vida. Y es precisamente la muerte lo que confiere a la vida toda su significación. En este «secreto» estriba la sabiduría fundamental de la religión.

El proceso de renunciar al yo (que tiene relación con el fenómeno del amor, como veremos en la siguiente sección de este libro) es para la mayor parte de nosotros un proceso gradual que se desarrolla en una serie de rachas. Una forma de renuncia transitoria merece especial mención porque su práctica es un requisito absoluto para lograr un aprendizaje significativo durante la edad adulta y, por lo tanto, para alcanzar un desarrollo espiritual significativo. Me refiero a un subtipo de la disciplina del equilibrio que yo denomino «paréntesis». Poner entre paréntesis es equilibrar la necesidad de estabilidad y afirmación del yo con la necesidad de nuevos conocimientos a través del proceso de renunciar transitoriamente al yo —ponerlo entre paréntesis, por así decirlo— con objeto de hacer sitio para la incorporación del nuevo material al yo. Esta disciplina fue bien descrita por el teólogo Sam Keen en *To a Dancing God*:

«El segundo paso exige que yo trascienda la percepción idiosincrásica y egocéntrica de la experiencia inmediata. La madurez de la conciencia sólo fue posible cuando asimilé y compensé las tendencias y los prejuicios que constituyen el residuo de mi historia personal. La conciencia de lo que se presenta ante mí implica un doble movimiento de atención: acallar lo familiar y acoger lo nuevo y extraño. Cada vez que encuentro un objeto, una persona o un suceso extraño, tengo la tendencia a dejar que mis necesidades actuales, mi experiencia pasada o mis expectativas sobre el futuro, determinen lo que he de ver. Si pretendo apreciar el carácter único de cualquier dato, debo tener suficiente conciencia de mis prejuicios y de mis deformaciones emocionales características para ponerlas entre paréntesis el tiempo necesario, con el fin de recibir lo extraño y lo nuevo en mi mundo perceptivo. Esta disciplina de poner entre paréntesis, de compensar o de acallar exige un conocimiento profundo de uno mismo y una valiente sinceridad. Sin esta disciplina, cada momento presente es sólo la repetición de algo ya visto o experimentado. Para que pueda surgir lo verdaderamente nuevo, para que la presencia única de cosas, personas o sucesos pueda echar raíces en mí, debo sufrir el proceso de una descentralización del yo.»[8]

La disciplina de poner entre paréntesis ilustra la consecuencia más importante de la renuncia y de la disciplina en general: cuanto más importante sea aquello a lo que se renuncia, tanto más se gana. El proceso de autodisciplina es un proceso de autodesarrollo. El sufrimiento de renunciar es el sufrimiento de la muerte, pero la muerte de lo viejo es el nacimiento de lo nuevo. El sufrimiento de la muerte es el sufrimiento del nacimiento, y el sufrimiento del nacimiento es el sufrimiento de la muerte.

Para desarrollar una idea nueva, un concepto nuevo, una nueva teoría, es menester que muera una idea antigua, un concepto viejo, una vieja teoría. Así, al terminar su poema «El viaje de los Magos», T. S. Eliot describe el sufrimiento que sienten los tres reyes magos de Oriente cuando renuncian a su anterior concepción del mundo para abrazar el cristianismo.

Recuerdo que ocurrió hace mucho,
y volvería a hacerlo, pero pensad,
pensad en esto,
esto: ¿Recorrimos todo el camino por
el Nacimiento o por la Muerte? Hubo un Nacimiento, sí,
tuvimos pruebas y ninguna duda. Yo había visto nacimientos y
[muertes,
y me los había imaginado distintos; aquel Nacimiento fue
angustia y zozobra para nosotros, como la Muerte, la nuestra.
Volvimos a nuestros lugares, a estos Reinos,
pero ya no estábamos a gusto aquí, en el antiguo orden,
con gentes extrañas aferradas a sus dioses.
Otra muerte me pondría contento.[9]

Puesto que nacimiento y muerte parecen ser sólo diferentes caras de la misma moneda, no es tan absurdo prestar al concepto de reencarnación más atención de la que generalmente le prestamos en Occidente. Pero estemos o no dispuestos a considerar seriamente la posibilidad de que se produzca algún tipo de renacimiento simultáneo a nuestra muerte física, lo cierto es que esta vida es una sucesión de renacimientos y muertes simultáneos. «Nos pasamos la vida entera aprendiendo a vivir —dijo Séneca hace dos milenios—, pero más sorprendente es que también dediquemos toda la vida a aprender a morir.»[10] También es evidente que cuanto más avanza uno por el camino de la vida, más nacimientos experimentará y, por lo tanto, más muertes, más alegrías y más dolores.

Esto plantea la cuestión de saber si será posible alguna vez liberarse del dolor en esta vida. Por decirlo de manera más sencilla, ¿es posible evolucionar espiritualmente hacia un nivel de conciencia en el que el dolor de vivir quede por lo menos atenuado? La respuesta es afirmativa y negativa. Es afirmativa porque una vez que se acepta completamente el sufrimiento, en cierto sentido deja de ser sufrimiento. Es también afirmativa porque la práctica incesante de la disciplina lleva a una situación de dominio, y la persona espiritualmente evolucionada domina en el mismo sentido en que el adulto domina en la relación con el niño. Cuestiones que representan grandes problemas para el niño y le causan gran pesadumbre pueden no tener importancia para el adulto. En conclusión, la respuesta es afirmativa porque el individuo espiritualmente evolucionado es (como demostraremos en la próxima sección) un individuo capaz de un amor extraordinario y, con su extraordinario amor, experimenta extraordinario júbilo.

Pero la respuesta es negativa porque en el mundo hay un vacío de capacidad que es necesario llenar. En un mundo que clama desesperadamente por la capacidad, una persona extraordinariamente competente y plena de amor no puede negar su capacidad, de la misma manera que esa persona no negaría alimento a un niño hambriento. Las personas espiritualmente evolucionadas en virtud de su disciplina, su dominio y su amor tienen una extraordinaria capacidad y están llamadas a servir al mundo; su amor las lleva a responder a la llamada. Son por eso personas de gran poder, aunque en general el mundo las tenga por seres completamente comunes, puesto que la mayoría de las veces ejercen su poder de manera callada y hasta oculta. No obstante, ejercen su poder y, al ejercerlo, sufren terriblemente. En efecto, ejercer poder significa tomar decisiones, y el proceso de decidir con completa conciencia es a menudo infinitamente más doloroso que tomar decisiones con conciencia limitada o embotada (ésta es la manera en que suelen tomarse las decisiones y la razón de que en última instancia se revelen equivocadas). Imaginemos a dos generales cada uno de los cuales debe decidir si lanzará o no una división de diez mil hombres al combate. Para uno de los generales la división no es más que una cosa, una unidad de tropas, un instrumento de la estrategia y nada más. Para el otro general, la división es eso mismo, pero el hombre tiene además conciencia de cada una de las diez mil vidas y de las vidas de las familias de cada uno de sus soldados. ¿Para quién es más fácil la decisión? Para el general que ha embotado su conciencia precisamente porque no puede tolerar el sufrimiento que le acarrearía una conciencia más completa. Puede sentirse tentado a decir: «¡Un hombre espiritualmente evolucionado nunca será un general de primera línea!». Y lo mismo cabe decir del presidente de una compañía, de un médico, de un maestro o de un padre. Siempre hay que tomar decisiones que afectan la vida de otras personas. Quienes toman mejores decisiones son aquellos que están dispuestos a sufrir a causa de sus decisiones sin perder por ello su capacidad de decidir. Una medida —quizá la mejor— de la grandeza de una persona es su capacidad de sufrimiento. Pero los grandes también son capaces de júbilo. Ésta es, pues, la paradoja. Los budistas tienden a pasar por alto los sufrimientos de Buda, y los cristianos olvidan el júbilo de Cristo. Buda y Cristo no eran hombres diferentes. El sufrimiento de Cristo en la cruz y el júbilo de Buda bajo el bodhitaru [árbol de la sabiduría] son una misma cosa.

De manera que si la meta es evitar el dolor y eludir los sufrimientos, no es aconsejable tratar de llegar a niveles superiores de conciencia o de evolución espiritual. En primer lugar, no es posible alcanzar esos niveles sin sufrir y, en segundo lugar, en la medida en que se llegue a esos niveles, es probable que uno se sienta llamado a servir al mundo de maneras más dolorosas de las que cabe imaginar ahora. Uno podrá preguntarse: ¿Entonces por qué hemos de desear evolucionar? Quien formule esta pregunta acaso no conozca suficientemente lo que es el júbilo. Tal vez encuentre una respuesta en lo que resta de este libro o tal vez no la encuentre.

Digamos unas palabras finales sobre la disciplina del equilibrio y su esencia, la renuncia. Uno debe poseer algo para poder renunciar a ese algo. Uno no puede renunciar a nada que no se haya obtenido antes. Si uno renuncia a ganar sin haber ganado nunca, está en el mismo lugar que al principio, en el lugar del perdedor. Antes de poder renunciar a la propia identidad uno tiene que habérsela forjado. Es necesario desarrollar un yo antes de poder perderlo. Esto podrá parecer increíblemente elemental, pero creo que es necesario decirlo pues hay muchas personas que tienen una visión de la evolución pero no la voluntad de llevarla a cabo. Desean y creen que es posible prescindir de la disciplina, encontrar un fácil atajo que conduzca a la santidad. Con frecuencia intentan alcanzarla imitando sencillamente las actitudes superficiales de los santos, retirándose al desierto o haciéndose carpinteros. Algunos hasta creen que en virtud de semejante imitación pueden llegar a ser realmente santos y profetas, y no son capaces de reconocer que aún continúan siendo niños, ni de afrontar el hecho penoso de que deben comenzar por el principio y recorrer todo el camino.

Hemos definido la disciplina como un sistema de técnicas para tratar constructivamente el sufrimiento de resolver problemas —en lugar de eludir ese sufrimiento—, de manera que puedan resolverse todos los problemas de la vida. Hemos distinguido cuatro técnicas básicas: posponer la satisfacción, asumir las responsabilidades, dedicación a la verdad o realidad y ser capaces de equilibrio. La disciplina es un sistema de técnicas porque estas técnicas se hallan estrechamente interrelacionadas. En un solo acto uno puede utilizar dos, tres o incluso todas las técnicas al mismo tiempo y de manera que no sea posible distinguir una de otra. Como veremos en la sección siguiente, el amor es lo que suministra la fuerza, la energía y la disposición para utilizar estas técnicas. No pretendo que este análisis de la disciplina sea exhaustivo pues es posible que haya pasado por alto una o más técnicas fundamentales, aunque sospecho que no es el caso. También es razonable preguntarse si procesos como *biofeedback*, la meditación, el yoga y la psicoterapia no son técnicas de disciplina, pero a esto yo replicaría que, a mi juicio, son ayudas técnicas más que técnicas básicas. Como tales pueden ser muy útiles, pero no son esenciales. Por otro lado, las técnicas básicas aquí descritas, si se las practica incesante y verdaderamente, permiten por sí solas a quien practique la disciplina, es decir, al «discípulo», evolucionar hacia niveles espiritualmente superiores.

II

El amor

II

El amor

Definir el amor

Hemos sugerido que la disciplina es el medio de la evolución espiritual del hombre. En esta sección analizaremos lo que hay bajo la disciplina, lo que la motiva y la estimula. Creo que esa fuerza es el amor. Tengo plena conciencia de que cuando intentamos analizar el amor comenzamos a juguetear con el misterio. En un sentido muy real, procuraremos analizar lo inanalizable y conocer lo incognoscible. El amor es algo demasiado grande y profundo para que se pueda comprender, medir o limitar dentro del marco de las palabras. No habría escrito esto si no creyera que el intento tiene algún valor, aunque no sé hasta qué punto lo tiene; por este motivo, empiezo el análisis advirtiendo que el intento resultará en algunos aspectos inadecuado.

Una consecuencia de la naturaleza misteriosa del amor es que, hasta ahora, que yo sepa, nadie ha dado una definición verdaderamente satisfactoria de este concepto. Los esfuerzos para explicarlo han conducido a dividir el amor en varias categorías: eros, filia, ágape, amor perfecto, amor imperfecto, etc. Yo me propongo, en cambio, dar una sola definición del amor, sin dejar por ello de ser consciente de que, probablemente, no será la más apropiada. Yo defino el amor como la voluntad de extender los límites del propio yo, con el fin de impulsar el desarrollo espiritual propio o ajeno. Quisiera hacer un breve comentario sobre esta definición antes de abordar una formulación más compleja. En primer lugar, debo advertir que se trata de una definición teleológica que define la conducta en relación con meta o finalidad; en este caso, el desarrollo espiritual. Los científicos tienden a considerar sospechosas las definiciones teleológicas, y es posible que así juzguen también esta que nos ocupa. Sin embargo, no he llegado a ella en virtud de un proceso teleológico, sino a través de la observación en mi práctica clínica de la psiquiatría (que incluye la autoobservación), en la cual la definición del amor tiene mucha importancia. En efecto, los pacientes, generalmente, están muy confundidos acerca de la naturaleza del amor. Por ejemplo, un joven tímido me decía: «Mi madre me quería tanto que no me dejó ir en el autobús escolar hasta el último año de instituto, y aun entonces tuve que decirle que me dejara ir solo. Comprendo que tuviera miedo de que yo sufriera un accidente, por lo que ella misma me acompañaba al colegio y me recogía todos los días, a pesar de lo engorroso que le resultaba. Me quería muchísimo». Para tratar la timidez de este individuo fue necesario, lo mismo que en muchos otros casos, hacerle comprender que su madre podría haber estado motivada por algo que no era amor y que lo que parece amor, con frecuencia no lo es. Mi experiencia me ha permitido acumular diversos ejemplos de actos de amor aparentes y de otros cuyo aspecto en nada los identifica con este sentimiento. Uno de los principales rasgos que distinguen estas dos categorías es la finalidad que pretende, consciente o inconsciente, el que profesa o no profesa amor.

En segundo lugar, el amor es un proceso extrañamente circular, pues el desarrollo del propio ser es un proceso evolutivo. Cuando uno ha extendido sus propios límites, ha alcanzado un mayor desarrollo de su estado de ser, de manera que el acto de amar es un acto de evolución, aun cuando la finalidad del mismo sea el progreso de otra persona. Evolucionamos a consecuencia de nuestra tendencia a la evolución.

En tercer lugar, esta definición unitaria incluye tanto el amor por uno mismo como el amor por otro, pues si todos formamos parte del género humano, al amar a los de nuestra especie, nos amamos a nosotros mismos. Tener como finalidad el desarrollo espiritual del ser humano equivale a consagrarse al género del que uno forma parte, lo cual significa dedicarse plenamente al desarrollo de uno mismo y al de los demás. Como ya hemos señalado, somos incapaces de amar a otra persona si no nos amamos a nosotros mismos; de igual manera, somos incapaces de enseñar autodisciplina a nuestros hijos si no la ejercitamos nosotros previamente. Así pues, es sumamente difícil dejar a un lado nuestro propio desarrollo espiritual en favor del de cualquier otra persona. No podemos desestimar la autodisciplina, reivindicándola después cuando nos ocupamos de otro. No podemos ser una fuente de fuerza si no promovemos nuestra propia fuerza. A medida que avancemos en nuestro examen de la naturaleza del amor creo que llegará a ser evidente que el amor hacia uno mismo y el amor hacia los demás no sólo van asociados sino que, en última instancia, no se pueden distinguir.

En cuarto lugar, el acto de extender los propios límites implica esfuerzos. Uno extiende sus límites sólo superándolos, y esa superación requiere esfuerzos. Cuando amamos a alguien, sólo se lo podemos demostrar a través de nuestros actos; como cuando, por ejemplo, somos capaces, para beneficio de otro o para el nuestro propio, de andar un kilómetro más o de dar un paso más. El amor no sólo no está exento de esfuerzos, sino que, además, éstos son indispensables.

Finalmente, cuando empleo la palabra «voluntad», procuro trascender la distinción entre deseo y acción. El deseo no se traduce necesariamente en acción. La voluntad, en cambio, es un deseo con intensidad suficiente para convertirse en acción. La diferencia entre ambos conceptos es análoga a la que existe entre decir: «Me gustaría ir a nadar esta noche» e «Iré a nadar esta noche». En nuestra cultura, todos deseamos en cierta medida amar, pero muchos realmente no aman, por lo cual llego a la conclusión de que el deseo de amar no es en sí mismo amor. El amor es un acto de voluntad, es intención y acción. La voluntad, por su parte, también implica elección, de manera que no tenemos que amar, sino que elegimos, decidimos amar. Aunque pensemos que deseamos amar, si este hipotético deseo no se cumple, es debido a que en realidad hemos decidido no amar y, por lo tanto, no amamos a pesar de nuestras buenas intenciones. Por otro lado, si nos esforzamos de verdad en desarrollarnos espiritualmente, es que hemos decidido hacerlo así. Hemos elegido el amor.

Como ya he indicado, los pacientes que recurren a la psicoterapia están más o menos confundidos acerca de la naturaleza del amor. Lo que ocurre es que ante el misterio del amor abundan los falsos conceptos. Aunque este libro no hará que el amor deje de ser un misterio, espero que pueda clarificar suficientemente la cuestión, a fin de contribuir a desechar esos juicios erróneos que provocan sufrimientos, no sólo a los pacientes, sino a todas las personas que intentan encontrar sentido a sus experiencias amorosas. Algunos de estos sufrimientos me parecen excesivos; si tuviéramos una definición más precisa del amor que diera al traste con todas las ideas falsas que se han difundido sobre él, éstas dejarían de estar tan extendidas como hasta ahora. Por este motivo, he decidido explorar la naturaleza del amor, analizando primero lo que no es amor.

Enamorarse

De todas las falsas ideas sobre el amor, la más difundida es la creencia de que «enamorarse» equivale a amar o que, al menos, ésta es una de las manifestaciones del citado sentimiento. Se trata de un concepto falso porque el hecho de enamorarse es una fuerte experiencia subjetiva. Cuando una persona se enamora, expresa lo que siente diciendo «te quiero», ante lo cual inmediatamente se ponen de manifiesto dos problemas: el primero es que enamorarse es una experiencia íntimamente vinculada a la sexualidad, ya que no nos enamoramos de nuestros hijos aunque los queramos profundamente, del mismo modo que no nos enamoramos de nuestros amigos del mismo sexo —a menos que seamos homosexuales— aunque sintamos por ellos una gran estima. Nos enamoramos sólo cuando, consciente o inconscientemente, estamos sexualmente motivados. El segundo problema es que la experiencia del enamoramiento es invariablemente transitoria; cualquiera que sea la persona de la que nos hayamos enamorado, tarde o temprano dejaremos de estar enamorados de ella si la relación continúa lo suficiente. Esto no quiere decir que invariablemente dejemos de querer a la persona de la que nos hemos enamorado, sino que la sensación de éxtasis que caracteriza la experiencia de enamorarse es siempre pasajera: la luna de miel siempre termina, la lozanía del idilio acaba por marchitarse.

Para comprender la naturaleza de este fenómeno y de su fin inevitable, es necesario analizar la esencia de lo que los psiquiatras denominan los límites del yo. Según lo que podemos determinar por testimonios indirectos, durante los primeros meses de vida, el recién nacido no distingue entre él mismo y el resto del universo. Cuando mueve brazos y piernas, el mundo se está moviendo. Cuando tiene hambre, el mundo tiene hambre. Cuando ve que su madre se mueve, es como si él mismo se estuviera moviendo. Cuando su madre canta, el niño no sabe si es él mismo quien está emitiendo aquellos sonidos. No puede distinguirse a sí mismo de la cuna, de la habitación, ni de sus padres, ya que lo animado y lo inanimado son lo mismo. Todavía no hay distinción entre yo y tú. El niño y el mundo son una sola cosa. No hay fronteras, no hay separaciones. No hay identidad.

Pero con el tiempo, el niño comienza a descubrirse a sí mismo como una entidad separada del resto del mundo. Cuando siente hambre, la madre no siempre aparece para alimentarlo; cuando quiere jugar, a ella quizás no le apetece. Es entonces cuando el niño experimenta que sus deseos no son órdenes para su madre. La voluntad del niño es vivida como algo separado de la conducta de su madre, a partir de lo cual empieza a desarrollársele la noción del «yo». Esta interacción entre el pequeño y la madre se considera el terreno del que brota el sentido de identidad del niño. Se ha observado que cuando la reciprocidad entre la madre y el hijo está muy deteriorada —por ejemplo, cuando falta la madre, o cuando no hay una madre sustituta que le sea grata al niño, o cuando la enfermedad mental de la madre hace que ella esté totalmente desinteresada por su hijo y no le prodigue ningún cuidado— el pequeño crece y llega a ser un niño o un adulto con un sentido de la identidad muy deficiente.

Cuando la voluntad del pequeño es reconocida por él como propia, diferenciándola de la del universo, comienza a hacer distinciones entre él mismo y el mundo. Cuando quiere movimiento, agita los brazos ante sus propios ojos; ni la cuna ni el techo se mueven. Así, el niño aprende que su brazo y su voluntad están conectados y que por eso su brazo es *suyo* y no de ningún otro; de manera que durante el primer año de vida aprendemos los elementos fundamentales sobre quiénes somos y no somos, sobre lo que somos y no somos. Hacia finales del primer año conocemos nuestra propia esencia: brazos, pies, cabeza, lengua, ojos, voz, pensamientos, dolor de estómago e incluso emociones. Tenemos noción de nuestro tamaño y nuestros límites físicos, que constituyen nuestras propias fronteras y cuya percepción dentro de nuestra mente es lo que se entiende como límites del yo.

El desarrollo de los límites del yo es un proceso que continúa durante la niñez y la adolescencia y llega incluso a la edad adulta, pero las fronteras establecidas posteriormente son más psíquicas que físicas. Por ejemplo, de los dos a los tres años es la típica edad en la que el niño llega a un arreglo con los límites de su poder. Pese a que antes de este momento el niño ha aprendido que sus deseos no son órdenes para su madre, todavía se aferra a la posibilidad de que esto sea así. A causa de esta esperanza, el niño de dos años generalmente intenta obrar como un tirano, como un autócrata que da órdenes a sus padres, hermanos y animales domésticos de la familia, como si fueran elementos subalternos de su propio ejército privado, respondiendo con furia cuando no ve cumplidas sus órdenes. Los padres suelen referirse a esta edad como «los terribles dos años». Alrededor de los tres años, el niño, por lo general, se ha vuelto más tratable y más dulce al haber aceptado su impotencia como algo real; sin embargo, la posibilidad de la omnipotencia es un sueño dulce, tan dulce que el niño no puede desecharlo por completo, ni siquiera después de varios años de afrontar muy dolorosamente la realidad. Aunque el niño de tres años ha llegado a aceptar los límites de su poder, continuará todavía durante algunos años escapándose a un mundo de fantasías en el que aún existe la posibilidad de la omnipotencia (especialmente la suya). Ése es el mundo de Superman y del Capitán Marvel, pero, poco a poco, hasta los superhéroes son dejados a un lado y, en mitad de la adolescencia, los jóvenes saben que son individuos confinados dentro de las fronteras de su carne y de los límites de su poder, organismos éstos relativamente frágiles e impotentes cuya existencia se basa en la cooperación en el seno de un grupo de organismos semejantes denominado sociedad. Dentro de este grupo no se distinguen particularmente, aunque estén separados de los demás por identidades, fronteras y límites individuales.

En el interior de sus propios límites está solo. Algunas personas —especialmente aquellas a quienes los psiquiatras denominan esquizoides—, debido a experiencias desagradables y traumatizantes de la niñez, perciben el mundo exterior como un lugar irremisiblemente peligroso, hostil, confuso y nada estimulante. Estas personas creen que sus propias fronteras las protegen y encuentran cierta sensación de seguridad en su soledad, pero casi todos nosotros sentimos la soledad como algo penoso y anhelamos escapar de ella, salir de detrás de los muros de nuestra identidad individual para encontrar una situación en la que nos sintamos más identificados con el mundo exterior. La experiencia del enamoramiento nos permite esa evasión... temporalmente. La esencia del fenómeno de enamorarse es un repentino desmoronamiento de una parte de los límites del yo, que permite que uno funda su identidad con la de otra persona. Ese súbito movimiento que nos impulsa a salir de nosotros mismos, hace que nos volquemos de manera explosiva en la persona amada, al tiempo que dejamos de sentir soledad. Esta experiencia es vivida por la mayoría de nosotros como un estado de éxtasis. ¡Nosotros y la persona amada somos uno! ¡Ya no existe la soledad!

En algunos aspectos (aunque ciertamente no en todos), el acto de enamorarse es un acto de regresión. La experiencia de fundirse con la persona amada evoca ecos de la época en la que estábamos unidos a nuestra madre durante la infancia. Volvemos a experimentar aquella sensación de omnipotencia a la que tuvimos que renunciar en nuestra peregrinación por la niñez. ¡Ahora todo parece posible! Unidos a la persona que amamos sentimos que podemos vencer todos los obstáculos. Creemos que la fuerza de nuestro amor hará que las fuerzas que se nos oponen se doblequen sumisamente, se aparten y desaparezcan en las tinieblas. Todos los problemas serán superados, el futuro será luminoso. La irrealidad de estos sentimientos cuando nos enamoramos es esencialmente la misma que tiene el niño de dos años que se siente el rey de la familia y del mundo, con poderes ilimitados.

Así como la realidad irrumpe en las fantasías de omnipotencia del niño de dos años, la realidad irrumpe en la fantasía de unidad de la pareja enamorada. Tarde o temprano, en respuesta a los problemas de la vida diaria, la voluntad individual volverá a afirmarse. Él desea relaciones sexuales, ella no las desea; a ella le apetece ir al cine, a él no; él pretende ingresar el dinero en el banco, ella quiere comprar un lavavajillas; ella tiene ganas de hablar de su trabajo, él pretende hablar del suyo; a ella no le gustan los amigos de su pareja, él no traga a los de ella. Y así, ambos sumidos cada uno en su propia intimidad, empiezan a percibir que no forman parte de una unidad, ya que cada uno tiene y continuará teniendo sus propios deseos, gustos y prejuicios diferentes a los de la otra persona. Una a una, poco a poco o súbitamente, los límites del yo vuelven a ponerse en su lugar; poco a poco o súbitamente los miembros de la pareja dejan de estar enamorados. De nuevo son dos individuos separados. En este punto comienzan a disolverse los lazos de su relación, o bien se inicia la obra del verdadero amor.

Al emplear la palabra «verdadero» o «real», estoy expresando implícitamente que la percepción que tenemos cuando estamos enamorados es falsa, que nuestro sentido subjetivo de amar es una ilusión. Más adelante, en esta sección, analizaré con más detalle el concepto de amor verdadero o real. Sin embargo, al declarar que cuando una pareja deja de estar enamorada puede comenzar el verdadero amor, también digo de forma implícita que el amor real o verdadero no tiene sus raíces en un sentimiento de amor. Por el contrario, el verdadero amor a menudo se da en un contexto en el que el sentimiento de amor falta, cuando obramos con amor a pesar de no sentirlo. Partiendo de la definición de amor que he dado, la experiencia de «enamorarse» no es verdadero amor por las razones siguientes:

Enamorarse no es un acto de voluntad, no es una decisión consciente. Por más impacientes que estemos por enamorarnos, es posible que no lleguemos a vivir esta experiencia. Por el contrario, puede sobrevenirnos en momentos en que decididamente no la buscamos, resultándonos inconveniente e indeseable. Y es tan probable que nos enamoremos de alguien incompatible como de una persona afín. En realidad, es posible que no admiremos al objeto de nuestra pasión, que puede incluso no gustarnos; no somos capaces de enamorarnos sólo de una persona a la que respetemos profundamente y con quien sería deseable mantener una buena relación, lo cual no quiere decir que la experiencia de enamorarse sea inmune a la disciplina. Los psiquiatras, por ejemplo, a menudo se enamoran de sus pacientes, a la vez que éstos de sus psiquiatras; sin embargo, la obligación moral de los psiquiatras, quienes generalmente logran remediar el desmoronamiento de los límites de su yo, los insta a abandonar al paciente y a considerarlo un objeto romántico. La lucha interior y los sufrimientos propios de la disciplina pueden ser enormes, pero la disciplina y la voluntad sólo pueden controlar la experiencia, no crearla. Somos capaces de decidir sobre la manera de responder a la experiencia de enamorarnos, pero no podemos elegir la experiencia en sí.

Enamorarse no implica la extensión de los propios límites, sino un desmoronamiento parcial y transitorio de éstos. Extender nuestros límites exige esfuerzos y enamorarse no implica ninguno. Individuos perezosos e indisciplinados pueden enamorarse del mismo modo que los enérgicos y ordenados. Una vez pasado el trascendental instante del enamoramiento, y cuando los límites del yo han vuelto a su lugar, el individuo podrá quedar desilusionado, pero normalmente la experiencia no lo habrá ayudado a evolucionar más. En cambio, cuando nuestros límites se extienden, tienden a quedar definitivamente ampliados. El verdadero amor es una permanente experiencia de extensión de la propia personalidad.

Enamorarse tiene poco que ver con la finalidad de promover el desarrollo espiritual. Si tenemos alguna finalidad cuando nos enamoramos, es la de poner término a nuestra soledad y quizás, la de asegurar ese resultado mediante el matrimonio. Lo cierto es que no pensamos en nuestro desarrollo espiritual, pues durante el período que abarca el momento del enamoramiento y el de su práctica extinción, sentimos que hemos llegado a la cima y que no es necesario ni posible subir más. No sentimos necesidad alguna de desarrollo; nos contentamos por completo con el estado en que nos hallamos. Nuestro espíritu está en paz. Tampoco nos damos cuenta de si nuestro amado necesita desarrollo espiritual. Por el contrario, lo percibimos como un ser perfecto. Si advertimos algunos defectos, nos parecen insignificantes, pequeños caprichos o encantadoras excentricidades que sólo le añaden color y gracia.

Si enamorarse no es amar, ¿qué otra cosa puede ser, además de un hundimiento transitorio y parcial de los límites del yo? No lo sé, pero el carácter sexual del fenómeno me hace sospechar que es un componente instintivo genéticamente determinado de la conducta de apareamiento. En otras palabras, el colapso transitorio de los límites del yo que representa el enamoramiento, constituye una respuesta estereotipada de los seres humanos a una configuración de pulsiones sexuales internas y de estímulos sexuales externos. Dicha configuración sirve para aumentar las probabilidades de apareamiento sexual y afianzar así la supervivencia de la especie. Para expresarlo de una manera más cruda, enamorarse es un ardid que utilizan nuestros genes y nuestra mente (en este caso, menos perceptiva de lo que suele ser), para embaucarnos y hacernos caer en el matrimonio. Con frecuencia, la artimaña se desbarata de una manera u otra, como cuando las pulsiones sexuales y los estímulos son homosexuales o cuando otras fuerzas —interferencia de parientes, enfermedad mental, responsabilidades en conflicto o autodisciplina madura— intervienen para impedir la unión. Por otro lado, sin ese ardid, sin esa regresión ilusoria e inevitablemente pasajera (no sería práctica si no fuera pasajera) al estado infantil de fusión y omnipotencia, muchos de nosotros, que hoy estamos feliz o infelizmente casados, habríamos huido aterrorizados ante la realidad de los votos matrimoniales.

El mito del amor romántico

Para servir con tanta eficacia como trampa que nos lleva hacia el matrimonio, la experiencia del enamoramiento probablemente conlleve como una de sus características la ilusión de que la experiencia durará para siempre. En nuestra cultura, semejante ilusión se ve fomentada por el mito tan difundido del amor romántico, que tiene su origen en nuestros cuentos de hadas favoritos de la infancia, cuentos en los que el príncipe y la princesa, una vez unidos, viven felices para siempre. El mito del amor romántico nos dice, en efecto, que para cada muchacho existe en el mundo una joven «pensada para él», y viceversa. Además, el mito implica que hay sólo un hombre destinado para cada mujer y sólo una mujer para cada hombre, lo cual está predeterminado «por los astros». Cuando encontramos a la persona para la cual estamos destinados, la reconocemos al enamorarnos de ella. Nos hemos encontrado con la persona señalada por el cielo y, como la unión es perfecta, estaremos en condiciones de satisfacer por siempre y para siempre todas las necesidades de esa otra persona y luego viviremos felices en perfecta unión y armonía. Pero ocurre, sin embargo, que no colmamos todas las necesidades del otro; surgen fricciones y dejamos de estar enamorados. Entonces vemos con claridad que hemos cometido un terrible error al haber interpretado equivocadamente los astros, al no habernos entregado a la única y perfecta persona que nos estaba destinada, al haber aceptado como amor «verdadero» o «real» el que no lo era. Creemos, en definitiva, que en esta situación sólo podemos optar por seguir viviendo en la infelicidad o por divorciarnos.

Aunque en general compruebo que los grandes mitos son grandes precisamente porque representan verdades universales (más adelante examinaremos varios de estos mitos), el mito del amor romántico es una tremenda mentira. Quizá sea una mentira necesaria por cuanto asegura la supervivencia de la especie al alentar y, aparentemente, validar la experiencia de enamorarnos que nos atrapa en el matrimonio. Pero como psiquiatra, debo lamentar en lo más profundo de mi corazón, casi todos los días, la enorme confusión y los profundos sufrimientos que engendra este mito. Millones de personas malgastan grandes cantidades de energía en un intento inútil y desesperado de hacer que la realidad de sus vidas se ajuste a la irrealidad del mito. La señora A se somete absurdamente al marido movida por un sentimiento de culpa: «Realmente no quería a mi marido cuando me casé», dice. «Fingí que lo amaba. Supongo que lo engatusé, de modo que ahora no tengo derecho a quejarme y debo hacer todo lo que él desea.» El señor B se queja: «Lamento no haberme casado con la señorita C. Creo que habríamos hecho un buen matrimonio. Pero no me sentía locamente enamorado de ella y entonces pensé que tal vez no fuera la persona conveniente para mí». La señora D, casada desde hace dos años, se siente profundamente deprimida sin causa aparente, e inicia la terapia declarando: «No sé qué marcha mal. He conseguido todo lo que necesitaba, incluso un matrimonio perfecto». Sólo unos meses después la paciente es capaz de aceptar que ya no está enamorada de su marido y que esto no significa que haya cometido un tremendo error. El señor E, que también lleva dos años casado, comienza a sufrir intensos dolores de cabeza por las noches y no puede creer que su origen sea psicosomático. «Mi vida conyugal es excelente. Quiero a mi mujer tanto como el día que me casé con ella. Ella es todo lo que siempre he deseado.» Sin embargo, los dolores de cabeza no lo dejan tranquilo hasta un año después, cuando consigue admitir: «Me enloquece con su manera de pedirme cosas constantemente, sin tener en cuenta mi sueldo»; es en ese momento cuando el hombre es capaz de reprocharle a su mujer tales despilfarros. El señor y la señora F reconocen que han dejado de estar enamorados, debido a lo cual se entregan a desenfrenadas infidelidades en su afán por encontrar un «amor verdadero». No advierten, sin embargo, que mismo el hecho de reconocerlo podría señalar el comienzo de su matrimonio en lugar de su fin. Aun cuando las parejas hayan admitido que la luna de miel ha terminado y que ya no están románticamente enamoradas, continúan aferrándose al mito al cual intentan ajustar sus vidas. «A pesar de que ya no estamos enamorados, si con fuerza de voluntad actuamos como si todavía lo estuviéramos, tal vez el amor romántico vuelva a nuestra vida.» Esas parejas valoran en alto grado la unión. Cuando inician una terapia de grupo formada por parejas (que es el marco en el que mi mujer y yo, así como nuestros colegas más allegados, llevamos a cabo nuestro asesoramiento conyugal más serio), sus miembros suelen sentarse juntos, uno habla por el otro, uno sale en defensa de los defectos del otro y ambos tratan de presentar al resto del grupo un frente unido, en la creencia de que semejante unidad es un signo del relativo bienestar del matrimonio y un requisito para su mejora. Tarde o temprano, en general temprano, tenemos que decirles a las parejas demasiado unidas que necesitan establecer cierta distancia psicológica entre sí antes de poder empezar a trabajar de manera constructiva en sus problemas. A veces hasta es necesario separarlos físicamente, hacerlos sentar alejados el uno del otro en el círculo del grupo. Siempre es necesario pedirles que se abstengan de hablar el uno por el otro o de defenderse mutuamente frente el grupo. Una y otra vez debemos decir: «Deje que Mary hable por sí misma, John» y «John puede defenderse por sí mismo, Mary; es lo bastante fuerte». Por fin, si continúan en la terapia, todas las parejas aprenden que aceptar verdaderamente la individualidad y peculiaridad de cada cual es el único fundamento en el que un matrimonio maduro puede basarse y el verdadero amor puede crecer.

Algo más sobre los límites del yo

Después de haber declarado que la experiencia de «enamorarse» es una especie de ilusión que en modo alguno constituye el amor verdadero, habré de concluir modificando parcialmente la perspectiva, para señalar que enamorarse es un hecho que está muy, muy cerca del amor verdadero. En realidad, el falso concepto de que enamorarse es un tipo de amor está tan difundido precisamente porque contiene algo de verdad.

La experiencia del amor verdadero tiene que ver también con los límites del yo, puesto que supone una extensión de los mismos. Los límites de una persona son los límites de su yo. Cuando ampliamos nuestros propios límites por obra del amor, lo hacemos extendiéndolos, por así decirlo, hacia el objeto amado, cuyo desarrollo deseamos promover. Para poder hacerlo, el objeto en cuestión debe, primero, ser amado por nosotros; en otras palabras, un objeto exterior a nosotros, que está más allá de los límites de nuestro yo debe atraernos y despertar en nosotros el deseo de entregarnos a él y comprometernos con él. Los psiquiatras denominan «catexis» a este proceso de atracción, entrega y compromiso, y dicen que realizamos «catexis» con el objeto amado. Pero cuando hacemos esto con un objeto exterior a nosotros, también incorporamos psicológicamente una representación de ese objeto. Por ejemplo, pensemos en un hombre cuya afición sea la jardinería. Este hombre «ama» la jardinería. Su jardín significa mucho para él. Ha efectuado una catexis con el jardín. Lo encuentra atractivo, está entregado a su jardín, está comprometido con él, tanto que para cuidarlo es capaz de levantarse muy temprano un domingo por la mañana; este hombre puede negarse a viajar para no alejarse del jardín y hasta puede desinteresarse de su mujer. En esta catexis, y a fin de cultivar sus flores y arbustos, este hombre aprende muchísimas cosas, llega a ser un experto en jardinería, en suelos y fertilizantes, en la poda conveniente. Y conoce su jardín con todos sus detalles, su historia, las clases de flores y plantas que hay allí, su disposición general, sus problemas y hasta su futuro. A pesar de que su jardín existe fuera de él, mediante la catexis, el jardín ha llegado a existir también en el interior del hombre. El conocimiento que tiene del jardín y todo cuanto significa para él forman parte de sí mismo, parte de su identidad, de su historia, de su saber. Al amar y establecer catexis con el jardín, el hombre lo ha asimilado de una manera completamente real y, en virtud de esta asimilación, su persona ha crecido y los límites de su yo se han extendido.

A lo largo de muchos años de amor y de extender nuestros límites a través de la catexis, hay un gradual y progresivo desarrollo del yo y una asimilación del mundo exterior, al tiempo que se produce un debilitamiento de los límites de nuestro yo. De esta manera, cuanto más nos extendemos, más amamos y menos nítida se hace la distinción entre uno mismo y el mundo, de forma que llegamos a identificarnos con éste. A medida que se atenúan y se debilitan los límites de nuestro yo, experimentamos, cada vez más intensamente, el mismo éxtasis que hemos sentido al desmoronarse parcialmente los límites de nuestro yo y nos «hemos enamorado». Sólo que, en lugar de habernos fundido transitoria e ilusoriamente con un objeto amado, nos fundimos de manera más permanente y real con gran parte del mundo, de manera que puede establecerse una «unión mística» con todo el mundo. La sensación de éxtasis o bienestar que acompaña a esta unión, aunque quizás más suave y menos espectacular que la que acompaña al enamoramiento, es mucho más estable, duradera y satisfactoria. Ésta es la diferencia que hay entre la experiencia cumbre, tipificada por el enamoramiento, y lo que Abraham Maslow define como la «experiencia de la meseta».[12] En este caso, las alturas no brillan repentinamente para luego perderse; se las alcanza para siempre.

Es obvio que la actividad sexual y el amor, aunque pueden darse simultáneamente, con frecuencia están disociados porque son fenómenos fundamentalmente separados. En sí mismo, el acto de hacer el amor no es un acto de amor. Sin embargo, la experiencia del acto sexual y, especialmente, la del orgasmo (incluso en la masturbación) es una experiencia asociada también a un grado mayor o menor de destrucción de los límites del yo, y al éxtasis correspondiente. A causa de esta caída de los límites del yo, podemos decir «¡Te quiero!» en el momento del orgasmo incluso a una prostituta por la que unos instantes después (cuando los límites del yo recuperan su lugar) no sintamos ni un ápice de afecto. Esto no quiere decir que el éxtasis del orgasmo no pueda intensificarse si se comparte con una persona amada; en efecto, puede acrecentarse. Pero aunque no se trate de una persona amada, el hundimiento de los límites del yo que se produce con el orgasmo puede ser total; durante un segundo podemos olvidarnos por completo de quiénes somos, perdernos en el tiempo y en el espacio, sentirnos fuera de nosotros mismos, transportados. Podemos fundirnos con el universo. Pero sólo durante un segundo.

He empleado la expresión «unión mística» para designar la prolongada «unidad con el universo» que se experimenta en el verdadero amor, a diferencia de la unidad momentánea propia del orgasmo. El misticismo es esencialmente una creencia según la cual la realidad es unidad. El místico más profundo cree que nuestra percepción usual del universo como una multitud de objetos diferentes —astros, planetas, árboles, pájaros, casas, nosotros mismos— todos separados entre sí por límites precisos es una percepción falsa, una ilusión. Los hindúes y budistas se sirven de la palabra «Maya» para designar esta percepción falsa general, este mundo de ilusión que erróneamente creemos real. Ellos y otros místicos sostienen que la verdadera realidad sólo puede conocerse experimentando la unidad, lo cual se logra eliminando los límites del yo. Es imposible captar realmente la unidad del universo mientras uno continúe considerándose en cierta manera como un objeto separado y distinto del resto del universo. Por eso, a menudo, los hindúes y los budistas afirman que el niño, antes de desarrollar los límites del yo, conoce la realidad, mientras que los adultos no la conocen. Y hasta sugieren que la senda que conduce a la iluminación o conocimiento de la unidad de la realidad, exige que suframos un proceso de regresión para volver a ser como niños. Ésta puede ser una doctrina peligrosamente tentadora para ciertos adolescentes y jóvenes que no estén preparados para asumir las responsabilidades del adulto, las cuales les parecen abrumadoras y más allá de su alcance. Estas personas pueden pensar «No tengo que pasar por todas esas cosas; puedo tratar de renunciar a ser un adulto y retirarme a la santidad sin asumir las responsabilidades del adulto». Sin embargo, al obrar de acuerdo con esta suposición, lo que se da es la esquizofrenia antes que la santidad.

Casi todos los místicos comprenden la verdad expuesta al terminar nuestro análisis de la disciplina: debemos poseer algo o haber alcanzado algo para poder renunciar a ello conservando sin embargo nuestra capacidad y competencia. El pequeño que no tiene establecidos todavía los límites de su yo, puede tener un contacto más íntimo con la realidad que sus padres, pero es incapaz de sobrevivir sin el cuidado de éstos y es incapaz de comunicar sus pensamientos. El camino que conduce a la santidad pasa a través de la edad adulta. Aquí no hay atajos rápidos ni sencillos. Los límites del yo deben consolidarse y endurecerse primero. Es preciso que se establezca una identidad para poder trascenderla. Uno debe encontrar su propio yo antes de poder perderlo. La eliminación transitoria de los límites del yo que se produce al enamorarnos, al practicar el acto sexual o al consumir ciertas sustancias psicoactivas puede darnos un atisbo del nirvana, pero no el nirvana mismo. Una de las tesis de este libro es la de que el nirvana, la iluminación duradera o el verdadero desarrollo espiritual pueden alcanzarse sólo en virtud del ejercicio persistente del amor real.

En resumen, pues, la pérdida temporal de los límites del yo cuando nos enamoramos o cuando practicamos el acto sexual, no sólo nos lleva a comprometernos con otra persona sino que además nos proporciona un anticipo (y, por lo tanto, un incentivo) del éxtasis místico al que podemos llegar en una vida de amor. Por esto, aunque enamorarse no es en sí mismo amar, esa experiencia forma parte del esquema imponente y misterioso del amor.

El segundo concepto falso y común del amor es la idea de que la dependencia es amor. Es ésta una concepción errónea que los psicoterapeutas deben afrontar casi diariamente. Sus efectos más dramáticos se manifiestan en el individuo que intenta suicidarse, amenaza con hacerlo o es presa de una profunda depresión porque el cónyuge o amante lo rechazó o se separó de él. Esa persona dirá: «No quiero vivir, no puedo vivir sin mi marido (mi mujer, mi amiga, mi amigo). Lo quiero muchísimo». Cuando yo respondo, como frecuentemente hago: «Está usted en un error, usted no quiere a esa persona», me replican con ira: «¿Cómo? Ya le he dicho que no puedo vivir sin él (o sin ella)». Entonces trato de explicarme: «Lo que usted describe es parasitismo, no amor. Cuando usted necesita a otro individuo para vivir, usted es un parásito de ese individuo. En esa relación no hay libertad, no hay elección. Es una cuestión de necesidades antes que de amor. El amor es el libre ejercicio de la facultad de elegir. Dos personas se aman cuando, siendo capaces de vivir la una sin la otra, deciden vivir juntas».

Defino la dependencia como la incapacidad de experimentar la totalidad de la persona o de funcionar bien sin la certeza de que uno sea objeto de los activos cuidados de otro. La dependencia en adultos físicamente sanos es patológica, es siempre enfermiza, es siempre una manifestación de enfermedad o deficiencia mental. Hay que distinguirla de lo que comúnmente llamamos necesidades o sentimientos de dependencia. Todos nosotros, aunque tratemos de ocultarlo a los demás y a nosotros mismos, tenemos necesidades y sentimientos de dependencia. Todos tenemos deseos de que nos mimen, de que nos prodiguen cuidados, sin esfuerzo por nuestra parte, personas más fuertes que nosotros y que toman realmente en serio nuestro bienestar. Por fuertes que seamos, por adultos y responsables que seamos, si nos observamos atentamente, encontraremos el deseo de que alguien se haga cargo de nosotros, al menos para variar. Cada uno de nosotros, por anciano y maduro que sea, quisiera tener en su vida una figura materna y una figura paterna satisfactorias. Pero en la mayoría de los casos estos deseos o sentimientos de dependencia no rigen nuestras vidas, no son el tema predominante de nuestra existencia. Cuando rigen nuestras vidas y dictan la calidad de nuestra existencia, se trata de algo más que de necesidades o sentimientos de dependencia; somos seres dependientes. Alguien cuya vida está regida por las necesidades de dependencia padece un trastorno psiquiátrico que nosotros diagnosticamos con la expresión de «trastorno de personalidad dependiente pasiva». Tal vez sea éste el más común de todos los trastornos psiquiátricos.

Las personas dependientes pasivas están tan atareadas tratando de que se las ame, que no les queda ninguna energía para amar. Son como hambrientos que devoran todo alimento que pueden obtener y que nada tienen que dar a los demás. Es como si tuvieran un vacío interior, un pozo sin fondo que hay que llenar, pero que nunca puede llenarse. Nunca se sienten plenamente colmados ni tienen el sentido de ser personas completas. Sienten siempre que «algo les falta». Toleran muy mal la soledad. No tienen verdadero sentido de la identidad propia y se definen sólo por sus relaciones. Un operario de una imprenta, de unos treinta años, extremadamente deprimido, vino a verme tres días después de haber sido abandonado por su mujer, quien se había llevado con ella a sus dos hijos. La mujer ya lo había amenazado anteriormente en tres ocasiones con abandonarlo, quejándose de la falta total de atención hacia ella y los hijos. En cada ocasión él le había rogado que no se marchara y le había prometido cambiar, pero el cambio no había durado más de un día; esta vez la mujer había cumplido su amenaza. Hacía dos noches que el hombre no dormía; se presentó tembloroso, derramando lágrimas de angustia y contemplando seriamente la posibilidad de suicidarse.

—No puedo vivir sin mi familia, los quiero mucho —dijo sollozando.

—Me deja usted perplejo —le repliqué—. Me ha dicho que las quejas de su mujer son legítimas, que usted nunca ha hecho nada por ella, que regresa a su casa sólo cuando se le antoja, que no está interesado por ella ni sexual ni emocionalmente, que pasa meses sin que usted hable siquiera con sus hijos, que nunca ha jugado con ellos ni los lleva de paseo. Usted no tiene ninguna relación con su familia, por eso no comprendo por qué está tan deprimido por la pérdida de una relación que nunca ha existido.

—Pero ¿no lo ve usted? —replicó—. Ahora no soy nada, ¡nada! No tengo mujer, no tengo hijos, no sé quién soy. Puedo no haberme preocupado por ellos, pero los quiero. Sin ellos no soy nada.

Como estaba gravemente deprimido —ya que había perdido la identidad que su familia le proporcionaba— le indiqué que volviera al cabo de dos días. Yo no esperaba una gran mejoría, pero cuando regresó entró precipitadamente en el consultorio, y con una sonrisa me dijo:

—Ya se ha solucionado todo.

—¿Ha vuelto a reunirse con su familia? —le pregunté.

—¡Oh, no! —repuso con aire feliz—, no he vuelto a saber nada de ellos desde que lo vi a usted. Pero anoche conocí a una chica en el bar. Me dijo que le gusto realmente. Ella también está separada, como yo. Hemos quedado para vernos otra vez esta noche. Ahora me siento de nuevo un ser humano. Supongo que no tengo que volver a verlo a usted.

Estos rápidos cambios son característicos de los individuos dependientes pasivos. Es como si no tuviera importancia la persona de quien dependen, siempre que haya alguien de quien depender. No les importa cuál es su identidad, siempre y cuando alguien se la dé. En consecuencia, sus relaciones, aunque aparentemente profundas por su intensidad, son en realidad muy superficiales. A causa de la intensidad de su sensación de vacío interno y debido a la necesidad que tienen de llenarlo, las personas dependientes pasivas no soportan dilación alguna a la hora de saciar su necesidad de otros. Una hermosa joven, brillante y en algunos aspectos muy saludable, había mantenido desde los diecisiete hasta los veintiún años una serie casi ininterrumpida de relaciones sexuales con hombres inferiores a ella en cuanto a inteligencia y capacidad. Pasaba de un «perdedor» a otro. El problema consistía en que la joven no era capaz de esperar lo suficiente hasta encontrar a un hombre adecuado para ella. A las veinticuatro horas de haber puesto término a una relación se prendaba del primer hombre que conocía en un bar y en la siguiente sesión terapéutica me cantaba sus elogios: «Sé que por ahora no trabaja y que bebe demasiado, pero tiene mucho talento y le importo verdaderamente. Sé que esta relación irá bien».

Pero esas relaciones nunca funcionaban bien, no sólo porque la joven no había elegido bien, sino porque se apegaba excesivamente al hombre de turno, a quien exigía cada vez más y más pruebas de afecto y con quien trataba de estar constantemente, sin permitir que la dejase sola. «Es porque te amo tanto que no puedo estar separada de ti», le decía.

Tarde o temprano el hombre se sentía asfixiado y atrapado por su «amor», sin espacio para moverse. Inevitablemente estallaba un violento altercado, la relación terminaba y el ciclo recomenzaba al día siguiente. Aquella mujer solamente logró romper el ciclo después de tres años de terapia, durante los cuales llegó a apreciar su propia inteligencia y capacidad, a identificar su vacío interior y su ansia de llenarlo; se dio cuenta de que sus ansias no eran amor verdadero, y de que la empujaban a iniciar relaciones a las que ella luego se aferraba en detrimento propio; por fin, se dio cuenta de la necesidad de ejercer cierta disciplina sobre sus ansias, si pretendía aprovechar sus capacidades.

En el diagnóstico se emplea la palabra «pasivo» junto con la palabra «dependiente» porque a estos individuos les interesa lo que otras personas pueden hacer por ellos, sin tener en consideración lo que ellos mismos puedan hacer. Una vez, trabajando con un grupo de cinco pacientes, todos dependientes pasivos, les pedí que expresaran sus deseos sobre las situaciones en las que querrían encontrarse al cabo de cinco años. De un modo u otro, cada uno de ellos respondió: «Deseo casarme con alguien a quien le importe y que me cuide». Ninguno dijo que deseaba obtener un trabajo estimulante, crear una obra de arte, hacer una contribución a la comunidad o encontrarse en una situación de amor en la cual pudiera tener hijos. La idea del esfuerzo no entraba en sus ensoñaciones; sólo contemplaban la posibilidad de un estado pasivo que no requiriese esfuerzos y en el que fueran objeto de cuidados. Les dije, lo mismo que a muchos otros: «Si lo que pretenden es ser queridos, nunca alcanzarán esa meta. La única manera de asegurarse de que uno será querido por otro es ser una persona digna de amor, y ustedes no pueden ser personas dignas de amor cuando la principal meta que se proponen es ser amados pasivamente». Esto no quiere decir que las personas dependientes pasivas jamás hagan nada por los demás, pero el motivo que las mueve a hacer algo es consolidar el apego de las otras personas para conseguir sus cuidados. Y cuando no existe la posibilidad de recibir cuidados de otros, este tipo de pacientes experimentan grandes dificultades para hacer cosas. Todos los miembros del grupo mencionado consideraban terriblemente difícil comprar por su cuenta una casa, separarse de sus padres, conseguir un trabajo, abandonar un trabajo insatisfactorio o dedicarse a una actividad de ocio.

En los matrimonios suele haber una diferenciación de los roles de los dos cónyuges, una división del trabajo normalmente eficaz. La mujer suele ocuparse de cocinar, de la limpieza de la casa, de hacer las compras y de cuidar a los hijos; el hombre suele desempeñar un empleo, lleva la contabilidad familiar, corta el césped y hace las reparaciones. Las parejas sanas intercambiarán instintivamente sus papeles de vez en cuando. El hombre puede preparar una comida alguna vez, pasar un día a la semana con los niños, limpiar la casa para sorprender a su esposa; la mujer puede obtener un trabajo de pocas horas, cortar el césped el día del cumpleaños del marido o hacerse cargo de las cuentas domésticas. A menudo la pareja ve en este cambio de papeles una especie de juego que agrega sabor y variedad al matrimonio. Éste es un importante proceso (aunque se desarrolle inconscientemente) que disminuye la mutua dependencia de los cónyuges. Cada uno de ellos se está ejercitando, en cierto modo, para sobrevivir en el caso de la pérdida del otro. Pero para la persona dependiente pasiva, la posibilidad de perder a su pareja es una perspectiva tan horrenda que no concibe prepararse para ella ni empezar un proceso que pudiera disminuir la dependencia. Por consiguiente, una de las señales clave de las personas dependientes pasivas en el matrimonio es la diferenciación rígida de papeles; buscan aumentar en lugar de disminuir la dependencia recíproca, con lo cual convierten el matrimonio en algo parecido a una trampa. Al obrar de esa manera en nombre de lo que llaman amor (pero que en realidad es dependencia) reducen su propia libertad y también la del cónyuge. En ocasiones, y como parte de este proceso, las personas dependientes pasivas cuando se casan olvidan habilidades que tenían antes del matrimonio. Un ejemplo es el síntoma bastante común de la mujer que «no puede» conducir el coche. En estas situaciones la mitad de las veces la mujer no había aprendido a hacerlo, pero en los casos restantes y, según alegan, a causa de un accidente menor, la mujer presenta una «fobia» a conducir una vez casada y, efectivamente, deja de hacerlo. El efecto de esta «fobia» en zonas rurales y suburbanas es que la mujer se vuelve casi totalmente dependiente del marido y lo encadena a causa de su propia impotencia. Ahora será él quien tenga que hacer las compras para toda la familia o quien conduzca el coche cada vez que vayan de compras. Como esta conducta generalmente satisface las necesidades de dependencia de ambos cónyuges, casi nunca se considera enfermiza o un problema que convenga resolver. Cuando le sugerí a un banquero muy inteligente que su mujer (que había dejado de conducir a los cuarenta y siete años a causa de una «fobia») podría tener un problema que merecía atención psiquiátrica, el hombre exclamó: «¡Oh, no! El médico le ha dicho a mi mujer que esto se debe a la menopausia y que nada se puede hacer». La mujer estaba segura de que el marido no tendría una aventura amorosa porque estaba demasiado ocupado, después de las horas de trabajo, en las compras y en llevar a los hijos de un lado a otro. Él, por su parte, estaba seguro de que su esposa no tendría una aventura amorosa porque no disponía de la movilidad para encontrarse con otro hombre cuando él no estaba en casa. A causa de esta conducta, los matrimonios dependientes pasivos pueden llegar a ser seguros y duraderos, pero no puede considerárselos ni saludables ni resultado del amor, porque la seguridad es adquirida al precio de la libertad, de manera que la relación tiende a retrasar o impedir el desarrollo espiritual de los miembros de la pareja. Una y otra vez les decimos a las parejas que «un buen matrimonio sólo existe entre dos personas fuertes e independientes».

La dependencia pasiva tiene su origen en la falta de amor. La sensación de vacío interno que experimenta el dependiente pasivo es el resultado directo de un defecto: el de los padres que no satisficieron las necesidades de afecto, de atención y de cuidados durante la niñez del individuo. En la primera sección de este libro hemos dicho que los niños tratados y cuidados con relativa coherencia durante la niñez, entran en la vida adulta con un sentimiento bien afianzado de que son queridos e importantes y de que, por lo tanto, serán queridos y cuidados mientras ellos continúen siendo fieles a sí mismos. Los niños que crecen en una atmósfera en la que faltan el amor y los cuidados, entran en la vida adulta con una sensación de inseguridad interior y de «no tener lo suficiente»; el mundo les parece impredecible y mezquino. También dudan de que sean personas valiosas y dignas de ser amadas. No ha de asombrar, pues, que experimenten la necesidad de precipitarse sobre el amor, los cuidados y las atenciones donde puedan encontrarlos y, una vez que los encuentran, se aferren con tal desesperación que inicien una conducta maquiavélica, manipuladora y desagradable que destruye las relaciones mismas que ellos tratan de preservar. Como también hemos indicado en la sección anterior, el amor y la disciplina van juntos, de manera que los padres despreocupados y sin amor son personas a las que también les falta disciplina y, cuando no infunden en sus hijos la sensación de ser queridos, tampoco les dan la capacidad de la autodisciplina, de modo que la dependencia excesiva de los individuos dependientes pasivos es sólo la manifestación principal del trastorno de su personalidad. A los dependientes pasivos les falta autodisciplina. Son incapaces de posponer la satisfacción de su sed de atención. En su desesperación por formar y conservar vínculos afectivos prescinden de toda sinceridad. Se aferran a relaciones ya desgastadas cuando deberían renunciar a ellas. Y, lo que es sumamente importante, les falta el sentido de la responsabilidad. Miran pasivamente a los demás, con frecuencia hasta a sus propios hijos, como la fuente de su felicidad y plena realización, de suerte que cuando no se sienten felices ni realizados, consideran a los demás culpables de ello. En consecuencia, están permanentemente airados porque siempre se sienten dejados en la estacada por los otros, que en realidad nunca pueden satisfacer todas sus necesidades ni hacerlos felices. Un colega mío suele decir a sus pacientes: «Mire usted, si se permite depender de otra persona, ése es el mayor mal que puede infligirse. Sería mejor ser dependiente de la heroína. Mientras usted tenga esta droga, siempre lo hará feliz, pero si usted espera que otra persona lo haga feliz, siempre quedará decepcionado». Como es evidente, no se debe a un accidente el hecho de que las personas dependientes pasivas, además de ser dependientes de sus relaciones con otros, sean dependientes del alcohol y de las drogas. Son «personalidades adictas», individuos que chupan y engullen y, cuando no tienen a nadie a quien chupar y engullir, a menudo recurren a la botella, la jeringuilla o la píldora como sustitutivos de las personas.

En suma, la dependencia puede parecer amor porque provoca el apego extremo de una persona a otra, pero en realidad no lo es. Se trata de una forma de desamor que tiene su origen en un fallo parental que se perpetúa. El dependiente pasivo trata de recibir en lugar de dar. La dependencia fomenta el infantilismo, no el desarrollo espiritual. Atrapa y oprime en lugar de liberar. En definitiva, destruye las relaciones en lugar de construirlas, aniquila a las personas en lugar de elevarlas.

Catexis sin amor

Un aspecto característico de la dependencia es el hecho de que nada tiene que ver con el desarrollo espiritual. Las personas dependientes están únicamente interesadas en su propio bienestar; desean llenar su vacío interior, quieren ser felices, pero no desean evolucionar ni crecer, ni están dispuestas a tolerar el sufrimiento y la soledad que implica el desarrollo. Las personas dependientes tampoco se preocupan por el progreso espiritual del otro, del objeto de su dependencia; sólo les importa que el otro esté presente para satisfacerlas. La dependencia no es más que una de las formas de conducta a las que indebidamente aplicamos la palabra «amor» cuando no hay preocupación por el desarrollo espiritual. Ahora consideraremos otras de estas formas y esperamos demostrar nuevamente que el amor nunca ofrece protección o permite establecer catexis si no está en relación con el desarrollo espiritual.

Con frecuencia hablamos de personas que aman objetos inanimados o actividades. Decimos, por ejemplo: «Juan ama el dinero», o «ama el poder», o «ama su jardín», o «ama el golf». Ciertamente, un individuo puede extenderse mucho más allá de los límites personales corrientes, si trabaja sesenta, setenta u ochenta horas por semana para amasar una fortuna o acumular poder. Sin embargo, a pesar del incremento de la fortuna o de las influencias conseguidas, todo ese trabajo no necesariamente impulsa la personalidad. En realidad, hasta podemos decir de un magnate industrial: «Es una persona vil, mezquina y despreciable». Cuando decimos que una persona determinada ama el dinero o el poder, frecuentemente no le reconocemos la capacidad de amar. ¿Por qué? Porque la riqueza o el poder se han convertido para esa persona en un fin en sí mismo y no en un medio para llegar a una meta espiritual. El único fin verdadero del amor es el desarrollo o evolución espiritual del hombre.

Las aficiones son actividades que fomentan el desarrollo de la personalidad. Al amarnos —es decir, al fomentar nuestra evolución con miras al desarrollo espiritual— necesitamos proveernos de toda clase de cosas que no son directamente espirituales. Para nutrir el espíritu es preciso nutrir también el cuerpo. Necesitamos alimento y abrigo. Por dedicados que estemos a nuestro desarrollo espiritual, también necesitamos descanso, ejercicio y distracción. Los santos deben dormir y hasta los profetas deben jugar, de manera que los *hobbies* o aficiones pueden ser medios a través de los cuales nos amamos. Pero si una afición se convierte en un fin en sí mismo, pasa a ser un sustituto del autodesarrollo en lugar de ser un medio de desarrollo. Precisamente porque son sustitutos del autodesarrollo, las aficiones gozan de gran popularidad. En la actividad del golf, por ejemplo, podemos encontrar a hombres y mujeres de edad madura cuya principal meta en la vida es hacer hoyos con unos cuantos golpes menos. Este esfuerzo por mejorar su destreza les proporciona una sensación de progreso en la vida, ayudándolos a pasar por alto la realidad de que han dejado de progresar, de que han renunciado a todo esfuerzo por mejorar como seres humanos. Si se amaran más no perseguirían una meta tan superficial y un futuro tan estrecho de miras.

Por otro lado, el poder y el dinero pueden ser medios para alcanzar una meta de amor. Por ejemplo, una persona puede abrazar la carrera política con el propósito principal de utilizar el poder político para mejorar el género humano. O una persona puede anhelar riquezas, no por el dinero mismo, sino para poder enviar a sus hijos a la universidad o para procurarse ella misma la libertad y el tiempo de estudiar o reflexionar con vistas a cuidar de su desarrollo espiritual. Lo que esas personas aman no es el poder ni el dinero, sino a la humanidad.

Entre los conceptos que desarrollo en esta sección del libro, deseo destacar que la acepción que damos a la palabra «amor» está tan generalizada y es tan vaga que constituye un obstáculo a nuestra comprensión del amor. No tengo grandes esperanzas de que el lenguaje vaya a cambiar en este sentido, pero mientras continuemos usando la palabra «amor» para designar nuestra relación con algo que es importante para nosotros, con algo que catectizamos, sin considerar la calidad de esa relación, continuaremos teniendo dificultades para distinguir la diferencia que hay entre lo sabio y lo necio, lo bueno y lo malo, lo noble y lo innoble.

Si aplicamos nuestra definición más específica, es evidente que sólo podemos amar a seres humanos; en efecto, tal y como concebimos las cosas, sólo los seres humanos poseen un espíritu capaz de un desarrollo sustancial.[13] Pensemos por otra parte en los animales domésticos. «Amamos» al perro de la familia. Lo alimentamos y lo bañamos, lo mimamos y acariciamos, lo adiestramos y jugamos con él. Cuando enferma, abandonamos lo que estamos haciendo y nos precipitamos en busca del veterinario. Cuando se escapa o muere nos afligimos profundamente. Lo cierto es que para muchas personas solitarias que no tienen hijos, sus animales pueden llegar a ser la única razón de su existencia. Si esto no es amor, ¿qué es entonces? Pero consideremos las diferencias que hay entre nuestra relación con un animal doméstico y con otro ser humano. En primer lugar, el grado de comunicación con nuestros animales queridos es extremadamente limitado en comparación con el grado en que podemos comunicarnos con otros seres humanos. No sabemos qué piensa el animal y esta falta de conocimiento nos permite proyectar en él nuestros pensamientos y sentimientos y, por lo tanto, sentir una afinidad emocional tal con el animal por el que sentimos afecto, que puede no corresponder en modo alguno a la realidad. En segundo lugar, consideramos satisfactorios a los animales domésticos sólo en la medida en que su voluntad coincida con la nuestra. Por lo general, ésta es la base sobre la que elegimos nuestros animales domésticos y, si su voluntad comienza a apartarse significativamente de la nuestra, nos desembarazamos de ellos. No conservamos mucho tiempo a los animales domésticos si nos molestan o no son dóciles. La única escuela a la que enviamos a nuestros animalitos para el desarrollo de su vida psíquica o espiritual es la escuela de la obediencia. Pero es posible que deseemos que otros seres humanos desarrollen una «voluntad propia»; ciertamente, este deseo de diferenciación constituye una de las características del amor genuino. Por último, en nuestra relación con los animales procuramos fomentar su dependencia. No deseamos que se desarrollen independientemente y abandonen nuestra casa. Queremos que permanezcan en ella, dependientes y junto al hogar. Lo que más valoramos en ellos es su apego a nosotros y no su independencia.

Esta cuestión del «amor» a los animales domésticos tiene enorme importancia porque muchas, muchas personas son capaces de «amar» *sólo* a los animales e incapaces de amar de veras a otros seres humanos. Muchos soldados norteamericanos contrajeron idílicos matrimonios con «novias de guerra» alemanas, italianas o japonesas, con las cuales no podían comunicarse verbalmente. Fue cuando esas mujeres aprendieron inglés cuando los matrimonios comenzaron a disolverse. Los soldados ya no podían proyectar en sus mujeres sus pensamientos, sentimientos, deseos e ideales ni sentir la misma clase de afinidad que uno siente con un animalito al que se tiene apego. Por el contrario, cuando sus mujeres aprendieron inglés, los hombres comenzaron a darse cuenta de que aquellas mujeres tenían ideas, opiniones y sentimientos diferentes de los suyos propios. En algunos casos, allí comenzó a desarrollarse verdaderamente el amor, pero quizás en la mayoría de ellos el «amor» se acabó. La mujer liberada tiene razón al desconfiar del hombre que con afecto la llama «mi gatita». Es posible que se trate de un hombre cuyo afecto depende de que ella sea un animalito mimado, un hombre que carece de la capacidad de respetar su fuerza, su independencia y su individualidad. Probablemente, el ejemplo más triste de este fenómeno es el de las innumerables mujeres que son capaces de «querer» a sus hijos sólo cuando éstos son pequeños. Estas mujeres abundan en todos los medios. Son madres ideales hasta que los hijos llegan a los dos años: infinitamente tiernas, los amamantan con placer, los miman y juegan con ellos; están llenas de afecto, totalmente dedicadas a su cuidado y se sienten afortunadas y dichosas con su maternidad. Luego, casi de la noche a la mañana, este cuadro cambia. Apenas el pequeño comienza a afirmar su voluntad, a desobedecer, a lloriquear, a negarse a jugar, a rechazar ocasionalmente los mimos de que es objeto, a aficionarse a otra persona; es decir, a moverse en el mundo con un poco de independencia, el amor de la madre cesa. La mujer pierde interés por el hijo, deja de concentrar en él sus sentimientos, lo «descatectiza» y lo percibe sólo como un fastidio. Al mismo tiempo, percibe con frecuencia una necesidad abrumadora de quedar de nuevo embarazada, de tener otro niño, otro animalito mimado. Generalmente lo logra y el ciclo vuelve a repetirse. Si no ocurre esto, la mujer suele buscar ávidamente la oportunidad de cuidar a los niños de las vecinas, mientras hace caso omiso de las necesidades de su propio hijo. Para los niños que llegan a los «terribles dos años» no es sólo el final de la infancia, sino el final de la experiencia de ser amado por la madre. El dolor y la privación que experimentan estos niños son evidentes para todos menos para la madre, ocupada con la nueva criatura. Los efectos de esta experiencia generalmente se ponen de manifiesto cuando estos individuos llegan a la edad adulta, en la cual presentan un tipo de personalidad dependiente, pasiva o depresiva.

Esto indica que el «amor» a los niños, a los animales domésticos y hasta a los cónyuges obedientes y dependientes es un esquema instintivo de conducta al que propiamente se aplica la expresión de «instinto materno» o, de forma más genérica, «instinto parental». Podemos compararlo con la conducta instintiva de «enamorarse»: no se trata de una forma auténtica de amor porque no requiere grandes esfuerzos, ni es enteramente un acto de voluntad o de decisión; ese instinto favorece la supervivencia de la especie, pero no estimula su mejora o desarrollo espiritual; está cerca del amor, pues se trata de una tendencia hacia los demás y sirve para iniciar vínculos interpersonales de los cuales podría nacer el verdadero amor; pero se necesita mucho más para desarrollar un matrimonio saludable y creativo, para criar hijos sanos, capaces de un desarrollo espiritual o para contribuir a la evolución de la humanidad.

El hecho es que la crianza puede ser, y normalmente debería ser, mucho más que la simple alimentación. Promover el desarrollo espiritual es un proceso infinitamente más complicado que el que puede dirigir el instinto. La madre que hemos men-

110

cionado al comienzo de esta sección, la que no permitía que su hijo fuera solo en autobús a la escuela, es un claro ejemplo. Al acompañarlo ella misma a la escuela estaba cuidándolo en cierto sentido, pero se trataba de cuidados que el hijo no necesitaba y que retrasaban claramente su desarrollo espiritual en lugar de fomentarlo. Los ejemplos abundan: madres que atiborran de alimentos a sus hijos ya excedidos de peso; padres que llenan de juguetes las habitaciones de sus hijos o de vestidos los guardarropas de sus hijas; padres que no ponen límites a los deseos de sus hijos y no les niegan nada. El amor no es sólo dar, es dar atinadamente, *juiciosamente*, y también negar juiciosamente. Amar significa alabar y criticar juiciosamente; significa discutir, luchar, exhortar, apretar y aflojar juiciosamente, además de reconfortar. Amar es guiar. La palabra «juiciosamente» indica que se requiere juicio, y el juicio es algo más que el instinto porque requiere tomar decisiones reflexivas y a menudo dolorosas.

«Autosacrificio»

Los motivos que subyacen en los actos de dar sin cordura y de prodigar cuidados desordenadamente son muchos, pero todos estos casos tienen un rasgo en común: el que da, a guisa de amor, está satisfaciendo sus propias necesidades sin atender a las necesidades espirituales del receptor. En una ocasión acudió a mí, a regañadientes, un pastor religioso, porque su mujer sufría de depresión crónica y sus hijos, que habían abandonado los estudios, vivían en la casa paterna y recibían tratamiento psiquiátrico. A pesar de la circunstancia de que toda la familia estaba «enferma», el hombre al principio se mostró completamente incapaz de comprender que él mismo podría estar desempeñando un papel en la enfermedad familiar. «Hago todo lo que puedo por cuidarlos y resolver sus problemas», decía. «No hay momento en que no me preocupe por ellos.» El análisis de la situación revelaba que aquel hombre se esforzaba mucho para satisfacer las exigencias de su mujer y de sus hijos. Había comprado un coche nuevo a sus hijos y pagaba las pólizas del seguro, aun cuando reconocía que los muchachos deberían hacer algo para valerse por sí mismos. Todas las semanas llevaba a su mujer a la ópera o al teatro, aunque le fastidiaba trasladarse a la ciudad y no soportaba la ópera. Por más ocupado que estuviera, pasaba la mayor parte de su tiempo libre atendiendo a la mujer y a los hijos, que eran muy desordenados en las cuestiones domésticas. «¿No se cansa usted de ir siempre detrás de ellos?», le pregunté. «Por supuesto, pero ¿qué otra cosa puedo hacer? Los quiero y no puedo dejar de cuidarlos. Mi preocupación por ellos es tan grande que nunca permaneceré indiferente mientras tengan alguna necesidad. Puedo no ser un hombre brillante, pero por lo menos tengo amor y dedicación.»

Fue interesante saber luego que su propio padre había sido un brillante estudioso, de considerable renombre, pero también un alcohólico y un donjuán que no mostraba el menor interés por su familia, a la que en general descuidaba. Poco a poco, mi paciente se fue dando cuenta de que de niño había jurado ser lo más diferente posible de su padre y procuraba ser cariñoso y ocuparse de su familia, en oposición a la frialdad y desatención de su progenitor. Después de un tiempo, llegó a comprender que daba una importancia excesiva a su apariencia afectuosa y sentimental, y que buena parte de su conducta, incluso en su labor eclesiástica, estaba dedicada a mantener esta imagen de sí mismo. Lo que más le costó admitir fue el que tratase a su familia de una forma tan pueril. Continuamente se refería a su mujer llamándola «mi gatita» y cuando hablaba de sus hijos, ya adultos y robustos, decía «mis pequeños». Alegaba: «¿De qué otra manera puedo comportarme? Tal vez sea cariñoso por reacción a mi padre, pero eso no significa que tenga que volverme arisco o ser un cabrón». Había que enseñarle que amar es una actividad bastante complicada que requiere la participación de todo el ser: tanto de la cabeza como del corazón. A causa de esa necesidad de ser lo más diferente posible de su padre, no había logrado desarrollar un sistema flexible de respuesta para expresar su amor. Debía aprender que no dar en el momento oportuno revela más cariño que dar en el momento inoportuno, y que fomentar la independencia de los demás es una señal de amor más grande que cuidar a personas que, por otro lado, pueden cuidar de sí mismas. Debía aprender que expresar sus propias necesidades, su indignación y sus esperanzas, era tan necesario para la salud mental de su familia como su propio autosacrificio y que, por lo tanto, el amor debe manifestarse no sólo en una beatífica aceptación, sino también en la confrontación.

Poco a poco, el hombre llegó a comprender que trataba puerilmente a su familia, y comenzó a hacer algunos cambios. Dejó de preocuparse en exceso por ellos y manifestó abiertamente su enfado cuando los hijos no ponían cuidado en el mantenimiento del orden del hogar. Se negó a continuar pagando las pólizas de seguro de los coches de sus hijos y les dijo que, si querían conducirlos, debían pagarlas ellos mismos. Sugirió que su mujer fuera sola a la ópera de Nueva York. Al hacer estos cambios corrió el riesgo de parecer «malo» y debió renunciar a la omnipotencia de su anterior papel como proveedor de todas las necesidades de la familia. Pero aun cuando su anterior conducta había estado motivada principalmente por la necesidad de mantener una imagen de sí mismo que lo mostrara como persona cariñosa, el paciente poseía la capacidad del amor sincero y, a causa de dicha capacidad, logró realizar estas modificaciones en sí mismo. Al principio la mujer y los hijos reaccionaron con disgusto a estos cambios, pero pronto uno de los hijos reinició sus estudios y el otro encontró un trabajo que le permitió instalarse solo en un apartamento. La esposa comenzó a gozar de su nueva independencia y desarrolló su propia forma de ser. En cuanto a él, comprobó que su actividad como religioso era más efectiva y, al mismo tiempo, que su vida se hacía más agradable.

La concepción errónea que tenía este pastor sobre el amor rayaba en la perversión más seria que se da en este sentimiento: el masoquismo. Los legos suelen asociar el sadismo y el masoquismo a actividades puramente sexuales, y piensan que se trata del goce sexual provocado por el hecho de infligir dolor físico o de recibirlo. En realidad, el verdadero sadomasoquismo sexual es una forma relativamente insólita de psicopatología. Mucho más común y, en última instancia, más grave, es el fenómeno de sadomasoquismo social en el cual las personas desean inconscientemente herir y ser heridas a través de sus relaciones interpersonales. Es típico que una mujer busque atención psiquiátrica para una depresión provocada por el abandono de su marido. Le confiará al psiquiatra un interminable relato de fechorías cometidas por él marido: no le prestaba atención, tenía infinidad de amantes, se jugaba el dinero destinado a la manutención del hogar, desaparecía durante días cuando se le antojaba, regresaba a casa borracho y la golpeaba, y ahora, por último, la había abandonado a ella y a sus hijos en vísperas de Navidad... ¡antes de Nochebuena! El terapeuta principiante tiende a pensar: «pobre mujer» y acoge el relato con simpatía instantánea, pero este sentimiento no tarda mucho en evaporarse cuando surgen ulteriores conocimientos. Primero, el terapeuta descubre que aquellos malos tratos se prolongaron durante veinte años y que aunque la pobre mujer se divorció dos veces, encadenó innumerables separaciones con innumerables reconciliaciones. Después de trabajar con la paciente durante uno o dos meses para ayudarla a adquirir independencia y cuando, aparentemente, todo parece marchar bien y la mujer manifiesta que goza de la tranquilidad de la vida una vez separada del marido, el terapeuta observa que el ciclo comienza de nuevo. Un día la mujer se presenta en el consultorio y anuncia: «Bueno, Henry ha vuelto. La otra noche me llamó por teléfono para decirme que deseaba verme y entonces lo vi. Me rogó que volviera con él y parece realmente cambiado. Por eso hemos vuelto a unirnos». Cuando el terapeuta le hace notar que todo aquello no parece sino una repetición de un esquema de conducta que ambos habían convenido en considerar destructivo, la mujer declara: «Pero lo amo. Una no puede negar el amor». Si el terapeuta intenta examinar ese «amor» con alguna tenacidad y energía, entonces la paciente abandona la terapia.

¿Qué ocurre? Al tratar de comprender lo sucedido, el terapeuta recuerda la evidente fruición con que aquella mujer volvía a contarle la larga historia de brutalidades y malos tratos. De pronto vislumbra una extraña idea: tal vez esa mujer soporta los malos tratos del marido y hasta los busca por el placer de poder hablar de ellos. Pero ¿de qué naturaleza es ese placer? El terapeuta recuerda la santurronería de aquella mujer. ¿No será que lo más importante en su vida es tener una sensación de superioridad moral y que para conservarla necesita ser maltratada? Ahora se aclara la naturaleza de ese placer: al permitir que se la trate vilmente, puede sentirse superior. En última instancia, puede experimentar el sádico placer de ver cómo su marido le ruega que vuelva a él, reconociendo momentáneamente la superioridad de ella desde su humilde posición, en tanto que ella decide si será o no magnánima accediendo a recibirlo de nuevo. En ese momento, la mujer logra su venganza. Cuando se examina a mujeres de este tipo, generalmente se descubre que cuando eran niñas sufrieron humillaciones de las que luego se desquitan valiéndose de una sensación de superioridad moral, que exige repetidas humillaciones y malos tratos. Si el mundo nos trata bien, no tenemos necesidad de vengarnos de él. Si vengarnos es nuestra meta en la vida, tendremos que procurar que el mundo nos trate mal a fin de justificar nuestro objetivo. Los masoquistas consideran que someterse a malos tratos es una prueba de amor, cuando en realidad es una necesidad creada para su incesante búsqueda de venganza, necesidad motivada sobre todo por el odio.

La cuestión del masoquismo también clarifica otro concepto erróneo del amor: la creencia de que el amor es autosacrificio. Basándose en esta idea, un masoquista prototípico podría considerar su indulgencia hacia los malos tratos como una forma de autosacrificio, y por lo tanto, como una forma de amor que le impediría reconocer su odio. El pastor religioso también interpretaba como amor su conducta de autosacrificio, aunque ésta no estaba motivada por las necesidades de su familia, sino por su propio afán de conservar cierta imagen de sí mismo. Ya al comienzo del tratamiento hablaba continuamente sobre las cosas que hacía por su mujer y por sus hijos, pudiéndose incluso creer que él mismo no obtenía provecho alguno de sus actos, y sin embargo, esto no era así. Cuando pensamos que estamos haciendo algo por alguien, en cierto modo estamos negando nuestra propia responsabilidad. Lo que hacemos, lo hacemos porque así lo hemos decidido, y tomamos esa decisión porque es la que nos satisface más. Del mismo modo, cuando llevamos algo a cabo por otra persona, el motivo no es otro que complacernos a nosotros mismos. Los padres que dicen a su hijo: «Deberías estar agradecido por todo lo que hemos hecho por ti», no están expresando un amor real. Quien ama de verdad conoce el placer de amar. Si amamos sinceramente es porque deseamos amar. Tenemos hijos porque deseamos tenerlos, y si somos padres afectuosos, es porque queremos serlo. Es verdad que el amor implica un cambio en la persona, pero este cambio es más una trascendencia del propio yo que un autosacrificio. Como volveremos a ver más adelante, el amor puro es una actividad que se colma a sí misma. En realidad es algo más, pues ensancha los límites de la persona en lugar de reducirlos; llena a la persona en lugar de vaciarla. En un sentido real, el amor es tan egoísta como el desamor. Aquí tenemos de nuevo una paradoja ante el hecho de que el amor es tan egoísta como altruista. El egoísmo y el altruismo no son aspectos que distingan el amor del desamor; lo que diferencia estos dos conceptos entre sí, es el objetivo que persigue cada uno de ellos. En el caso del amor auténtico la meta es siempre el desarrollo espiritual. En el caso del no amor, la meta es siempre otra cosa.

El amor no es un sentimiento

Ya he mencionado que el amor es una acción, una actividad. Esta premisa cuestiona el principal concepto falso que hay acerca del amor y que es preciso rectificar: el amor no es un sentimiento. Muchas personas tienen un sentimiento amoroso y, aun comportándose con respecto a este sentimiento, actúan de manera destructiva y nada afectuosa. Por otro lado, un individuo que ama con sinceridad, a menudo procede de manera constructiva con respecto a una persona que conscientemente le disgusta y por la que, no sólo no siente ningún amor, sino que puede llegar a sentir hasta repugnancia.

El sentimiento amoroso es la emoción que acompaña la experiencia de la catexis. Como se recordará, la catexis es el resultado de un proceso por el cual invertimos nuestra propia energía a un objeto al que previamente hemos concedido gran importancia, convirtiéndolo en lo que suele llamarse «objeto de amor». Una vez «catectizado», el objeto —al que comúnmente nos referimos como «objeto de amor»—, se carga con nuestra energía y establecemos una relación subjetiva y unilateral de íntima identificación con él como si fuese parte de nosotros mismos, y es precisamente esta relación entre nosotros y el objeto, lo que llamamos catexis. Dado que es posible tener muchas relaciones de este tipo al mismo tiempo, es lícito referirse a nuestras catexis. El hecho de retirar nuestra energía de un objeto de amor, de forma que éste pierda su importancia para nosotros, es el proceso contrario al que nos hemos referido. El concepto erróneo de que el amor es un sentimiento, se debe a la confusión entre la noción de catexis y la de amor. La confusión es comprensible, puesto que se trata de procesos semejantes, aunque también presentan notables diferencias. En primer lugar, como ya hemos señalado, podemos catectizar cualquier objeto, animado o inanimado, con espiritualidad o sin ella; por ejemplo, una persona puede concentrar sus emociones en las acciones de una compañía o una joya, llegando a sentir amor por ellas. En segundo lugar, el hecho de catectizar a otro ser humano no significa que nos importe su desarrollo espiritual, ya que, precisamente, la persona independiente suele temer el desarrollo espiritual de un cónyuge al que haya catectizado. Aquella madre que insistía en llevar a su hijo adolescente a la escuela, evidentemente concentraba sus emociones en el chico; es decir, éste era importante para ella, pero no su desarrollo espiritual. En tercer lugar, la intensidad de estas transmisiones de sentimientos, a menudo no tiene nada que ver con la sabiduría o la dedicación. Un hombre y una mujer pueden conocerse en un bar y establecer entre sí un proceso catéctico de tal manera que, a pesar de no haber entre ellos ni citas previas ni promesas, ni siquiera estabilidad familiar, lo que más les importe en ese momento sea la consumación de un acto sexual. Así pues, podemos concluir que nuestras catexis pueden ser momentáneas y fugaces. Inmediatamente después de haber consumado el acto sexual, los miembros de esta pareja pueden percibirse mutuamente como seres indeseables y poco atractivos. Podemos «descatectizar» las cosas con la misma rapidez con que las catectizamos.

Por otro lado, el verdadero amor implica dedicación y ejercicio de la sabiduría. Cuando estamos interesados en impulsar el desarrollo espiritual de alguien, sabemos que una falta de dedicación puede resultar dañina y que es muy probable que la otra persona sienta la necesidad de que nosotros le manifestemos nuestro interés. Por esta razón, la dedicación es la piedra angular de la relación psicoterapéutica. A un paciente le resulta casi imposible llevar a cabo un desarrollo significativo de su personalidad sin una «alianza terapéutica» con el terapeuta. En otras palabras, para que el paciente pueda experimentar un cambio, ha de tener la seguridad de que el terapeuta es su aliado constante y estable. Esta alianza entre ambos sólo puede darse si el terapeuta le demuestra al paciente, una vez transcurrido cierto tiempo, un interés permanente y coherente que se manifestará siempre en función de su capacidad de dedicación. Esto no significa que al terapeuta le *guste* siempre escuchar al paciente. Dedicación significa escuchar al paciente, se encuentre o no satisfacción en ello. En un matrimonio, las cosas no son diferentes, pues en un matrimonio constructivo, de igual manera que en una terapia constructiva, los participantes deben prestarse una sistemática atención el uno al otro y, al mismo tiempo, velar por su relación. Como ya hemos dicho, tarde o temprano las parejas dejan de estar enamoradas, y es en ese momento cuando empieza a surgir la ocasión de encontrar el amor de verdad. Su amor va poniéndose a prueba y podrá establecerse si existe o no, cuando los cónyuges ya no sientan la necesidad de estar siempre juntos, cuando sean capaces de pasar algún tiempo separados.

Esto no significa que los miembros de una relación estable y constructiva como el matrimonio o la psicoterapia intensiva no catecticen entre sí y, de alguna manera, también con la relación que los une, pues lo hacen. Lo que quiero decir es que el verdadero amor trasciende la catexis. Cuando hay amor, lo hay con catexis o sin ella, con sentimientos cariñosos o sin ellos. Es mejor —y ciertamente más placentero— amar de esta manera, pero es posible amar sin catexis y sin sentimientos cariñosos. Es en este caso cuando el amor sincero y trascendente se distingue de la simple catexis. La palabra clave es entonces «voluntad». He definido el amor como la *voluntad* de extender nuestro ser con el fin de promover el desarrollo espiritual propio o ajeno. El amor puro es antes volitivo que emocional. La persona que ama, si lo hace de verdad es porque así lo ha decidido; se ha comprometido a amar, con independencia de sus sentimientos amorosos. Siempre es mejor que los experimente, pero si no es así, el compromiso y la voluntad de amar aún permanecen y pueden ser aplicados. Por el contrario, no sólo es posible, sino también necesario, que una persona que ama evite actuar movida por sentimientos de amor. Puedo conocer a una mujer que me atraiga poderosamente y a la que me gustaría amar, pero como una aventura amorosa en ese momento destruiría mi matrimonio, diré en mi fuero interno y en el silencio de mi corazón: «Me gustaría amarte, pero no lo haré». Del mismo modo, puedo negarme a aceptar a una nueva paciente muy atractiva y con un cuadro clínico muy sencillo, porque mi tiempo ya está comprometido con otras pacientes mucho menos atractivas y más difíciles de tratar. Mis sentimientos amorosos pueden ser ilimitados, pero mi capacidad de amar es limitada. Por tanto, debo elegir a la persona en quien concentraré mi capacidad de amar, hacia quien dirigiré mi voluntad de amar. El verdadero amor no es un sentimiento que nos sobrecoja. Es una decisión reflexiva, de dedicación.

La tendencia habitual a confundir el amor con el sentimiento de amor, hace que la gente se engañe de múltiples maneras. Un alcohólico cuya mujer e hijos necesiten desesperada y urgentemente de su atención, puede estar sentado en un bar diciéndole al camarero con lágrimas en los ojos: «Quiero de verdad a mi familia». Las personas que descuidan a sus hijos de manera tan inaceptable, generalmente se consideran padres amantísimos. Claro está que puede haber un interés personal en la tendencia a confundir el amor con el sentimiento de amor; es fácil y no del todo desagradable encontrar la prueba del amor en los sentimientos que uno experimenta, mientras que puede ser difícil y doloroso buscarla en las propias acciones, pero como el verdadero amor es un acto de voluntad que trasciende con frecuencia los efímeros sentimientos de amor o la catexis, podemos afirmar que «amor es proceder con amor». El amor y el desamor, como el bien y el mal, son fenómenos objetivos y no puramente subjetivos.

Ejercitar la atención

Hemos considerado algunos de los aspectos de lo que no es amor; examinemos ahora algunos de los que sí lo son. En la introducción a esta sección hemos señalado que el amor implica un esfuerzo. Cuando nos extendemos, cuando damos un paso adicional o caminamos un kilómetro de más, lo hacemos en oposición a la inercia de la pereza o en oposición al temor. Trascender nuestro propio ego o vencer la pereza son formas de trabajo. Cuando superamos el miedo, decimos que hemos tenido valor. El amor es, pues, una forma de trabajo o una forma de valentía dirigida a impulsar nuestro propio desarrollo espiritual o el de otra persona. Podemos trabajar o ejercitar nuestra valentía en direcciones que no sean las que conducen al desarrollo espiritual, motivo por el que no todo trabajo ni todo acto de valor es amor. Pero, como el amor exige trascendernos a nosotros mismos, siempre representa trabajo o valor. Si una acción no es un acto de valentía, tampoco es un acto de amor. No hay excepciones. El objetivo principal del trabajo del amor es la atención. Cuando amamos a alguien le dedicamos nuestra atención; atendemos a su desarrollo. Cuando nos amamos a nosotros mismos, atendemos a nuestro propio desarrollo. Cuando prestamos atención a alguien, significa que nos importa. El acto de prestar atención nos exige el esfuerzo de apartar nuestras preocupaciones presentes (según hemos dicho al tratar sobre la disciplina) y de activar nuestra conciencia. La atención es un acto de voluntad, de trabajo contra la inercia de nuestra mente. Como dice Rollo May: «Cuando analizamos la voluntad con todos los instrumentos modernos que nos ofrece el psicoanálisis, comprobamos que el nivel de la atención o intención es la base de la voluntad. El esfuerzo que requiere el ejercicio de la voluntad es, en realidad, un esfuerzo de atención; la tensión volitiva es el esfuerzo de mantener clara la conciencia, es decir, el esfuerzo de mantener concentrada la atención».[14]

Sin la menor duda, el modo más común e importante de ejercitar nuestra atención consiste en el acto de escuchar. Pasamos una enorme cantidad de tiempo escuchando, y malgastamos la mayor parte de ese tiempo porque en general escuchamos prestando muy poca atención. Un psicólogo industrial me indicó una vez que la cantidad de tiempo dedicado a enseñar ciertas materias en la escuela es inversamente proporcional a la frecuencia con que los chicos harán uso de tales conocimientos cuando lleguen a la edad adulto. Por ejemplo, el ejecutivo de una empresa pasará una hora de su tiempo leyendo, dos horas hablando y ocho horas escuchando. Pero en las escuelas, dedicamos mucho tiempo a enseñar a leer a los niños, muy poco tiempo a enseñarles a hablar y generalmente no invertimos ni un minuto en enseñarles a escuchar. No creo que sea buena idea que lo que se haga en la escuela sea idénticamente proporcional a lo que se hace fuera de ella, pero pienso que sería sensato dar a nuestros hijos alguna instrucción sobre el proceso de escuchar, no para que ello les resulte fácil, sino más bien para que comprendan hasta qué punto es difícil hacerlo bien. Escuchar bien es un ejercicio de atención y, por lo tanto, un trabajo duro. La mayoría de la gente no sabe escuchar, ya sea porque no asume lo que acabo de exponer o porque no está dispuesta a llevar a cabo ese trabajo.

No hace mucho tiempo, asistí a una conferencia que daba un hombre famoso sobre un aspecto de la relación entre la psicología y la religión, aspecto que me interesaba desde hacía mucho tiempo. Como consecuencia de ese interés, tenía ciertos conocimientos sobre el tema e inmediatamente me di cuenta de que el conferenciante era un gran sabio. También percibí amor en el enorme esfuerzo que el hombre realizaba para comunicar, con toda clase de ejemplos, conceptos tan abstractos que nos resultaban difíciles de comprender; por este motivo lo escuché con la mayor atención de que fui capaz. Al cabo de una hora y media de conferencia, el sudor manaba literalmente de mi rostro a pesar del aire acondicionado de la sala. Tenía un agudo dolor de cabeza, los músculos del cuello estaban rígidos por mi esfuerzo de concentración y me sentía completamente vacío y agotado. Aunque consideraba que sólo había comprendido la mitad de lo que había dicho aquel gran hombre esa tarde, quedé deslumbrado por la cantidad de brillantes sugerencias que me había proporcionado. Después de la conferencia, a la que asistieron muchos miembros del ámbito cultural, me puse a escuchar los comentarios del público mientras tomábamos café. En general, todos estaban decepcionados. Conociendo su reputación, habían esperado más del conferenciante, pero les había resultado tan difícil seguirlo que su disertación les había parecido confusa; no era el orador competente que habían imaginado. Una mujer proclamó, expresando el sentir general: «Realmente, no nos ha dicho nada».

A diferencia de los demás, yo logré captar mucho de lo que dijo aquel hombre, precisamente porque estaba dispuesto a tomarme el trabajo de escucharlo. Y lo estaba por dos razones: primero, porque reconocía su grandeza y sabía que lo que diría, seguramente, tendría gran valor, y, segundo, como consecuencia de mi interés por el tema, estaba ansioso por asimilar lo que el conferenciante dijera, a fin de acrecentar mi comprensión y desarrollo espiritual. Mi forma de escucharlo era en sí misma un acto de amor. Yo lo amaba porque me daba cuenta de que era una persona con mucho mérito, digna de que se le prestara atención; y me amaba a mí mismo porque estaba dispuesto a realizar un trabajo en pro de mi desarrollo. Como él era el maestro y yo el alumno, como él era el que daba y yo el que recibía, mi amor estaba fundamentalmente dirigido a mi propia persona, motivado por lo que yo podría obtener de nuestra relación, y no por lo que yo podría darle a él. No obstante, es muy posible que el conferenciante sintiera, en medio de su público, la intensidad de mi concentración, de mi atención, de mi amor; y que esa sensación hubiera representado para él una recompensa. El amor, como veremos una y otra vez, es siempre un fenómeno en dos direcciones; un fenómeno de reciprocidad en el cual se da y se recibe a partes iguales.

De este ejemplo de escuchar como forma de recibir, pasemos a considerar ahora la circunstancia más común que se nos brinda para convertirnos en dadores: la oportunidad de escuchar a nuestros hijos. El proceso de escuchar a los niños depende de la edad de éstos. Consideremos el caso de un niño de seis años que está en primer curso. Si se le da ocasión, ese niño hablará casi incesantemente. ¿Cómo deberán afrontar los padres esa interminable charla? Tal vez la manera más fácil sea prohibirla. Créase o no, hay familias en las que los niños tienen la virtual prohibición de hablar y en las que se aplica durante las veinticuatro horas del día el consabido: «A los niños habría que verlos pero no oírlos». Esos niños nunca conectan con los demás, miran silenciosamente a los adultos desde los rincones, como mudos espectadores en la sombra. Otra opción consiste en permitir la charla pero sin escucharla; en este caso, el niño no estará relacionándose con nadie, sino hablando al aire o consigo mismo, lo cual crea un ruido de fondo que puede resultar molesto. Una tercera alternativa es fingir escuchar mientras uno prosigue con lo que está haciendo o continúa enfrascado en sus propios pensamientos, aparentando, no obstante, que está prestando atención al niño, mientras exclama de vez en cuando «¡Oh, oh!», o «Eso está bien», sonidos más o menos oportunos en respuesta al monólogo del niño. Una cuarta posibilidad es escuchar de forma selectiva, lo cual constituye un modo particularmente atento de fingir que se escucha; en este contexto, los padres podrán aguzar el oído si les parece que el hijo está diciendo algo importante y esperan poder separar el grano de la paja con un mínimo esfuerzo. El problema de este modo de actuar estriba en que la capacidad de la mente humana para filtrar selectivamente no es muy eficiente y, por lo tanto, puede quedar gran cantidad de paja mientras se pierde gran cantidad de trigo. La quinta y última opción es escuchar al niño prestándole completa atención, sopesando cada una de sus palabras y comprendiendo cada una de sus afirmaciones.

Estos cinco modos de responder a la charla de los niños se han presentado en orden creciente de esfuerzo; la quinta posibilidad, la de escuchar de verdad, exige de los padres una considerable energía en comparación con las demás alternativas, que requieren menos esfuerzo. El lector puede suponer ingenuamente que recomendaré a los padres que sigan siempre esta quinta opción. ¡De ninguna manera! Ante todo, la propensión a hablar que tiene el niño de seis años es tan grande que un padre que siempre lo escuchara no tendría tiempo para hacer ninguna otra cosa. Segundo, el esfuerzo que exige escuchar de verdad es tan grande, que el padre quedaría agotado para realizar cualquier otra actividad. Por último, sería enormemente aburrido, porque, ciertamente, la charla de un niño de seis años suele serlo. Lo que se necesita es conseguir un equilibrio entre todas las posibilidades que hemos dado. A veces, es necesario decirles a los niños sencillamente que se callen: cuando, por ejemplo, su charla puede distraer al adulto en situaciones que requieren su máxima atención, o cuando está interrumpiendo bruscamente a otra persona, o cuando no es más que un intento de dominio sobre los demás. A menudo, los niños de seis años hablan por el puro placer de hablar y nada se gana prestándoles atención, ya que ellos ni siquiera la piden y se sienten felices charlando consigo mismos. Otras veces, el niño no se contenta con hablar consigo mismo, sino que desea captar el interés de los padres; esta necesidad puede quedar adecuadamente satisfecha si los padres fingen escuchar. En esos momentos, lo que el niño desea no es comunicarse, sino simplemente sentir intimidad, de modo que si se finge escucharlo, bastará para satisfacer su pretensión de «estar con los padres». Además, dado que los niños a menudo establecen una comunicación que luego interrumpen, comprenden que sus padres los escuchen selectivamente, pues ellos mismos están comunicándose también selectivamente. Comprenden, en definitiva, que ésta es la regla del juego, porque cuando un niño de seis años habla, sólo una pequeña proporción del tiempo que invierte en ello es para que se le preste atención. Una de las muchas tareas extremadamente complejas de los padres es tratar de acercarse lo más posible al equilibrio ideal entre los diferentes modos de escuchar y de no escuchar, a fin de responder con el estilo apropiado a las variables necesidades del hijo.

Con frecuencia, los padres no alcanzan este equilibrio, pues muchos (la mayoría) no están dispuestos a dedicar la energía necesaria a escuchar a sus hijos, o quizás, no son capaces de hacerlo. Los padres podrán pensar tal vez que están escuchando, cuando lo que hacen es fingir que escuchan; éste es, sin embargo, un engaño destinado a ocultarse su propia pereza. En efecto, escuchar verdaderamente, aunque sólo sea por unos instantes, requiere un tremendo esfuerzo. Ante todo, exige una absoluta concentración. Uno no puede escuchar a alguien y hacer al mismo tiempo otra cosa. Si un padre desea realmente escuchar a su hijo, deberá posponer cualquier otra cosa. El tiempo destinado a escuchar debe estar absolutamente dedicado al hijo. Si uno no está dispuesto a aplazar todo lo demás, incluidas sus preocupaciones, no está verdaderamente dispuesto a escuchar al hijo. El esfuerzo que exige una intensa concentración en las palabras del niño de seis años es considerablemente mayor al que requiere escuchar a un gran conferenciante. Los esquemas de discurso del niño son desiguales —esporádicos borbotones de palabras interrumpidas por pausas y repeticiones—, lo cual hace difícil la concentración. Además, el niño hablará de cosas que no tienen el menor interés para el adulto, mientras que quien escucha a un gran conferenciante tiene un interés especial en el tema de la disertación. En otras palabras, resulta molesto escuchar a un niño de seis años, lo que hace doblemente difícil mantener la concentración. En consecuencia, escuchar con total atención a un niño de esta edad es, sin lugar a dudas, un acto de amor. Si el amor no lo motivase, el padre no podría hacerlo.

Pero ¿por qué molestarse? ¿Por qué hacer todo ese esfuerzo para concentrarse en la aburrida cháchara de un niño de seis años? Primero, la decisión de hacerlo es la mejor prueba concreta que pueda darse a un niño de que se lo tiene en estima. Si se es capaz de considerar al hijo del mismo modo que a un gran conferenciante, el hijo sabrá que es valorado y, por lo tanto, se sentirá valioso. Valorar a los niños es la mejor manera de enseñarles que son personas importantes. Segundo, cuanto más valiosos se sienten los hijos, con mayor frecuencia empezarán a decir cosas importantes, elevándose a lo que se espera de ellos. Tercero, cuanto más escucha uno a su hijo, más comprenderá que, en medio de las pausas y los tartamudeos de la charla aparentemente inocente, el niño expresa ideas inteligentes. El dicho de que «la boca de los niños es fuente de sabiduría» es reconocido como un hecho consumado por todo aquel que realmente escucha a sus hijos. Si uno escucha suficientemente a su hijo, llegará a darse cuenta de que es un individuo extraordinario, y cuanto más extraordinario considere uno a su hijo, más dispuesto estará a escucharlo y más aprenderá de él. Cuarto, cuanto más conozcamos a nuestro hijo, más podremos enseñarles. Si uno sabe poco sobre sus hijos, generalmente les enseñará cosas que ellos no están preparados para aprender o que, en todo caso, ya saben e incluso comprenden mejor que el padre. Por último, cuanto más se dé cuenta el niño de que lo valoran y de que lo tienen en gran consideración, más predispuesto estará a escuchar lo que se le diga y a deparar al otro la misma estima que se le tiene a él. Y cuanto más apropiada y adecuada a ellos sea nuestra enseñanza, más ávidos estarán de aprender de nosotros y, cuanto más aprendan, se convertirán en seres todavía más excepcionales. Si el lector repara en el carácter cíclico de este proceso, observará la reciprocidad del amor. En lugar de ser un círculo vicioso hacia abajo, es un ciclo creativo hacia arriba, un ciclo de evolución y desarrollo. Los valores crean valores, el amor engendra amor. Y así, padres e hijos avanzan juntos, cada vez a mayor velocidad, en el *pas de deux* del amor.

Hasta ahora me he referido a un niño de seis años. Con niños menores o mayores, el equilibrio apropiado entre escuchar y no escuchar es diferente, aunque el proceso sigue siendo fundamentalmente el mismo. Con niños menores, la comunicación es sobre todo no verbal, pero lo ideal es que exija también períodos de absoluta concentración. Uno puede jugar muy bien al corro de la patata mientras piensa en cualquier otra cosa y si sólo es capaz de jugar fría e indiferentemente, corre el riesgo de que su hijo sea frío e indiferente. Los adolescentes requieren menos tiempo para ser escuchados que el niño de seis años, pero se les debe escuchar mejor porque, por lo general, los adolescentes no hablan sin tener una finalidad concreta, y cuando se comunican desean que sus padres les presten una atención completa.

La necesidad de ser escuchado por los padres no desaparece con la edad. Un profesional capacitado de treinta años, sometido a tratamiento por una angustia causada por su escasa autoestima, recordaba numerosos casos en los que sus padres, también profesionales calificados, no habían estado dispuestos a escucharlo o habían considerado poco interesante y sin importancia lo que él tenía que decir. Pero de todos estos recuerdos, el más vivo y doloroso era uno que se remontaba a cuando tenía veintidós años y redactó una tesis extensa y estimulante que le permitió salir de la universidad con los más altos honores. Sus padres, que ambicionaban un gran futuro para él, se mostraron encantados con los resultados obtenidos, pero a pesar de que el joven dejó durante todo el año una copia de la tesis en el salón, a la vista de la familia, y a pesar de sus frecuentes insinuaciones a los padres para que «le echaran un vistazo», ninguno encontró el tiempo necesario para leerla. «Creo que la habrían leído», me dijo hacia el final de la terapia. «Creo que me habrían felicitado si yo les hubiera dicho a bocajarro: "Por favor, ¿queréis leer mi tesis? Quiero que conozcáis y apreciéis lo que yo pienso". Pero qué objeto hubiera tenido el perseguirlos para que se interesaran por mí? A los veintidós años no habría mendigado en absoluto su atención, porque de haberlo hecho, me habría sentido insignificante y desprovisto de toda dignidad.»

Escuchar de verdad y concentrarse por entero en la otra persona es siempre una manifestación de amor. Una parte esencial de este proceso es la disciplina de «poner cosas entre paréntesis»; es decir, abandonar momentáneamente nuestros propios prejuicios, puntos de referencia y deseos, para aproximarnos al máximo al mundo del que nos habla, instalándonos en su interior. Esta identificación entre hablante y oyente representa una extensión, un crecimiento de nosotros mismos, ya que en situaciones de esta índole, siempre obtenemos nuevos conocimientos. Además, dado que escuchar verdaderamente implica «poner cosas entre paréntesis», dejando a un lado nuestra propia persona, encierra también una aceptación transitoria del otro. Al advertir esta aceptación, el hablante se sentirá cada vez menos vulnerable y más inclinado a abrir las zonas más recónditas de su espíritu al oyente. Cuando esto ocurre, ambos comienzan a apreciarse de manera creciente, y la danza del dúo de amor empieza de nuevo. La energía necesaria para ejercitar la disciplina de «poner entre paréntesis», concentrando toda la atención en el otro es tan grande, que sólo puede alcanzarla el amor, la voluntad de extender el propio yo para llegar a un mutuo desarrollo. La mayoría de las veces nos falta esta energía. A pesar de que nos parezca que en nuestras relaciones profesionales o sociales estamos escuchando con gran atención, lo que realmente hacemos es escuchar selectivamente, teniendo en mente diversos propósitos y preguntándonos mientras escuchamos cómo podremos alcanzar los resultados deseados y finalizar la conversación lo más pronto posible o reorientarla de la manera más satisfactoria para nosotros.

Dado que el hecho de escuchar representa un acto de amor, en ningún ámbito resulta más apropiado que en el del matrimonio. Sin embargo, la mayoría de las parejas nunca se escuchan de verdad, de modo que cuando acuden a nosotros en busca de asesoramiento o de terapia, una de las principales misiones que debemos cumplir para que el proceso tenga éxito es enseñarles a escucharse. No pocas veces fracasamos, pues la energía y la disciplina que se necesitan son más de lo que los miembros de una pareja están dispuestos a dedicarse. A menudo, las parejas se sorprenden y hasta se horrorizan cuando les sugerimos que, entre otras cosas, deberían conversar según un programa fijo. Esto les parece rígido, poco romántico y nada espontáneo. Sin embargo, solamente se llega a escuchar de verdad cuando se destina el tiempo conveniente para ello y cuando las circunstancias son favorables. No es posible prestar la máxima atención cuando se está conduciendo o cocinando, cuando se está cansado y se desea dormir, o cuando se tiene prisa. El «amor» romántico no requiere esfuerzos, y las parejas con frecuencia se muestran reacias a realizar el esfuerzo de someterse a la disciplina del amor verdadero y a escuchar, pero cuando por fin lo hacen, los resultados son enormemente satisfactorios. Una y otra vez hemos tenido la experiencia de oír cómo un cónyuge, una vez iniciado el proceso de escuchar con seriedad, le decía al otro con regocijo: «Hemos estado casados durante veintinueve años y ahora me entero de esta característica tuya». Cuando esto ocurre, significa que se ha iniciado un proceso de desarrollo en ese matrimonio.

Aunque es cierto que la capacidad de escuchar verdaderamente puede mejorar de manera gradual con la práctica, nunca se trata de un proceso sin esfuerzo. Quizás el primer requisito de un buen psiquiatra sea la capacidad de escuchar adecuadamente; sin embargo, media docena de veces durante la «hora de cincuenta minutos», me sorprendo a mí mismo no prestando verdadera atención a lo que el paciente me dice. A veces, pierdo el hilo de las asociaciones del paciente y entonces tengo que decir: «Lo siento, pero me he distraído por un instante y no he escuchado lo que me acaba de decir. ¿Puede volver a repetirme su última frase?» Es interesante comprobar que, normalmente, los pacientes no se enfadan cuando se da esta situación. Por el contrario, parecen comprender de forma intuitiva que un elemento vital de la capacidad de escuchar con atención está en guardia en esos breves períodos en que uno se distrae; además, el hecho de que yo reconozca que me he desentendido por unos instantes, les da la seguridad de que la mayor parte del tiempo los estoy escuchando con interés. El saber que alguien está escuchando tiene con frecuencia un notable efecto terapéutico. Alrededor de la cuarta parte de nuestros pacientes, independientemente de que sean adultos o niños, experimentan considerables y hasta espectaculares mejorías durante los primeros meses de psicoterapia, incluso antes de haber llegado a las raíces ocultas de los problemas o de haber realizado interpretaciones significativas. Hay varias razones que explican este fenómeno, pero creo que la principal es que el paciente siente que se lo escucha de verdad, a lo mejor por primera vez durante años o quizás por primera vez en toda su vida.

Aunque escuchar es, sin duda, la forma más importante de prestar atención, también son necesarias otras formas en casi todas las relaciones de amor, especialmente con los niños. Hay una gran variedad de ellas. Una son los juegos. Mientras que con el pequeño se jugará a «palmas palmitas» y a hacer aparecer y desaparecer objetos, con el niño de seis años se harán trucos de magia y prestidigitación, se irá a pescar o se jugará al escondite; con chicos de doce años se practicará algún deporte, se jugará a las cartas, etc. Leer cuentos a los pequeños es prestarles atención, al igual que ayudar a los mayores en sus tareas escolares. Las actividades familiares son importantes: el cine, las meriendas campestres, las excursiones, los viajes, las ferias, las fiestas de carnaval. Algunas formas de atención se hacen estrictamente en favor del niño; por ejemplo, cuando uno está sentado en la playa vigilando a un niño de cuatro años o cuando un adolescente necesita que le enseñen a conducir. Pero lo que todas estas formas de atención tienen en común —y lo tiene también el acto de escuchar— es que implican compartir tiempo con el niño. Fundamentalmente, atender a alguien es dedicarle tiempo, y la calidad de la atención es proporcional a la intensidad de concentración durante ese tiempo. El tiempo pasado con los niños en actividades de esta índole, si se emplea bien, proporciona a los padres incontables oportunidades de observar a sus hijos y conocerlos mejor. Sabrán si los hijos son malos o buenos perdedores, cómo realizan sus trabajos escolares, cómo aprenden y estudian, qué les atrae y qué no les atrae, cuándo son valientes y cuándo se muestran miedosos ante ciertas actividades... Todas estas informaciones son muy válidas para los buenos padres. El tiempo compartido con el hijo en estas actividades les ofrece también innumerables oportunidades de enseñarles habilidades de destreza física, así como los principios básicos de la disciplina. La utilidad de estas actividades, a través de las cuales hay ocasión de observar e instruir al hijo, es, desde luego, el principio básico de la terapia de juegos. Los terapeutas experimentados suelen ser partidarios de aprovechar el tiempo que han de pasar con sus pequeños pacientes, jugando con ellos y descubriendo así su personalidad, a la vez que aplicándoles la terapia más adecuada.

Vigilar con un ojo al pequeño de cuatro años en la playa, concentrarse en la incoherente e interminable historia que cuenta un niño de seis, enseñar a un adolescente a conducir un coche, escuchar con detenimiento lo que dice el cónyuge sobre el día que ha tenido en la oficina o lo que le ha ocurrido en la lavandería... Comprender estos problemas situándonos en el interior del que nos habla, tratar de ser pacientes y relegar nuestras propias preocupaciones en favor suyo, son cosas a menudo aburridas, con frecuencia inconvenientes y siempre agotadoras, puesto que implican esfuerzo. Si fuéramos más perezosos no podríamos llevarlas a cabo y si lo fuéramos menos, las cumpliríamos mejor y más a menudo. Dado que el amor requiere trabajo, la esencia del desamor es la pereza. El tema de la pereza es muy importante. Aparece de manera encubierta en la primera sección, donde hemos analizado la disciplina en el amor. Lo veremos de manera más específica en la sección final, cuando hayamos alcanzado una perspectiva más clara.

El acto de amor —el extender los propios límites— exige, tal como he indicado, actuar contra la inercia de la pereza (trabajo) o contra la resistencia engendrada por el temor (valentía). Dejemos ahora a un lado el esfuerzo de amar y consideremos la valentía de amar. Cuando nos extendemos, nuestro yo entra, por así decirlo, en territorios nuevos, desconocidos. Nuestro ser se convierte en otro nuevo y diferente. Hacemos cosas que no estamos acostumbrados a hacer. Cambiamos. La experiencia del cambio, de una actividad no habitual, la vivencia de encontrarse en un terreno no familiar, de hacer cosas de manera diferente, suscita temores. Siempre fue así y siempre será así. La gente afronta su temor al cambio de diferentes maneras, pero éste es ineludible si la persona cambia. El valor no es la ausencia de temor; significa llevar a cabo una acción a pesar del miedo, actuar en contra de la resistencia engendrada por el temor y adentrarse en lo desconocido y en el futuro. En cierto nivel, el desarrollo espiritual y, por lo tanto el amor, requieren valor y supone riesgos. Hemos de considerar ahora los riesgos de amar.

Si el lector acude regularmente a la iglesia, tal vez advierta la presencia de alguna mujer que todavía no ha llegado a los cincuenta años y que todos los domingos, exactamente cinco minutos antes de que comience el servicio religioso, ocupa el mismo banco al fondo de la iglesia, sin llamar la atención. Cuando termina la ceremonia, la mujer, silenciosa pero con paso rápido, se dirige a la puerta y se marcha antes que ningún otro fiel, antes incluso de que el pastor salga a la escalinata para reunirse con su rebaño. Si se consigue abordarla —lo cual es improbable— y se la invita a que participe en el momento social que sigue al servicio religioso, la mujer lo agradecerá con cortesía, apartará nerviosamente la mirada y dirá que tiene un compromiso urgente; se marchará presurosa. Si el lector la siguiera, descubriría que la mujer regresa directamente a su casa, un piso pequeño con las persianas siempre cerradas, que abre la puerta, entra, la cierra inmediatamente con llave, y ya no volvería a verla hasta el domingo siguiente. Si se la pudiera observar más, se comprobaría que trabaja de simple mecanógrafa en una gran oficina, en donde recoge las hojas que se le asignan y, sin decir una palabra, las copia a máquina sin cometer faltas, devolviendo luego el trabajo terminado sin hacer ningún comentario. Come sin levantarse del escritorio y no tiene amigos. Regresa a pie a su casa, se detiene siempre en el mismo supermercado impersonal para comprar unas pocas provisiones y después desaparece tras su puerta hasta el día siguiente, en que sale a trabajar. Los sábados por la tarde va sola a un cine de barrio que cambia semanalmente de programa. La mujer tiene un televisor, pero no teléfono. Casi nunca recibe cartas. Si se le pudiera decir que su vida parece solitaria, ella replicaría que, por el contrario, goza de su soledad. Al preguntársele si alguna vez ha tenido animales de compañía, ella contestaría que tuvo un perro al que quiso mucho, pero que había muerto ocho años atrás y que ningún otro perro podría ocupar su lugar.

¿Quién es esta mujer? No conocemos los secretos de su corazón. Lo que sabemos es que toda su vida está dedicada a evitar riesgos y que, en semejante empeño, lejos de extender su yo, lo ha encogido y estrechado casi hasta el punto de no existir. La mujer no establece catexis con ningún ser vivo. Ahora bien, hemos dicho que la simple catexis no es amor y que éste, a su vez, trasciende la catexis. Un requisito del amor incipiente es, precisamente, la catexis. Sólo podemos amar aquello que de una manera u otra tiene importancia para nosotros. Sin embargo, con la catexis existe siempre el riesgo de la pérdida o el rechazo. Si uno pretende acercarse a otro ser humano, siempre corre el riesgo de que la persona en cuestión se aparte de él y lo deje más solo de lo que estaba. Ama a cualquier ser vivo —una persona, un animal, una planta— y este ser perecerá; confía en alguien y es posible que lo hiera; depende de alguien y ese alguien puede dejarlo en la estacada. El precio de la catexis es el dolor. Si una persona está decidida a no correr el riesgo del dolor, debe vivir prescindiendo de muchas cosas: de tener hijos, de casarse, del éxtasis del sexo, de la esperanza, de la ambición, de la amistad... cosas que hacen de la vida algo intenso e importante. El desarrollo, en cualquier dimensión, implica tanto dolor como alegría. El dolor es un requisito más de la existencia vivida con plenitud. Pero la única alternativa es no vivir plenamente o, simplemente, no vivir.

La esencia de la vida es el cambio. Un proceso de desarrollo y decadencia. Si uno escoge la vida y el desarrollo, escoge el cambio y las perspectivas de la muerte. Un factor probablemente determinante de la vida aislada y estrecha de la mujer que acabo de describir fue sin duda una experiencia de la muerte o una serie de experiencias de la muerte que le resultaron tan dolorosas que decidió no volver a experimentarlas nunca más, asumiendo el precio de sacrificar su vida. Al evitar la experiencia de la muerte debía sacrificar el desarrollo y el cambio. La mujer eligió una vida monótona, libre de todo lo nuevo, de todo lo inesperado, una muerte en vida sin riesgos ni desafíos. Ya he dicho que el intento de evitar el legítimo sufrimiento está en la raíz de toda enfermedad emocional. No sorprende que la mayoría de los pacientes psicoterapéuticos (y, probablemente, la mayor parte de las personas que no acuden al psiquiatra, puesto que la neurosis es norma antes que excepción), jóvenes o ancianos, tengan el problema de afrontar clara y directamente la realidad de la muerte. Lo que sorprende es el hecho de que la bibliografía psiquiátrica esté apenas empezando a examinar el significado de este fenómeno. Si logramos vivir con la conciencia de que la muerte es nuestra eterna compañera, con la que vamos «hombro con hombro», la muerte puede convertirse, según las palabras de don Juan, en nuestra «aliada», y aunque nos resulte aterradora es también una continua fuente de sabio consejo.[15] Si pensamos en la muerte como en la consejera constante que nos señala el límite del tiempo en que hemos de vivir y amar, siempre nos guiará para que hagamos buen uso de nuestro tiempo y vivamos la vida con total plenitud. Pero si nos resistimos a afrontar plenamente su espeluznante presencia, nos perderemos sus consejos y posiblemente no podremos vivir ni amar con tranquilidad.

Cuando nos arredramos ante la muerte, ante la naturaleza siempre cambiante de las cosas, inevitablemente nos arredramos ante la vida.

Los riesgos de la independencia

La vida misma representa un riesgo, y cuanto más amemos en la vida más riesgos correremos. De los miles y acaso millones de riesgos que podemos correr en la vida, el mayor de todos es el de crecer. Crecer es el acto de pasar de la niñez a la edad adulta. En realidad, más que de un paso, se trata de un temido salto que muchas personas no llegan a dar en su vida, pues aunque externamente parezcan adultos e incluso adultos con éxito, quizás la mayoría de las personas «mayores» siguen siendo hasta su muerte, psicológicamente niños que nunca se separaron por completo de sus padres y que continuaron sufriendo el poder que éstos ejercían sobre ellos. Para mí fue una experiencia punzante el paso gigantesco que di para entrar en la edad adulta poco antes de los dieciséis años, por fortuna en un estadio muy temprano de mi vida. Mi caso puede ilustrar bien la esencia del desarrollo y el enorme riesgo que éste implica. Aunque dicho paso fue una decisión consciente, en aquel momento no me di cuenta de que lo que me sucedía era que estaba creciendo. Sólo sabía que estaba dando un salto hacia lo desconocido.

A los trece años me marché de casa para ingresar en la Phillips Exeter Academy, una escuela preparatoria para chicos que gozaba de excelente reputación y a la cual mi hermano había asistido antes. Sabía que era afortunado por ingresar en esa institución, pues ser alumno de Exeter era parte de una estrategia muy bien definida que posteriormente me llevaría a las mejores facultades de la Ivy League, y de allí pasaría a las más altas esferas de una sociedad que me abriría sus puertas de par en par debido a mi formación y a mi educación. Me sentía muy feliz por ser el hijo de padres acomodados que podían permitirse el lujo de dar a su hijo «la mejor educación que puede procurar el dinero» y experimentaba una sensación de gran seguridad por el hecho de formar parte de lo que evidentemente era una estructura organizada. El único problema fue que casi inmediatamente después de comenzar mi vida en Exeter me sentí muy desdichado. En aquel momento desconocía las razones de mi infelicidad, y aún hoy me resultan bastante misteriosas. Sencillamente, no me adaptaba al ambiente. No podía adaptarme a la facultad, a los estudiantes, a los cursos, a la arquitectura, a la vida social, al ambiente en su conjunto. Sin embargo, no podía hacer otra cosa que tratar de ajustarme en lo posible a todo eso y corregir mis imperfecciones para sentirme más cómodo dentro de esa estructura que se me había asignado y que evidentemente era la indicada. Y en efecto, traté de adaptarme durante dos años y medio. Sin embargo, mi vida me parecía cada día más carente de sentido y me sentía desdichado. El último año no hice casi nada más que dormir, pues sólo en el sueño me encontraba a mis anchas. Ahora pienso, retrospectivamente, que al dormir, de manera inconsciente, me estaba preparando para dar el salto decisivo. Lo di cuando regresé a casa en las vacaciones de primavera de mi tercer año de estudios y anuncié que no volvería al colegio. Mi padre dijo:

—Pero no puedes abandonar así los estudios... es la mejor educación que puede obtenerse. ¿Te das cuenta de lo que estás despreciando?

—Sé que es un buen colegio —contesté—, pero no volveré allí.

—¿Por qué no puedes adaptarte? ¿Por qué no haces otro esfuerzo? —me preguntaron mis padres.

—No lo sé —respondí—. Ni siquiera sé por qué lo odio tanto, pero lo cierto es que odio ese colegio y no volveré a él.

—Muy bien. ¿Qué harás entonces? Puesto que parece que deseas jugarte con tanta ligereza tu futuro, ¿cuáles son tus planes?

136

—No lo sé. Lo que sé es que no volveré allí.

Mis padres estaban comprensiblemente alarmados e inmediatamente me enviaron a un psiquiatra, quien declaró que yo estaba deprimido y recomendó un mes de hospitalización; me dio un día de plazo para que decidiera si deseaba o no internarme en el hospital. Aquélla fue la única vez en mi vida en que consideré la posibilidad del suicidio. Me parecía natural que me internaran en un hospital psiquiátrico. Como el psiquiatra había dicho, estaba deprimido. Mi hermano se había adaptado a la vida en Exeter; ¿por qué no podía adaptarme yo? Sabía que el hecho de no adaptarme era culpa mía, de forma que me sentía incapaz, incompetente e insignificante. Y lo peor es que creía que posiblemente estuviera loco. ¿No había dicho mi padre «Debes de estar loco para despreciar una educación tan buena»? Si volvía a Exeter, ¿me encontraría otra vez con todo lo que era seguro, bueno, indicado, constructivo, conocido y probado? Pero eso no era para mí; en las profundidades de mi ser sabía que aquél no era mi camino. Pero ¿cuál era mi camino? Si no regresaba al colegio, todo lo que se abría ante mí era desconocido, incierto, inseguro, impredecible. El que eligiera semejante camino debía de estar loco. Me asusté. Pero luego, en el momento de mi mayor desesperación, desde mi subconsciente afloraron ciertas palabras a modo de insólito oráculo pronunciado por una voz que no era la mía: «La única seguridad verdadera en la vida está en saborear la inseguridad de la vida». Aunque esto significara estar loco y romper con todo lo que parecía sagrado, decidí ser yo mismo y no volver al colegio. Por la mañana fui a ver al psiquiatra y le comuniqué que nunca volvería a Exeter, pero que estaba decidido a internarme en su hospital. De esa manera di el gran salto hacia lo desconocido. Había tomado mi destino en mis manos.

El proceso de desarrollo avanza por lo general muy gradualmente, con múltiples saltos hacia lo desconocido, como cuando un niño de ocho años se lanza cuesta abajo en bicicleta por primera vez o cuando un adolescente de quince sale por primera vez con una chica. Si el lector duda que estos hechos entrañen verdaderos riesgos, es porque no recuerda la inquietud que sintió en circunstancias semejantes. Si observamos al más sano de los niños, vemos no sólo su avidez por arriesgarse a nuevas actividades propias del adulto, sino también, junto con esa avidez, cierta vacilación, un movimiento de retroceso que lo mantiene aferrado a lo seguro y familiar, a la dependencia y a la niñez. Además, en niveles más o menos sutiles, uno puede encontrar esa misma ambivalencia en un adulto, en sí mismo, esa tendencia particular a aferrarse a lo viejo, a lo conocido y a lo familiar. Casi diariamente, hoy, a los cuarenta años, se me presentan oportunidades de actuar, oportunidades de desarrollo, que no son las habituales. Todavía estoy en proceso de desarrollo, aunque éste no es tan rápido como podría ser. Además de todos los pequeños saltos que es posible dar, hay también algunos que son enormes, como cuando rechacé, al abandonar el colegio, toda una estructura de vida y de valores en los que había sido educado. Muchas personas nunca dan uno de estos saltos potencialmente enormes y, en consecuencia, no crecen realmente. A pesar de su apariencia exterior, muchas personas continúan siendo psicológicamente los hijos de sus padres, viviendo según los valores que ellos les inculcaron, motivados sobre todo por la aprobación o la desaprobación de los padres (aun cuando éstos hayan muerto hace mucho tiempo), sin atreverse nunca a tomar el destino en sus propias manos.

Aunque los grandes saltos se dan comúnmente durante la adolescencia, pueden darse a cualquier edad. Una mujer de treinta y cinco años, madre de tres hijos y casada con un hombre dominante, inflexible yególatra, empieza a comprender poco a poco que depende absolutamente de su marido y que su matrimonio es una muerte en vida. El hombre anula todos los intentos que ella hace para modificar la naturaleza de sus relaciones. Con increíble valentía, la mujer se divorcia, soporta las recriminaciones del marido y las críticas de los vecinos y se arriesga a afrontar un futuro desconocido sola con sus hijos, pero por primera vez en su vida es libre para ser ella misma.

Un empresario de cincuenta y dos años, deprimido después de sufrir un ataque cardíaco, considera retrospectivamente su vida de frenética ambición, consagrada sólo a ganar cada vez más dinero y a ascender cada vez más en la jerarquía de su empresa y comprueba que su vida carece de sentido. Después de largas reflexiones, se da cuenta de que ha actuado siempre condicionado por obtener la aprobación de una madre dominante que constantemente lo criticaba; se había matado trabajando para poder mostrarle a ella sus méritos. Arriesgándose a la desaprobación de su madre, por primera vez en su vida y desafiando la ira de su mujer y sus hijos, acostumbrados a un gran nivel de vida, el hombre se traslada al campo y abre un pequeño taller donde repara muebles antiguos. Estos cambios importantes, estos saltos hacia la independencia y la autodeterminación son enormemente dolorosos a cualquier edad, requieren un enorme valor y suelen ser el resultado de la psicoterapia. A causa de los riesgos que entrañan, estos saltos a menudo requieren un tratamiento de psicoterapia, no porque la terapia disminuya los riesgos, sino porque le proporciona apoyo y valentía al individuo.

Pero ¿qué tiene que ver el desarrollo personal con el amor, aparte de que amar supone extender el propio yo, conduciéndolo a nuevas dimensiones? Ante todo, los ejemplos de cambio que hemos descrito y otros de parecida índole son actos de amor hacia uno mismo. Precisamente porque me valoraba, no estaba dispuesto a seguir sintiéndome infeliz en el colegio y en aquel ambiente social que no satisfacía mis necesidades. Precisamente porque el ama de casa pensaba en sí misma, se negó a continuar tolerando un matrimonio que limitaba su libertad y reprimía su personalidad. Y como el empresario también pensó en sí mismo, ya no quiso continuar trabajando a un ritmo tan brutal sólo para satisfacer las exigencias de su madre. En segundo lugar, el amor no sólo proporciona motivos de cambio tan importantes; el amor es también la base del valor que se necesita para arriesgarse a realizar estos cambios. Sólo porque mis padres me habían amado y valorado cuando era niño me sentí suficientemente seguro de mí mismo para desafiar sus expectativas y apartarme radicalmente del esquema de vida que habían preparado para mí. Aunque me sentía incapaz, insignificante y posiblemente loco al obrar como lo hice, logré soportar estos sentimientos porque al mismo tiempo, a un nivel más profundo, sabía que yo era una buena persona, por más que fuera diferente de los demás. Al arriesgarme a ser diferente, aun cuando esto significara estar loco, yo estaba respondiendo a anteriores mensajes amorosos de mis padres, a centenares de mensajes que me decían: «Eres una persona atractiva y apreciada. Te querremos sin importarnos lo que hagas, siempre que seas tú mismo». Sin la seguridad que me proporcionaba el amor de mis padres al revertir en mi autoestima, seguramente habría elegido lo conocido en lugar de lo desconocido, siguiendo el esquema preferido por mis padres, a costa de sacrificar el carácter intransferible de mi yo. Por último, sólo cuando se avanza hacia lo desconocido y se llega al auténtico desarrollo de la propia personalidad, de la independencia psicológica y de la individualidad única, se tiene la libertad de elevarse espiritualmente y de manifestar el amor en sus máximas dimensiones. Cuando alguien se casa, se inicia en una profesión o tiene hijos únicamente para satisfacer a sus padres, a cualquier otra persona o a la sociedad en general, tanto su dedicación como su compromiso son superficiales. Cuando los padres quieren a sus hijos sobre todo porque esperan de ellos un comportamiento afectuoso, serán insensibles a las necesidades más íntimas de ellos e incapaces, por tanto, de expresar amor de una manera más sutil, pero también más importante. Las formas más elevadas de amor son elecciones enteramente libres y no actos de conformidad.

Los riesgos de comprometerse

Sea superficial o no, el compromiso es el fundamento en que se basa toda relación de amor verdadero. Comprometerse profundamente no garantiza el éxito de la relación, pero ayuda más que cualquier otro factor a asegurarla. Compromisos que al principio son superficiales pueden llegar a ser más profundos con el tiempo; en caso de no ocurrir así, es probable que la relación se deshaga, se vuelva inevitablemente enfermiza o sea crónicamente endeble. A menudo no advertimos el enorme riesgo que implica asumir un compromiso profundo. He sugerido ya que una de las funciones que cumple el fenómeno instintivo de enamorarse es la de proporcionar a los amantes una capa mágica de omnipotencia que no les permita ver los riesgos que corren cuando deciden casarse. En cuanto a mi caso personal, yo estaba bastante tranquilo hasta el momento en que mi mujer se unió a mí ante el altar; entonces todo mi cuerpo comenzó a temblar. Me sentía tan atemorizado que casi no recuerdo nada de la ceremonia ni de la fiesta que le siguió. En todo caso, es nuestro sentido de la obligación y del compromiso lo que hace posible el tránsito de estar enamorado a amar realmente. Y después de concebir un hijo, es nuestro sentido del compromiso lo que nos transforma de padres biológicos en padres psicológicos.[16] Comprometerse es algo inherente a la verdadera relación de amor. Quien está verdaderamente interesado en el desarrollo espiritual de otro sabe, consciente o instintivamente, que puede fomentar ese desarrollo sólo en virtud de una relación constante. Los niños no pueden alcanzar madurez psicológica en una atmósfera insegura, impredecible, amenazada por el espectro del abandono. Las parejas no pueden resolver serenamente las cuestiones universales del matrimonio —por ejemplo, dependencia e independencia, dominio y sumisión, libertad y fidelidad— si no tienen la seguridad de que este debate no destruye la relación.

Los problemas relacionados con el hecho de comprometerse son una parte inherente a la mayoría de los trastornos psiquiátricos, y asuntos como el compromiso y la obligación son cruciales en el curso de la psicoterapia. Individuos con trastornos de personalidad tienden a hacerse cargo sólo de compromisos leves y, cuando sus trastornos revisten mayor gravedad, pierden por completo la capacidad de asumir alguno. No es tanto el temor al riesgo del compromiso como la más absoluta incomprensión de lo que este concepto significa. Como sus padres no se sintieron seriamente obligados ni comprometidos con ellos cuando eran niños, crecieron sin la experiencia de lo que es la obligación. Para ellos, un compromiso es algo abstracto, más allá de su alcance, un fenómeno que no pueden concebir. Por otro lado, aunque los neuróticos en general son conscientes de la naturaleza del compromiso, a menudo los paraliza el temor a comprometerse. Por lo general, durante la niñez han percibido que sus padres se sentían obligados y comprometidos con ellos y ellos, a su vez, les han respondido de la misma manera. Sin embargo, una interrupción del amor parental causada por la muerte o por el abandono determina que el niño afronte el compromiso con dolor, con lo cual teme contraer nuevos compromisos. La única curación posible es vivir una experiencia más satisfactoria en el futuro, que le permita afrontar nuevos compromisos. Ésta es, entre otras, la razón por la que el compromiso es la base de la relación psicoterapéutica. A veces me estremezco ante el desafío que supone aceptar a otro paciente para llevar a cabo una terapia a largo plazo. Para que se produzca la curación, es necesario que el psicoterapeuta aporte a su relación con un paciente nuevo, el mismo compromiso que los padres que aman de verdad a sus hijos contraen con ellos. El sentido de obligación y de interés constante del terapeuta se hará patente para el paciente durante los meses o años de terapia.

Rachel, una mujer de veintisiete años, fría y distante, acudió a verme después de que su marido, Mark, la abandonara a causa de su frigidez, tras un breve matrimonio.

—Sé que soy frígida —reconoció Rachel—. Pensaba que con el tiempo sería más cálida con Mark, pero no ha sido así. No creo que él tenga la culpa. Nunca he experimentado goce sexual con nadie y, si le digo la verdad, no estoy segura de desearlo. Una parte de mí misma lo desea, porque me gustaría tener alguna vez un matrimonio feliz y porque me gustaría ser normal, pues parece que las personas normales encuentran algo maravilloso en la sexualidad. Pero otra parte de mí acepta perfectamente seguir siendo como soy. Mark siempre ~~me~~ decía: «Relájate y abandónate»; tal vez no desee hacerlo, aunque pueda.

Al tercer mes de nuestro trabajo conjunto, le hice notar a Rachel que siempre me decía por lo menos dos veces, incluso antes de empezar la sesión: «Muchas gracias», palabras que pronunció cuando fui a buscarla a la sala de espera y que repitió cuando entró en el consultorio.

—¿Hay algo de malo en ser atenta? —me preguntó.

—No hay nada de malo en ello —le repliqué—, pero en este caso particular parece completamente innecesario. Usted actúa como si fuera una visita, como si ni siquiera estuviera segura de ser bien recibida.

—Pero si aquí soy una visita. Ésta es su casa.

—Es verdad. Pero también es cierto que usted me paga cuarenta dólares por hora mientras está aquí. Usted ha adquirido este tiempo y este espacio de mi consultorio y, como lo ha adquirido, tiene derecho a ellos. Usted no es una visita. Usted tiene derecho a este consultorio, a esta sala de espera y al tiempo que pasamos juntos. Son suyos. Usted me paga por ese derecho. ¿Por qué agradecerme entonces lo que es suyo?

—No puedo creer que usted piense realmente eso —exclamó Rachel.

—Entonces debe de creer que yo puedo echarla a puntapiés de aquí en cualquier momento que se me antoje —le repliqué—. Usted debe de pensar en la posibilidad de que alguna mañana entre aquí y yo le diga: «Rachel, trabajar con usted se me ha hecho muy aburrido; he decidido no volver a verla. Adiós y buena suerte».

—Es exactamente lo que pienso —convino Rachel—. Nunca se me ocurrió que se tratara de un derecho, por lo menos no en relación con otra persona. ¿Quiere usted decirme que podría echarme?

—Supongo que podría, pero no lo haré. Ni siquiera lo deseo. Entre otras cosas, no sería ético. Mire Rachel, cuando acepto un caso como el suyo e inicio una terapia a largo plazo, asumo un compromiso con ese caso, con esa persona. De modo que tengo una obligación con usted. Trabajaré con usted mientras sea necesario, aunque tarde un año, o cinco años, o diez años o lo que sea. No sé si usted abandonará nuestro trabajo cuando se sienta bien o antes de sentirse bien. Pero de cualquier manera, será usted la que ponga término a nuestra relación. Salvo en el caso de que me muera, mis servicios estarán siempre a su disposición mientras usted necesite de ellos.

No me resultó difícil comprender el problema de Rachel. Al inicio de la terapia, su ex marido, Mark, me había dicho: «Creo que la madre de Rachel tiene mucho que ver con todo esto. Es una mujer bastante notable. Sería un gran presidente del consejo de administración de la General Motors, pero no estoy seguro de que sea muy buena madre».

Y efectivamente, eso era cierto. Rachel había sido criada o, mejor dicho, gobernada con la sensación de que en cualquier momento podía ser expulsada de la casa si no se ajustaba a las normas. Su madre, en lugar de hacer que se sintiera segura en su casa —sensación que sólo pueden procurar los padres que se sienten obligados con los hijos—, había hecho todo lo contrario, como si Rachel fuera una empleada a la que se podía despedir. Su permanencia en el hogar dependía de su acatamiento a todo lo que le habían impuesto. Si su situación en casa de su madre era tan frágil, ¿cómo podía estar segura en su relación conmigo?

Los daños causados por la falta de dedicación y compromiso de los padres no se curan con unas cuantas palabras tranquilizadoras; hay que ahondar en niveles cada vez más profundos para trabajar en casos de estas características. Uno de los resultados se manifestó más de un año después. Habíamos estado considerando el hecho de que Rachel nunca lloraba en mi presencia; ésta era otra situación en la que ella no se permitía «abandonarse». Un día, cuando me describía la terrible sensación de soledad que la invadía por no poder bajar nunca la guardia, advertí que Rachel se encontraba al borde del llanto, pero que necesitaba un ligero empujón de mi parte para romper a llorar; hice entonces algo fuera de lo habitual: me acerqué al diván en el que estaba recostada y le di unos golpecitos suaves en la cabeza, mientras murmuraba:

—¡Pobre Rachel! ¡Pobre Rachel!

Aquel movimiento fracasó. Ella se puso inmediatamente rígida, con los ojos secos y se incorporó.

—No puedo hacerlo —dijo—. No puedo abandonarme.

Esto ocurría hacia el final de la sesión. En la sesión siguiente, Rachel entró en el consultorio y fue a sentarse en el diván en lugar de recostarse en él.

—Bueno, ahora le toca a usted hablar —anunció.

—¿Qué quiere usted decir?

—Va usted a explicarme qué es lo que funciona mal en mí.

Me quedé desconcertado y le contesté:

—Continúo sin comprender lo que quiere decir, Rachel.

—Ésta es nuestra última sesión. Va usted a resumirme todas las cosas que funcionan mal en mí, todos los motivos por los que usted ya no puede continuar tratándome.

—No tengo la menor idea de lo que le está ocurriendo.

Esta vez fue Rachel la que se quedó desconcertada. Luego dijo:

—Bueno, en la última sesión usted deseaba que yo llorara. Hace tiempo que desea que llore. En la última sesión hizo todo lo posible para ayudarme a llorar y a pesar de ello no pude hacerlo. Ahora usted quiere abandonar mi tratamiento porque no puedo hacer lo que usted quiere que haga. Por eso, hoy será nuestra última sesión.

—¿Cree realmente que la rechazo, Rachel?

—Sí. Cualquiera lo creería.

—No, Rachel, cualquiera no. Su madre tal vez, pero yo no soy su madre. Y nadie en este mundo es como su madre. Usted no es mi empleada. Usted no está aquí para hacer lo que yo quiera. Usted está aquí para hacer lo que quiera usted y cuando usted quiera. Puedo darle un pequeño empujón, pero no tengo ningún poder sobre usted. Nunca la echaré y usted continuará aquí mientras lo desee.

Uno de los síndromes de los adultos que no han recibido por parte de sus padres la firmeza del compromiso es: «Te abandonaré antes de que lo hagas tú». Este síndrome puede adoptar muchas formas, y una de ellas es, como en el caso de Rachel, la frigidez, que aunque nunca se daba en un plano consciente, lo que denotaba era: «No voy a entregarme a ti cuando sé muy bien que me dejarás uno de estos días». Para Rachel «abandonarse», sexualmente o de otra manera, representaba adquirir un compromiso, y no estaba dispuesta a comprometerse cuando el mapa de su experiencia previa le mostraba como un hecho seguro el que los demás no asumirían ningún compromiso con ella.

El síndrome «Te abandonaré antes de que lo hagas tú» se agudiza cuanto más estrecha se hace la relación con una persona como Rachel. Al cabo de un año de terapia, desarrollada en dos sesiones semanales, Rachel me anunció que ya no podía permitirse gastar ochenta dólares semanales en ella. Dijo que desde su divorcio había tenido dificultades para llegar a fin de mes y que o bien dejaría de verme o bien reduciría el tratamiento a una sesión por semana. Desde un punto de vista realista, esto resultaba ridículo. Yo sabía que Rachel tenía una herencia propia de cincuenta mil dólares, además del modesto sueldo que ganaba con su trabajo; era reconocida como miembro de una antigua y acaudalada familia. En otras condiciones, la habría reprendido, haciéndole notar que podía permitirse mis servicios con más facilidad que muchos otros pacientes y que era evidente que estaba utilizando la cuestión del dinero como una excusa para huir de la creciente intimidad que tenía conmigo. Pero, por otro lado, también sabía que aquella herencia representaba para Rachel algo más que el dinero. Era algo suyo, algo que no la abandonaría, era como una especie de baluarte seguro en un mundo que no se comprometía con ella. Aunque hubiera sido razonable que yo le sugiriera recurrir a esa herencia para pagar mis honorarios, supuse que la propuesta sería arriesgada pues Rachel no estaba todavía preparada para correr ese riesgo, de modo que si yo insistía, abandonaría definitivamente la terapia. Considerando sus ingresos, me había dicho antes que podía permitirse pagar cincuenta dólares por semana y me ofreció esa suma por una sesión semanal. Le repliqué que reduciría mis honorarios a veinticinco dólares por sesión y que continuaría viéndola dos veces por semana. Se quedó mirándome con una mezcla de temor, incredulidad y júbilo.

—¿Realmente haría eso? —preguntó. Yo asentí. Siguió un largo momento de silencio; por fin, al borde de las lágrimas como nunca había estado antes, Rachel declaró—: Como pertenezco a una familia rica, los comerciantes de la ciudad siempre me cobran los precios más altos que pueden. Y usted me está ofreciendo una rebaja. Nadie me había ofrecido nunca una rebaja.

Lo cierto es que Rachel interrumpió varias veces la terapia durante el año siguiente, a causa de su continuo debate interno acerca de si debía dejar o no que nuestro mutuo compromiso aumentara. Mediante una combinación de cartas y llamadas telefónicas, logré persuadirla cada una de esas veces, para que retomara el tratamiento. Por fin, al terminar el segundo año de terapia conseguimos tratar de manera más directa los problemas del caso. Me enteré de que Rachel escribía poesía y le pedí que me mostrara algún poema. Al principio se negó. Luego estuvo de acuerdo pero, semana tras semana, «se olvidaba» de traerme los poemas. Le hice notar que negarme la lectura de sus poemas tenía la misma connotación que negar su sexualidad a Mark y a otros hombres. ¿Por qué pensaba que mostrarme sus poemas equivalía a un gran compromiso? ¿Por qué pensaba que compartir su sexualidad representaba también un compromiso? ¿Tal vez si no me gustaban los poemas significaría que yo la rechazaba? ¿Pondría yo término a nuestra relación porque ella no fuera una gran poetisa? Tal vez el hecho de mostrarme sus poemas estrecharía más nuestra relación. ¿Por qué temía este acercamiento?

Finalmente, cuando durante el tercer año de terapia, Rachel ya había aceptado su compromiso conmigo, comenzó a «abandonarse». Por fin corrió el riesgo de mostrarme sus poemas, de llorar cuando estaba triste y también de reír y bromear. Nuestra relación, que antes había sido rígida y formal, se tornó cálida, espontánea y a menudo alegre y jovial.

—Nunca supe con otra persona lo que era estar relajada —me dijo—. Éste es el lugar en el que por primera vez en mi vida me siento segura.

Partiendo de la seguridad que le infundían el consultorio y el tiempo que pasábamos juntos, rápidamente se aventuró a entablar otras relaciones. Se dio cuenta de que el sexo no era una cuestión de compromiso sino que era autoexpresión, juego, exploración y gozoso abandono. Sabía que si quedaba dolida siempre podía contar conmigo, como la buena madre que nunca tuvo. A partir de entonces se sintió libre para gozar plenamente de su sexualidad. Desapareció la frigidez y, en el momento de terminar la terapia en el cuarto año, Rachel se había convertido en una persona vivaz y apasionada que gozaba con todo lo que pueden ofrecer las relaciones humanas.

Tuve la suerte de poderle brindar el grado de dedicación y de compromiso suficientes para vencer los efectos nocivos que su falta había determinado durante la niñez. No siempre he tenido tanta suerte. Aquel técnico de ordenadores al que me he referido en la primera sección del libro al hablar sobre la transferencia, fue uno de esos casos. Su necesidad de que yo comprometiera mi dedicación era tan grande, que no pude (o no quise) satisfacerla. Si el compromiso asumido por el terapeuta es insuficiente y no logra prevalecer frente a las vicisitudes de la relación terapéutica, no se producirá una curación efectiva. Pero cuando ese compromiso del terapeuta es lo suficientemente profundo, en general —aunque no siempre— el paciente responderá tarde o temprano, asumiendo a su vez un compromiso con el terapeuta y con la terapia misma. El momento en que el paciente empieza a mostrar señales de querer comprometerse es el punto decisivo de la terapia. Creo que en el caso de Rachel, este momento llegó cuando por fin me dejó leer sus poemas. Es extraño que muchos pacientes nunca lleguen a ese punto, aunque hayan acudido asiduamente a las sesiones dos o tres veces por semana durante años. Otros pueden alcanzarlo en los primeros meses de tratamiento. Pero es necesario llegar al momento decisivo para que se produzca la curación. Para el terapeuta es un momento maravilloso de alivio y alegría, pues sabe que el paciente ha asumido realmente el compromiso de curarse y que, por lo tanto, la terapia tendrá éxito.

El riesgo de comprometerse con la terapia no es sólo el riesgo del compromiso mismo, sino también el del enfrentamiento con uno mismo y con el cambio. En la sección anterior, al hablar de la dedicación a la verdad, nos hemos referido a las dificultades que supone cambiar el mapa de la realidad que uno se ha trazado, su concepción del mundo y sus transferencias. Pero el cambio debe verificarse si uno aspira a una vida de amor con frecuentes extensiones a nuevas dimensiones y territorios. En el proceso de desarrollo espiritual (con ayuda terapéutica o sin ella) hay muchos momentos en los que se deben emprender acciones nuevas y acordes con una nueva visión del mundo. Emprender estas nuevas líneas de acción —comportarse de manera diferente— puede representar un extraordinario riesgo personal: el joven y pasivo homosexual que por primera vez toma la iniciativa de citarse con una chica; la persona que nunca ha confiado en nadie y ahora se encuentra tendida por primera vez en el diván del psicoanalista, siempre oculto a su vista; el ama de casa antes dependiente que anuncia a su dominante marido que, tanto si le gusta como si no, buscará un trabajo y vivirá su propia vida; el cincuentón mimado en la infancia que le dice a la madre que deje de llamarlo con un apelativo infantil; el hombre «fuerte», aparentemente frío y autosuficiente, que por primera vez se permite llorar en público, o Rachel, que se «abandona» y llora por primera vez en mi consultorio. Estos actos y muchos otros entrañan un riesgo personal, con frecuencia más temible que el que corre cualquier soldado que participa en una batalla. El soldado no puede huir porque las armas le apuntan desde todos los frentes, pero el individuo que trata de evolucionar, siempre puede vivir de acuerdo a unos esquemas fáciles que le son familiares porque provienen de un pasado limitado.

Se ha dicho que el psicoterapeuta que obtiene éxito debe aportar a la relación psicoterapéutica el mismo vigor y el mismo sentido de compromiso que el paciente. El terapeuta debe arriesgarse también al cambio. De todas las reglas útiles de psicoterapia que me enseñaron, hay muy pocas que yo no haya decidido transgredir en un momento u otro, no por pereza o por falta de disciplina, sino más bien porque la terapia de mi paciente parecía exigir que me apartara de las prescripciones acerca del papel del psicoanalista y apelara a medios diferentes y no convencionales. Cuando considero retrospectivamente aquellos casos en que obtuve éxito, compruebo que en algún momento y en cada caso, me tocó sufrir a mí también. Que el terapeuta esté dispuesto a sufrir en momentos así es, quizás, la esencia de la terapia, y cuando el paciente lo percibe, como ocurre generalmente, los efectos son siempre beneficiosos. Los propios terapeutas evolucionan y cambian precisamente porque están dispuestos a sufrir con sus pacientes. Cuando vuelvo a examinar los casos en los que obtuve éxito, veo que todos ellos conllevaron cambios muy significativos, a menudo radicales, en mis actitudes y perspectivas. Y esto debe ser así. Es imposible comprender de verdad a otra persona sin darle cabida dentro de uno mismo. Este proceso, que implica ejercitar la disciplina de «poner entre paréntesis» las propias preocupaciones, requiere una extensión del yo y, por lo tanto, implica un cambio.

Es algo que podemos verificar tanto en los buenos padres como en los buenos psicoterapeutas. «Poner entre paréntesis» y extender nuestros propios límites están implícitos en el acto de escuchar a nuestros hijos. Para responder a sus sanas necesidades, debemos cambiar nosotros mismos. Sólo cuando estamos dispuestos a sufrir el cambio, podemos llegar a ser los padres que nuestros hijos necesitan. Y como los niños están en constante evolución y sus necesidades son cambiantes, estamos obligados a cambiar y a evolucionar con ellos. Todo el mundo conoce, por ejemplo, a padres que actúan eficazmente con sus hijos hasta que éstos llegan a la adolescencia; a partir de esa fase resultan, sin embargo, totalmente ineficaces porque no tienen capacidad de cambiar ni de ajustarse a sus hijos, ya mayores y diferentes. Sería injusto (como en otros casos de amor) considerar el sufrimiento y el cambio que exige una buena paternidad, como una especie de autosacrificio o martirio; por el contrario, los padres tienen que ganar más que sus hijos en este proceso. Los padres que no quieren correr el riesgo de sufrir a causa del cambio, el desarrollo y la enseñanza que pueden obtener de sus hijos, empiezan a mostrar signos de senilidad —lo sepan o no—, y tanto sus hijos como el mundo, los dejan atrás. Aprender de los hijos es la mejor oportunidad que la gente tiene para asegurarse una edad madura con sentido. Es una lástima que la mayoría de las personas no aprovechen esta oportunidad.

Los riesgos de la confrontación

El último riesgo de amar, y posiblemente el mayor de todos, es el de ejercer poder con humildad. El caso más común es la confrontación afectuosa. Cuando reprendemos a alguien, solemos decirle: «Estás equivocado; yo tengo razón». Cuando un padre reprocha a su hijo «Eres hipócrita», ese padre está diciéndole en realidad: «Tu hipocresía es mala y tengo derecho a criticarla porque yo no soy hipócrita». Cuando un marido confronta a su mujer con su frigidez, le está diciendo: «Eres frígida y es malo que no me respondas sexualmente con más ardor pues yo, en ese aspecto y en otros, soy normal y estoy bien; tú tienes un problema sexual, yo no». Cuando una mujer se encara con su marido para decirle que no pasa suficiente tiempo con ella y con los hijos, le está diciendo en realidad: «El interés que pones en tu trabajo es excesivo y nocivo para nosotros. Aunque yo no hago tu trabajo, puedo ver las cosas más claramente que tú y sé muy bien que sería mejor que pusieras tu atención en otras cosas». La capacidad de encararse con otro y decirle: «Yo tengo razón, tú estás equivocado y deberías ser diferente» es una facultad que mucha gente no tiene problema en llevar a la práctica. Padres, cónyuges y personas que adoptan otros papeles lo hacen rutinaria y superficialmente, criticando a diestro y siniestro. Casi todas estas críticas y confrontaciones, hechas por lo general de forma impulsiva en momentos de ira o de impaciencia, no hacen más que aumentar la confusión en el mundo, en lugar de proyectar luz sobre él.

En el caso de la persona que realmente ama, no es fácil ni la crítica ni la confrontación, pues comprende que estos actos entrañan potencialmente una gran arrogancia. Enfrentarse a la persona amada significa adoptar una posición de superioridad moral e intelectual, por lo menos con respecto a la cuestión tratada. Pero el verdadero amor reconoce y respeta la individualidad intrínseca y la identidad diferencial del otro. La persona que realmente ama, que valora el carácter único y diferente de la persona amada, se resistirá a suponer «Yo tengo razón, tú estas equivocado; sé mejor que tú lo que te conviene». Pero la realidad de la vida demuestra que a veces una persona sabe mejor que otra lo que le conviene a esta última, porque su conocimiento de la cuestión tratada es superior. En estas circunstancias, el más sabio de los dos tiene la obligación (movido por el interés afectuoso de promover el desarrollo espiritual del otro) de encararlo con el problema. Por este motivo, la persona que ama se encuentra a menudo con el dilema de decidir entre respetar el estilo de vida de la persona amada y la responsabilidad de aconsejarla cuando ésta parece necesitarlo.

El dilema sólo puede resolverse mediante un escrupuloso examen de uno mismo, en el cual el que ama analiza rigurosamente su «sabiduría» y los motivos reales que le incitan a guiar al otro. «¿Realmente veo las cosas con claridad o estoy obrando movido por oscuras razones? ¿Comprendo realmente a la persona que amo? ¿Y si el camino que sigue es el correcto y yo me estoy equivocando porque me falta visión de futuro? ¿Tengo motivos personales para creer que la persona a la que amo necesita una reorientación?» Éstas son preguntas que debe hacerse continuamente el que ama. El autoexamen es la esencia de la humildad. Por decirlo con las palabras de un anónimo monje y maestro espiritual británico del siglo XIV: «La mansedumbre es saberse y sentirse tal como uno es. Todo hombre que se percibe y se siente como es realmente, será con toda seguridad un hombre manso».[17]

Así pues, llegamos a la conclusión de que hay dos maneras de enfrentarnos con otro ser humano: con la certeza instintiva y espontánea de que se tiene razón y con la suposición de estar en lo cierto, después de haberlo dudado y examinado rigurosamente. La primera opción es la de la arrogancia; es la más común entre padres, cónyuges, profesores y en el trato cotidiano en general; decantarse por esta opción no suele dar resultados positivos, ya que provoca reacciones de enfado. La segunda es la opción de la humildad, que es mucho menos común y exige una trascendencia de la propia personalidad; puede dar resultados positivos y, según mi experiencia, nunca es destructiva.

Hay muchos individuos que, por una razón u otra, han aprendido a contener su instintiva tendencia a criticar o a enfrentarse con espontánea arrogancia. Sin embargo, no trascienden esta fase y se ocultan en la seguridad moral de la mansedumbre, sin atreverse nunca a ejercer su poder. Una de estas personas era un pastor protestante, padre de una paciente cuarentona que sufría una neurosis depresiva crónica. La madre de mi paciente era una mujer colérica, violenta, que dominaba a su familia con sus arrebatos de ira y sus manipulaciones, llegando a veces incluso a castigar físicamente a su marido en presencia de la hija. El pastor nunca replicaba ni devolvía los golpes y aconsejaba a su hija que también ella respondiera a la madre presentándole la otra mejilla. En nombre de la caridad cristiana, era un ser infinitamente sumiso y respetuoso. Cuando mi paciente comenzó a tratarse, reverenciaba a su padre por su suavidad y ternura, pero no pasó mucho tiempo antes de que se diera cuenta de que aquella mansedumbre no era más que debilidad y que, con su pasividad, la había privado a ella de los cuidados adecuados, mientras que la madre había impuesto su mezquino egocentrismo. Por último, la paciente comprendió que el padre no había hecho nada para protegerla de las manipulaciones de la madre; ni siquiera las había censurado, de manera que no le quedaba otra alternativa que tomar como modelo a su madre, con sus mezquinas manipulaciones, frente al ejemplo de pseudohumildad del padre. No enfrentarse cuando es necesario, ya que la finalidad que se persigue es impulsar el desarrollo espiritual, es una falta de amor; como lo son también la crítica y la condena absolutas y otras formas de no ofrecer una atención esmerada. Si aman a sus hijos, los padres deben (quizás de forma moderada y solícita, pero también enérgicamente) hacerles frente y criticarlos de vez en cuando, pero deben permitir también que sus hijos los censuren y se enfrenten a ellos. Del mismo modo, los cónyuges que se aman deben enfrentarse entre ellos si pretenden que su relación cumpla la función de impulsar el mutuo desarrollo espiritual. Ningún matrimonio puede considerarse verdaderamente feliz si marido y mujer no son cada uno los mejores críticos del otro. Lo mismo cabe decir de la amistad. Hay un concepto tradicional, según el cual la amistad es una relación libre de conflictos, un esquema que responde a «Hoy por ti, mañana por mí» y que se basa sólo en un intercambio de favores y detalles, tal como establecen las buenas costumbres. Estas relaciones son superficiales, carecen de intimidad y no merecen el nombre de amistad que comúnmente se les aplica. Por fortuna, hay señales de que nuestro concepto de amistad comienza a ser más profundo. La confrontación basada en el amor es una parte importante de todas las relaciones humanas que tienen éxito y sentido. Sin este elemento, la relación fracasa o es superficial.

Afrontar o criticar es una forma de ejercer poder o liderazgo. El ejercicio del poder no es ni más ni menos que el intento de influir en el curso de los hechos, humanos o no humanos, por medio de las acciones, de manera consciente o inconscientemente determinada. Cuando afrontamos o criticamos a alguien, lo hacemos porque deseamos modificar la vida de esa persona. Es evidente que existen muchos otros modos, a menudo superiores, de influir en el curso de los acontecimientos; por ejemplo, la sugerencia, la parábola, la recompensa, el castigo, el cuestionamiento, la prohibición, el permiso, el crear experiencias, etcétera. Se pueden escribir volúmenes enteros sobre el arte de ejercer el poder. Pero para nuestros fines, basta con decir que los individuos que aman deben preocuparse por este arte, pues si uno desea promover el desarrollo espiritual de alguien, debe conocer el modo más eficaz de lograrlo en cualquier circunstancia. Los padres afectuosos, por ejemplo, deben examinarse primero ellos mismos y analizar rigurosamente sus propios valores antes de determinar que saben lo que más le conviene a su hijo. Una vez hecha esta determinación, deben prestar también una gran atención al carácter y a las facultades del hijo para decidir si éste responderá mejor al reproche que a la alabanza. Censurar a una persona por algo que no puede dominar será, en el mejor de los casos, una pérdida de tiempo y probablemente tendrá efectos nocivos. Si deseamos ser escuchados, debemos hablar un lenguaje que pueda comprender el que nos oye y hacerlo a un nivel en que éste sea capaz de actuar. Si amamos, debemos extender nuestro ser y ajustar nuestro discurso a las aptitudes de la persona amada.

Ciertamente, ejercer el poder combinándolo con el amor exige un gran trabajo, pero ¿qué decir del riesgo que supone? El problema está en que cuanto más amamos, más humildes somos, pero cuanto más asumimos esta humildad, más nos asusta la potencial arrogancia que supone ejercer el poder. ¿Quién soy yo para influir en el curso de los acontecimientos humanos? ¿En virtud de qué autoridad decido sobre lo que le conviene a mi hijo, a mi cónyuge, a mi país o al género humano? ¿Quién me da el derecho a atreverme a creer en mi propia sabiduría y pretender ejercer mi voluntad sobre el mundo? ¿Quién soy yo para ejercer de Dios? *Ése* es el riesgo. En cualquier circunstancia en la que ejercemos poder, intentamos influir en el curso del mundo, de la humanidad y, por tanto, desempeñamos el papel de Dios. La mayoría de los padres, maestros, dirigentes políticos —en definitiva, los que ejercemos algún poder—, no nos damos cuenta de ello. En la arrogancia de ejercer el poder sin la autoconciencia que exige el amor, pasamos por alto el hecho de que estamos desempeñando el papel de Dios. Pero aquellos que aman de verdad y que, por tanto, obran con la sabiduría que exige el amor, saben que obrar es hacer de Dios. Sin embargo, también saben que la alternativa es la inacción y la impotencia. El amor nos empuja a desempeñar el papel de Dios con plena conciencia de la enormidad que ello representa. Con esa plena conciencia, la persona que ama asume la responsabilidad de intentar ser Dios y no de desempeñar con negligencia Su papel, realizar Su voluntad sin equivocarse. Llegamos así a otra paradoja: sólo a causa de la humildad del amor, los seres humanos pueden atreverse a ser Dios.

El amor es disciplinado

Ya he indicado que la energía para realizar el trabajo de la autodisciplina deriva del amor, que es una forma de voluntad, de lo cual podemos colegir que la autodisciplina suele ser amor traducido en acción y que quien ama de verdad se comporta con autodisciplina. Además, toda relación de verdadero amor es una relación disciplinada. Si realmente amo a otra persona, encauzaré mi conducta de forma que contribuya lo máximo posible a impulsar su desarrollo espiritual. Una pareja joven, inteligente, artística y «bohemia» con la que traté de trabajar una vez, llevaba cuatro años de unión con riñas violentas casi a diario, en las que se lanzaban platos, se gritaban y se arañaban la cara; prácticamente no pasaba una semana sin que hubiese alguna infidelidad y casi todos los meses sobrevenía una separación. Poco después de haber empezado a trabajar conmigo, los dos miembros de la pareja se dieron cuenta de que la terapia los llevaría a un aumento de autodisciplina y, por consiguiente, a una relación menos desordenada.

—Pero usted quiere eliminar la pasión en nuestras relaciones —decían—. La idea que usted tiene del amor y el matrimonio no deja ningún lugar para la pasión.

Casi inmediatamente abandonaron la terapia. Con el tiempo supe que, a los tres años, después de haber acudido a otros terapeutas, continuaban riñendo diariamente según su esquema caótico del matrimonio. No hay duda de que la unión de aquellos jóvenes era en cierto sentido muy colorida. Pero los colores de su relación son como los colores primarios de las pinturas de los niños que, distribuidos descuidadamente sobre el papel, en general carecen de encanto y exhiben siempre esa uniformidad y monotonía que caracteriza el arte infantil. En los matices bien controlados de un Rembrandt también encontramos color, aunque éste es infinitamente más rico y de una calidad única. La pasión es un sentimiento de gran profundidad. El hecho de que un sentimiento sea incontrolado no indica que sea más profundo que un sentimiento disciplinado. Por el contrario, los psiquiatras conocen muy bien la verdad que encierran los antiguos refranes norteamericanos: «Los arroyos de poca agua son ruidosos» y «Las aguas mansas corren en lo profundo». No debemos suponer que no es una persona apasionada aquella cuyos sentimientos están templados o controlados.

Aunque no debemos ser esclavos de nuestros sentimientos, la autodisciplina no implica que debamos ahogarlos hasta el punto de anularlos. A menudo digo a mis pacientes que sus sentimientos son *sus* esclavos y que el arte de la autodisciplina es como el arte de gobernar a los esclavos. Ante todo, los sentimientos son la fuente de nuestra energía; nos suministran la fuerza o la energía de los esclavos, posibilitándonos la realización de las tareas de la vida. Puesto que ellos trabajan para nosotros, deberíamos tratarlos con respeto. Hay dos errores comunes en los que pueden incurrir los propietarios de esclavos, y que representan dos formas extremas y opuestas de tratarlos: una clase de propietarios no impone disciplina a sus esclavos, no les da ninguna estructura, no les fija límites, no les marca direcciones y no les hace ver claramente quién es el amo. Lo que ocurre en este caso es que, desde luego, siempre llega el momento en que los esclavos dejan de trabajar y se dedican a recorrer la casa para saquear la bodega y forzar los muebles; pronto el amo comprueba que él se ha convertido en esclavo de sus esclavos y que vive en el mismo caos en que vivía aquella pareja «bohemia» tan desordenada.

Pero el estilo contrario de gobierno, que el neurótico atribulado por la culpa con frecuencia ejerce sobre sus sentimientos, es igualmente destructivo. El propietario está aquí tan obsesionado por el temor de que los esclavos (los sentimientos) puedan escapar a su control y está tan resuelto a que no le causen ninguna molestia, que los azota sistemáticamente para someterlos y los castiga severamente ante la primera señal de rebeldía. Esta otra modalidad hace que, en un tiempo relativamente breve, los esclavos sean menos productivos conforme su voluntad quede reducida por el duro trato al que son sometidos. Puede ocurrir también que su voluntad los lleve cada vez más a la decisión de rebelarse. Si este proceso continúa el tiempo suficiente, los temores del amo terminarán por ser ciertos y los esclavos se sublevarán y quemarán la casa con el amo dentro. Ésta es la génesis de ciertas psicosis y neurosis graves. El gobierno apropiado de nuestros sentimientos es un camino intermedio, equilibrado y complejo (y, por lo tanto, ni sencillo ni fácil) que exige una reflexión permanente y ajustes constantes. Según esta primera clasificación, el amo trata a sus sentimientos (los esclavos) con respeto, los alimenta con buena comida, les da abrigo, les procura cuidados médicos, los escucha y responde a sus voces, los alienta, les pregunta por su salud; pero también los organiza, les fija límites, los reorienta y les enseña, haciéndoles ver claramente quién es el amo. Éste es el modo de la autodisciplina saludable.

El sentimiento amoroso es uno de los sentimientos que hay que someter a disciplina. Como ya he mencionado, este sentimiento no es en sí mismo amor verdadero, sino que tiene que ver con la catexis. Hay que respetarlo a causa de la energía creadora que aporta, pero si se le da rienda suelta, el resultado no será el amor sincero, sino la confusión y la infructuosidad. Como el amor de verdad implica extender los propios límites, se necesitan grandes cantidades de energía y, nos guste o no, el depósito de nuestras energías es tan limitado como las horas de nuestros días. Sencillamente, no podemos amar a todo el mundo. Es verdad que podemos tener un sentimiento de amor por la humanidad y ese sentimiento puede ser también útil al proveernos de la energía suficiente para manifestar verdadero amor por unos pocos individuos determinados. Pero el amor verdadero hacia unos pocos individuos es todo lo que está a mi alcance. Intentar ir más allá de los límites de nuestra energía significa ofrecer más de lo que podemos dar, y hay un punto más allá del cual, el intento de amar a todo el mundo se convierte en fraudulento y dañino para aquellos mismos a quienes deseamos ayudar. En consecuencia, si tenemos la suerte de encontrarnos en una situación en la que muchas personas piden nuestra atención, debemos elegir a aquellos a quienes hemos de amar verdaderamente. La elección no es fácil; puede ser muy dolorosa, como lo es asumir un poder semejante al de Dios.

Pero es preciso elegir y deben tenerse en cuenta múltiples factores. En primer término, la capacidad del presunto objeto de nuestro amor para responder a este sentimiento con desarrollo espiritual. Esta capacidad es diferente según las personas, aspecto del cual luego nos ocuparemos más extensamente. Sin embargo, es incuestionable que muchas personas tienen el espíritu tan cerrado, escondido tras una impenetrable armadura, que hasta los mayores esfuerzos por fomentar su desarrollo están condenados seguramente al fracaso. Amar a alguien que no puede beneficiarse con nuestro amor desarrollándose espiritualmente es malgastar energías, sembrar en tierra árida. El verdadero amor es algo muy preciado, y quienes son capaces de amar de verdad, saben que su amor debe ser lo más productivo y fértil posible mediante la autodisciplina.

También debemos examinar el problema inverso de amar a demasiadas personas. A algunos, por lo menos, les es posible amar a más de una persona al mismo tiempo y mantener simultáneamente una serie de relaciones de amor verdadero, lo cual es un problema por varias razones. Una de ellas es el mito occidental del amor romántico, según el cual ciertas personas están destinadas a otras, de suerte que, por eliminación, no pueden estar destinadas a ninguna otra. Por eso, el mito prescribe la exclusividad en las relaciones amorosas, en particular la exclusividad sexual. Probablemente el mito resulte útil por cuanto contribuye a la estabilidad de las relaciones humanas, puesto que la mayoría de los seres humanos se ven de esta forma llevados al límite de su capacidad para extenderse y desarrollar relaciones de verdadero amor sólo con sus cónyuges y sus hijos. Lo cierto es que si uno puede afirmar que ha construido relaciones de amor sincero con su cónyuge y sus hijos, ha logrado realizar más de lo que consigue realizar la mayor parte de la gente. A menudo hay algo patético en el individuo que no ha logrado construir con su familia una unidad de amor y que incansablemente busca relaciones amorosas fuera de la familia. La primera obligación de una persona que ama de verdad será siempre su relación conyugal y su relación parental. No obstante, hay algunas personas con una capacidad de amar suficientemente grande para establecer relaciones de amor felices en el seno de la familia y aún les quedan energías para otras relaciones. Para esas personas, el mito de la exclusividad es no sólo una evidente falsedad, sino que también representa una limitación innecesaria a su capacidad de darse a otros fuera de la familia. Es posible superar esta limitación, pero se necesita una gran autodisciplina a fin de no «dividirse de manera demasiado dispersa». A esta cuestión extraordinariamente compleja (que aquí sólo mencionamos) se refería Joseph Fletcher, el teólogo episcopaliano y autor de *The New Morality*, cuando le dijo a un amigo mío: «El amor libre es un ideal. Desgraciadamente es un ideal del cual muy pocos de nosotros somos capaces». Lo que quería expresar era que muy pocos tenemos una capacidad de autodisciplina tan grande para mantener relaciones de amor constructivas tanto en el seno de la familia como fuera de ella. Libertad y disciplina son criadas que están a nuestro servicio; sin la disciplina del amor auténtico, la libertad es invariablemente destructiva.

Al llegar a este punto algunos lectores podrán sentirse saturados del concepto de la disciplina y llegar a la conclusión de que estoy abogando por un estilo de vida de sobriedad calvinista. ¡Constante autodisciplina! ¡Constante autoexamen! ¡Deber! ¡Responsabilidad! Podrán llamarlo neopuritanismo, llámeselo como se quiera, el verdadero amor, con toda la disciplina que requiere, es la única senda de esta vida que lleva a la esencia del gozo. Si se va por otro camino, rara vez se encontrarán momentos de tan extático deleite, y si se encuentran, serán momentos fugaces, progresivamente engañosos. Cuando amo sinceramente estoy extendiendo mi persona, gracias a lo cual estoy evolucionando. Cuanto más amo, más profundo me vuelvo. El verdadero amor se alimenta a sí mismo. Cuanto más promuevo el desarrollo espiritual de otros, más fomento el mío propio. Soy un ser humano enteramente egoísta. Nunca hago nada por otro, sino que lo hago por mí mismo. Y a medida que crezco, por mediación del amor, me siento cada vez más exultante. Tal vez yo sea un neopuritano, pero soy también un alegre extravagante. Como canta John Denver:

> *El amor está en todas partes, lo veo.*
> *Eres todo lo que puedes ser, sigue viéndolo*
> *La vida es perfecta, lo creo.*
> *Ven y juega conmigo la partida.*[18]

El amor respeta la individualidad

Aunque fomentar el desarrollo espiritual de otro tiene el efecto de inspirar el nuestro, una característica importante del verdadero amor es la de mantener y preservar la distinción entre uno mismo y el otro. El que ama sinceramente siempre percibe a la persona amada como alguien que posee una identidad separada de la suya. Además, el que ama sinceramente siempre respeta e incluso alienta ese carácter personal y esa individualidad única. No percibir ni respetar esa individualidad es, sin embargo, algo muy común y es causa de enfermedad mental y de innecesarios sufrimientos.

La forma más extrema de no percibir la autonomía y la individualidad de los demás se denomina narcisismo. Los narcisistas son ciertamente incapaces de percibir a sus hijos, a sus cónyuges o a sus amigos como seres independientes de ellos mismos, en el plano emocional. La primera vez que llegué a comprender íntegramente lo que significaba el narcisismo fue durante la entrevista que tuve con los padres de una paciente esquizofrénica a quien llamaré Susan X. En aquel momento, Susan tenía treinta y un años. Desde los dieciocho había intentado suicidarse varias veces y durante los trece años anteriores había estado casi continuamente internada en diversos hospitales y clínicas. Sin embargo, debido en gran medida a los excelentes cuidados psiquiátricos que había recibido de otros terapeutas durante esos años, comenzaba por fin a mejorar. Durante algunos meses de trabajo, Susan había demostrado una creciente capacidad de confiar en personas dignas de confianza; de distinguir entre personas que le inspiraban seguridad y personas que no se la inspiraban; de aceptar que padecía una enfermedad esquizofrénica y que debía ejercer una buena dosis de autodisciplina durante el resto de su vida para afrontar esa enfermedad; para respetarse a sí misma y para hacer todo cuanto fuera necesario sin tener que contar con otros que la sostuvieran continuamente. A causa de este gran progreso, me pareció que pronto llegaría el momento en que Susan podría salir del hospital y que por primera vez en su vida podría llevar una existencia independiente y normal. Fue en ese momento cuando me reuní con sus padres, dos personas atractivas de alrededor de cincuenta y cinco años. Me sentía muy contento de poder informarles de los enormes progresos que había hecho Susan y explicarles con detalle las razones de mi optimismo. Pero, con gran sorpresa por mi parte, poco después de haber empezado a hablar, advertí que la madre de Susan lloraba silenciosamente y continuó llorando a medida que yo les exponía mi esperanzado mensaje. Al principio pensé que eran lágrimas de alegría, pero por la expresión de su cara me di cuenta de que estaba muy triste. Por fin dije:

—Me deja usted perplejo, señora X. Le estoy dando noticias esperanzadoras y, sin embargo, usted parece triste.

—Desde luego que estoy triste —replicó la señora—. Sólo puedo llorar cuando pienso en todo lo que está sufriendo la pobre Susan.

Entonces les di una prolongada explicación diciéndoles que aunque Susan había sufrido mucho en el curso de su enfermedad, también era cierto que había aprendido mucho de ese sufrimiento, que lo había superado y que, a mi juicio, era improbable que en el futuro pudiera padecer más que cualquier otro adulto. En realidad, hasta podría sufrir considerablemente menos que cualquiera de los que estábamos allí, a causa de los conocimientos que había adquirido en su lucha contra la esquizofrenia. Pero la señora X continuaba llorando silenciosamente.

—Francamente, sigo estando perplejo, señora X —le dije—. En los últimos trece años usted tiene que haber participado por lo menos en una docena de entrevistas como ésta con los psiquiatras de Susan y, por lo que sé, ninguna de ellas fue tan optimista como ésta. ¿No siente un poco de alivio, además de tristeza?

—Sólo puedo pensar en lo difícil que es la vida para Susan —replicó la señora X en medio de sus lágrimas.

—¿No puedo decirle nada sobre Susan que la aliente a usted y la haga sentirse más tranquila?

—La vida de la pobre Susan está llena de dolores —sollozó la señora X.

De pronto me di cuenta de que la señora X no estaba llorando por Susan, sino por ella misma. Lloraba por su propio dolor y sufrimiento. Sin embargo, la entrevista era sobre Susan, no sobre la señora X, que lloraba en nombre de su hija. Me pregunté por qué se lo estaría tomando de esa manera, aunque luego comprendí que su problema era una incapacidad para distinguir entre Susan y ella misma: sus sentimientos eran los que le suponía a Susan. Usaba a su hija como un vehículo para expresar sus propias necesidades. No lo hacía conscientemente ni maliciosamente; en realidad, en el plano emocional no podía percibir a Susan como a una persona de identidad separada de la suya. Susan era ella misma. En su pensamiento,

Susan, sencillamente, no existía como un ser único y diferente, con una vida única y diferente... y probablemente ninguna otra persona existía para ella. Intelectualmente, la señora X podía reconocer a otras personas como seres diferentes a ella misma. Pero a un nivel más profundo, los demás no existían. En las profundidades de su mente, la totalidad del mundo era ella, la señora X.

En experiencias posteriores comprobé a menudo que las madres de hijos esquizofrénicos son personas muy narcisistas, como la señora X. Esto no quiere decir que siempre lo sean ni que las madres narcisistas no puedan tener hijos no esquizofrénicos. La esquizofrenia es un trastorno sumamente complejo, con evidentes factores genéticos y ambientales. Pero puede imaginarse la profunda confusión que produjo en la niñez de Susan el narcisismo de su madre. Es posible apreciar objetivamente dicha confusión cuando se observa la interacción de las madres narcisistas con sus hijos.

Una tarde cualquiera, si la señora X hubiera estado apesadumbrada por alguna razón, Susan podría haber vuelto a su casa después de la escuela llevando algunos dibujos que había hecho y que la maestra había premiado con una buena nota. Si Susan le hubiera hablado orgullosamente a su madre sobre los progresos que estaba haciendo en el campo del arte, la señora X podría haberle respondido: «Susan, vete a dormir una siesta. Lo que haces en la escuela te cansa demasiado. De todos modos, el sistema escolar no es bueno. En las escuelas ya no se cuida a los niños». Si en cambio, otra tarde, la señora X se encontrara de muy buen humor y Susan hubiera llegado a casa llorando porque varios chicos la habían molestado en el autocar, la señora X podría haberle dicho: «¿No es una suerte que el señor Jones conduzca tan bien el autocar? Es tan paciente con los chicos y con sus peleas... Deberías hacerle un bonito regalo para Navidad». Puesto que no perciben a los demás como otras personas, sino que sólo los ven como extensiones de ellos mismos, los individuos narcisistas carecen de la capacidad de la empatía, que es la capacidad de sentir lo que *otro* está sintiendo. Faltos de empatía, los padres narcisistas, por regla general, responden de manera impropia a sus hijos en el plano emocional y no reconocen ni controlan los sentimientos de sus hijos. No debe asombrar, pues, que estos niños crezcan con graves dificultades para reconocer sus propios sentimientos, aceptarlos y enfrentarse a ellos.

Aunque no tan narcisistas como la señora X, la gran mayoría de los padres no logra reconocer de manera adecuada o apreciar plenamente la individualidad única de sus hijos. Los ejemplos son abundantes. Los padres suelen decir de un hijo «De tal palo, tal astilla» o «Eres el vivo retrato de tu tío Jim», como si los hijos fueran una copia genética de los padres o de los miembros de la familia, cuando en realidad las combinaciones genéticas son tantas que todos los niños son extremadamente diferentes, tanto de sus padres como de todos sus antepasados. Padres deportistas impelen a sus hijos estudiosos a que jueguen al fútbol, y padres estudiosos incitan a sus hijos deportistas a convertirse en intelectuales, con lo cual siembran sentimientos innecesarios de culpa e intranquilidad en los chicos. La mujer de un general se quejaba de su hija de diecisiete años:

—Cuando está en casa, Sally se encierra en su cuarto y se pasa el rato escribiendo poemas tristes. Esto es pernicioso, doctor, porque, además, siempre se niega a salir e ir a fiestas. Temo que esté seriamente enferma.

Después de entrevistar a Sally, una chica encantadora y vivaz, muy apreciada en su escuela y que tenía muchos amigos, les dije a los padres que me parecía que Sally estaba perfectamente sana y sugerí que aflojaran un poco la presión que ejercían sobre ella con el único objetivo de tener una copia en papel carbón de ellos mismos. Los padres salieron del consultorio en busca de otro psiquiatra que estuviera dispuesto a diagnosticar algún trastorno a Sally.

Los adolescentes se quejan frecuentemente de que se les riñe, no por auténtico interés de los padres, sino porque éstos temen que los hijos den una mala imagen de la familia.

—Mis padres no paran de decir que me corte el pelo —solían decir los adolescentes hace años—. No pueden explicarme

165

qué tiene de malo llevar el pelo largo, ni por qué motivo resulta inconveniente. Lo que les molesta es que los demás vean que su hijo lleva el pelo largo. Realmente no les importa nada de mí. En el fondo, sólo les preocupa su propia imagen.

En general, la irritación de estos adolescentes está justificada. Los padres, habitualmente, no aprecian la individualidad de sus hijos, sino que los miran como extensiones de sí mismos, más o menos del mismo modo que miran sus elegantes vestimentas, sus bien cuidados jardines y sus brillantes coches, objetos que también consideran como prolongaciones de sí mismos y que revelan su posición social en el mundo. A estas formas suaves pero destructivas del narcisismo paterno, se refiere Kahlil Gibran con las palabras, quizás más perspicaces que se hayan escrito sobre la educación de los niños:

Vuestros hijos no son hijos vuestros.
Son los hijos y las hijas de lo que anhela la Vida para sí.
Vienen a través de vosotros, pero no de vosotros.
Y aunque están con vosotros, no os pertenecen.
Podéis darles vuestro amor, pero no vuestros pensamientos.,
porque ellos tienen los suyos propios.
Podéis dar refugio a sus cuerpos, pero a sus almas no,
porque sus almas viven en el mañana, y esta morada
no podéis visitarla, ni siquiera en vuestros sueños.
Podéis esforzaros para ser como ellos, pero no tratéis
de hacerlos semejantes a vosotros.
Porque la vida no camina hacia atrás ni se detiene en el ayer.
Vosotros sois los arcos de los que vuestros hijos
han salido, como flechas vivas.
El arquero ve el blanco en el camino infinito,
y Él os doblegará con su poder para que Sus flechas
vuelen, veloces, a lo lejos.
Dejad, con deleite, que os doblegue la mano del arquero;
Pues así como Él ama la flecha que vuela,
ama también el arco que está en tensión.[19]

La dificultad habitual que parecen tener las personas para apreciar el carácter individual y autónomo de los que están cerca de ellas pone trabas, no sólo a sus funciones como padres, sino también a todas las relaciones íntimas, incluso la del matrimonio. No hace mucho tiempo, en un grupo de parejas, oí a uno de los miembros declarar que la «finalidad y función» de su mujer era mantener la casa en orden y tenerlo a él bien alimentado. Me quedé estupefacto ante lo que me pareció de un machismo repulsivo. Pensé que podría demostrárselo pidiendo a los demás miembros del grupo que explicaran sus ideas acerca de la finalidad y la función de sus parejas. Para mi horror, los otros seis, hombres y mujeres por igual, dieron respuestas análogas. Todos ellos definieron la finalidad y la función de sus maridos o mujeres en relación con ellos mismos; nadie se daba cuenta de que su consorte podía tener una existencia separada de la suya o un destino ajeno al de su matrimonio.

—¡Por Dios! —exclamé—. No me sorprende que todos ustedes tengan dificultades en sus matrimonios, y continuarán teniéndolas hasta que reconozcan que cada uno de los miembros de la pareja tiene una misión diferente que cumplir.

Los miembros del grupo se sintieron, no sólo ofendidos, sino además profundamente confundidos por mi declaración. Con un tono un tanto belicoso me pidieron que definiera la finalidad y las funciones de mi mujer.

—La función y finalidad de Lily —respondí— es desarrollarse y evolucionar todo lo que pueda, no para provecho mío, sino para el de ella misma y para gloria de Dios.

Sin embargo, estas ideas les resultaron extrañas durante algún tiempo.

El problema de la individualidad y de su carácter independiente en las relaciones íntimas ha atormentado a la humanidad en todas las épocas. Sin embargo, se le ha prestado mayor atención desde un punto de vista político que desde un punto de vista conyugal. El comunismo puro, por ejemplo, manifiesta una filosofía no muy diferente de la de las parejas a las que acabo de referirme; el postulado del comunismo es que la finalidad y la función del individuo es servir al grupo, a la colectividad, a la sociedad. Aquí sólo se considera el destino del Estado y se piensa que el del individuo no tiene importancia. El capitalismo puro, por otro lado, aboga por el destino del individuo, aunque sea a expensas del grupo, de la colectividad, de la sociedad. Viudas y huérfanos pueden morirse de hambre, pero esto no impide que los empresarios gocen de los frutos de su iniciativa individual. Para un espíritu equilibrado, es evidente que en ninguna de estas soluciones la individualidad es fructífera. La salud del individuo depende de la salud de la sociedad, y la salud de la sociedad depende de la salud de sus individuos. Cuando tratamos a parejas, mi mujer y yo recurrimos a la analogía que hay entre el matrimonio y la base de un campamento para escalar montañas. Si uno desea escalar una montaña, debe disponer de un buen campamento como base de operaciones, un lugar en el que haya abrigo y provisiones, en el que pueda alimentarse y descansar antes de aventurarse de nuevo a escalar otro pico. Los buenos escaladores saben que deben invertir tanto o más tiempo en preparar su campamento como en escalar las montañas, pues su supervivencia depende de que su base de operaciones esté sólidamente construida y bien provista.

Un problema conyugal masculino común y tradicional es el que provoca el marido que una vez casado dedica todas sus energías a escalar montañas y ninguna a atender a su matrimonio (o campamento), dando por hecho que allí todo estará en orden cuando se le ocurra regresar para descansar, sin asumir ninguna responsabilidad en su mantenimiento. Tarde o temprano este enfoque «capitalista» del problema fracasa y el hombre regresa para comprobar que su descuidada base de operaciones está en ruinas, que su mujer ha tenido que ser hospitalizada a causa de un colapso nervioso, o que se ha fugado con otro hombre, o que, sencillamente, ha renunciado a su función como cuidadora del campamento. Un problema conyugal también muy típico y tradicionalmente femenino, es el que causa la mujer que una vez casada piensa que ya ha llegado a la meta de su vida. Para ella, el campamento es la cumbre. No puede comprender las necesidades del marido, ni coincidir con ellas; el marido desea alcanzar objetivos y experiencias que traspasan el ámbito del matrimonio; la mujer reacciona con celos y exigencias interminables para que él dedique cada vez más esfuerzos al hogar. Al igual que otras soluciones «comunistas» del problema, ésta conduce a una relación asfixiante y frustrante, pues el marido, sintiéndose atrapado, probablemente huya del hogar cuando intuya la «crisis de los cincuenta». El movimiento de liberación de la mujer ha sido útil porque ha señalado la única solución ideal: el matrimonio es una institución cooperativa que exige contribuciones por ambas partes y cuidados mutuos, además de tiempo y energía, y cuya principal finalidad es impulsar el progreso de la pareja en su peregrinación hacia las cimas individuales del desarrollo espiritual. El hombre y la mujer, además de cuidar del hogar, deben lanzarse en busca de su futuro.

De adolescente, solían emocionarme las palabras de amor que la poetisa norteamericana Ann Bradstreet dirigió a su marido: «Si alguna vez dos fueron uno, esos fuimos nosotros».[20] Pero cuando crecí, me di cuenta de que lo que enriquece la unión es la individualidad de cada miembro de la pareja. Las personas que buscan la unión con otras porque se sienten acobardadas ante su soledad, no pueden formar matrimonios sólidos. El verdadero amor no sólo respeta la individualidad del otro, sino que tiende a cultivarla, aun corriendo el riesgo de la separación o de la pérdida. La última meta de la vida es siempre el desarrollo espiritual del individuo, su periplo solitario hacia los picos a los que únicamente puede llegar si está solo. No es posible llevar a cabo grandes odiseas sin el sustento de un matrimonio feliz o de una sociedad feliz. Matrimonio y sociedad existen con la finalidad fundamental de fomentar estas peregrinaciones individuales. Pero, como ocurre con todo amor sincero, los «sacrificios» realizados para inspirar el desarrollo del otro, redundan en igual o mayor desarrollo de uno mismo. Es el retorno desde las cimas alcanzadas por el individuo al matrimonio o a la sociedad que lo nutrió, lo que eleva ese matrimonio o esa sociedad a nuevas alturas. De esta forma, el desarrollo del individuo y el desarrollo de la sociedad son interdependientes, aunque siempre e inevitablemente hay una fase solitaria en el proceso de desarrollo.

Al referirse al matrimonio, el profeta de Kahlil Gibran nos habla desde la soledad de su sabiduría:

Pero dejad que haya espacios en vuestra unión,
dejad que los vientos de los cielos dancen entre vosotros.
Amaos el uno al otro, pero no hagáis del amor una atadura:
dejad más bien que sea como un mar que se agita entre las
[*orillas de vuestras almas.*
Llenaos mutuamente la copa, pero no bebáis sólo de una.
Compartid el pan, pero no comáis de la misma rebanada.
Bailad y cantad juntos y estad alegres,
pero que cada cual se sienta aparte
así como las cuerdas de un laúd están separadas
aunque vibren con la misma música.
Entregaos vuestros corazones, pero no para conservároslos
[*mutuamente,*
pues sólo la mano de la Vida puede contener vuestros
[*corazones.*
Permaneced juntos, pero no excesivamente:
pues las columnas del templo se yerguen separadas
y el roble y el ciprés no crecen
uno bajo la sombra del otro.[21]

Amor y psicoterapia

Me resulta difícil recordar ahora los motivos y pensamientos que me llevaron a abrazar hace quince años la psiquiatría. Ciertamente deseaba «ayudar» a la gente. Ayudar a la gente en otras ramas de la medicina requería aplicar técnicas que no me gustaban y que, por otro lado, me parecían demasiado mecánicas para coincidir con mis gustos. Además, comprobé que hablarle a la gente era más interesante que palparla y pincharla y también me parecían más interesantes los extravíos de la mente humana que las dolencias del cuerpo y los gérmenes que lo infectaban. No tenía la menor idea de cómo ayudaban los psiquiatras a la gente, a excepción de fantasías como que los psiquiatras poseían palabras y técnicas mágicas para estar en interacción con los pacientes, recursos que ponían mágicamente en orden los trastornos de la psique. A lo mejor, lo que yo deseaba era ser un mago. No presentía que la psiquiatría tenía que ver con el desarrollo espiritual de los pacientes y tampoco vislumbraba que ese desarrollo entrañaría también mi propio crecimiento espiritual.

Durante mis primeros diez meses de formación trabajé con pacientes internos muy perturbados que parecían mejorar mucho más con píldoras, tratamientos de choque o buenos cuidados de los enfermeros que con mi actuación, pero llegué a aprender las tradicionales palabras mágicas y las técnicas de interacción. Después de ese período, pasé a tratar a mi primera paciente neurótica en una psicoterapia de largo plazo. La llamaré Marcia. Marcia iba a verme tres veces por semana. El tratamiento fue una verdadera lucha. Marcia no hablaba sobre las cosas que yo deseaba y, si hablaba de ellas, no lo hacía como yo lo deseaba; a veces, sencillamente, no hablaba. Nuestros valores eran muy diferentes; en la pugna que entablamos, ambos llegamos a modificarlos en parte, pero la lucha continuó y, a pesar de mis palabras técnicas y mis actitudes mágicas, no se percibía señal alguna de que Marcia mejorara. Poco después de haber iniciado la terapia, se entregó a una abyecta conducta de promiscuidad, y durante meses me contó con toda naturalidad innumerables incidentes de «mala conducta». Por fin, después de un año me preguntó en medio de una sesión:

—¿Me considera usted repugnante?

—Me parece que me está pidiendo que le dé mi opinión sobre usted —repliqué tratando de ganar tiempo.

Me comunicó que deseaba conocer mi opinión exacta.

¿Qué hacía yo entonces? ¿Qué palabras o técnicas mágicas podrían ayudarme? Cabía decirle: «¿Por qué me pregunta eso?» o «¿Qué se imagina que pienso de usted?» o «Lo importante, Marcia, no es lo que yo piense de usted, sino lo que usted piensa de sí misma». Sin embargo, tenía la profunda sensación de que estas respuestas no eran más que escapatorias y que después de todo un año de verla tres veces por semana, Marcia tenía derecho a recibir una respuesta sincera por mi parte. Sin embargo, yo no disponía de precedentes; espetarle a alguien con toda sinceridad lo que se piensa de él no formaba parte de las palabras y técnicas mágicas que mis profesores me habían enseñado, más aún, ni siquiera era algo que hubieran mencionado, lo cual me inclinaba a creer que se trataba de una situación en la que ningún psiquiatra sensato se encontraría jamás y que incluso la desaprobaría. ¿Qué hacer? Con el corazón palpitante recurrí a lo que me pareció un recurso muy precario.

—Marcia —le dije—, hace más de un año que la estoy tratando. Durante este largo período las cosas no han sido fáciles para nosotros. Hemos pasado buena parte del tiempo discutiendo y esta lucha ha sido a veces aburrida, a veces enervante y siempre exasperante para los dos. Pero, a pesar de todo, usted ha seguido viniendo con considerables esfuerzos y superando inconvenientes, sesión tras sesión, semana tras semana, mes tras mes. Usted no habría podido hacerlo de no haber estado dispuesta a mejorar y a trabajar seriamente para ser una persona mejor. Yo no podría pensar que es repugnante alguien que desea mejorar con tanta intensidad como lo hace usted. Por este motivo, mi respuesta es no. No creo que sea usted repugnante. En realidad, la admiro mucho.

De la docena de amantes que tenía Marcia, eligió a uno con el que entabló una sólida relación que terminó en un matrimonio muy satisfactorio. Ya no se entregó más a la promiscuidad y enseguida empezó a considerar los aspectos positivos de su persona. Súbitamente se esfumó la esterilidad de nuestra lucha, y nuestro trabajo no sólo se volvió fluido y animado, sino que, además, obtuvimos unos progresos increíblemente rápidos. Por extraño que parezca, mi arranque de franqueza, con el que revelé mis verdaderos sentimientos hacia la paciente, en lugar de herirla suscitó en ella un enorme efecto terapéutico y representó el momento decisivo de nuestro trabajo conjunto.

172

¿Significa esto que el precepto esencial de la psicoterapia es decirles a nuestros pacientes que nuestra opinión de ellos es buena? De ninguna manera. En primer lugar, la terapia requiere sinceridad en todo momento. Marcia me gustaba y la admiraba de verdad. En segundo lugar, mi admiración fue trascendente para ella, precisamente por el largo tiempo transcurrido desde que nos conocíamos y por la profundidad de nuestras experiencias en la terapia. En realidad, la esencia de este cambio no tenía que ver con mis sentimientos hacia Marcia, sino con la naturaleza de nuestra relación.

Un momento decisivo, con resultados igualmente espectaculares, se produjo en la terapia de una muchacha a quien llamaré Helen. La estuve viendo dos veces por semana durante nueve meses, sin que se apreciara ningún éxito en el tratamiento; era una paciente por la que no tenía sentimientos positivos. A decir verdad, al cabo de todo aquel tiempo ni siquiera sabía bien quién era Helen. Nunca antes había tratado a un paciente durante tanto tiempo sin haberme formado alguna idea sobre su personalidad y la naturaleza del problema que había que resolver. Me sentía completamente desorientado y me pasé varias noches tratando de encontrar algún sentido a aquel caso. Lo que me resultaba evidente era que Helen no confiaba en mí. Se quejaba de mi desinterés hacia ella y de que sólo me importaba su dinero. Durante una sesión, al cabo de nueve meses de iniciar el tratamiento, me dijo:

—No puede usted imaginarse, doctor Peck, hasta qué punto me siento frustrada en mis intentos por comunicarme con usted, la verdad es que ni le importo yo ni le afectan mis sentimientos.

—Helen —repuse—, me parece que es frustrante para los dos. No sé qué le parecerá esto, pero le diré que el suyo es el caso que más frustración me ha aportado en los diez años que llevo ejerciendo la psicoterapia. Nunca he conocido a nadie con quien haya hecho menos progresos en un período tan largo. Tal vez usted tenga razón en creer que yo no soy la persona indicada para trabajar con usted. No sé. No deseo abandonar su caso, pero lo cierto es que usted me desconcierta y no dejo de preguntarme constantemente qué diablos marcha mal en nuestro trabajo conjunto.

Al tiempo que sonreía abiertamente, Helen me dijo:

— Veo que a pesar de todo le importo.

—¿Qué? —pregunté.

—Si realmente yo no le importara nada, no sentiría tanta frustración —me replicó, como si todo fuera perfectamente evidente.

En la sesión siguiente, Helen fue explicándome cosas que antes me había ocultado o sobre las que me había mentido, y al cabo de una semana pude hacerme una idea clara de su problema fundamental, pude formular un diagnóstico y supe, en términos generales, cómo debía desarrollar la terapia.

Mi reacción ante Helen tenía sentido y era significativa para ella, precisamente por la profundidad de mi participación y por la intensidad de la pugna que habíamos entablado. Ahora podemos comprender el elemento esencial que determina la eficacia y el éxito de una psicoterapia. No es «la mirada positiva incondicional» ni las palabras y técnicas mágicas; son la participación y el interés humanos: el terapeuta debe estar dispuesto a extender sus límites a fin de fomentar el desarrollo del paciente, y debe estar preparado para enfrentarse con el paciente y consigo mismo. En definitiva, llegamos a la conclusión de que el factor primordial para alcanzar el éxito en la psicoterapia, es el amor.

Hay que resaltar, aunque parezca casi increíble, que la voluminosa bibliografía publicada en Occidente sobre el tema de la psicoterapia pasa por alto la cuestión del amor. Los maestros hindúes no suelen andar con rodeos para reconocer que el amor es la fuente de su poder.[22] En la bibliografía occidental, en cambio, la mayor aproximación a esta cuestión la constituyen los artículos que tratan de analizar las diferencias entre los psicoterapeutas que obtienen éxito y los que no lo obtienen, y que concluyen mencionando como características de los psicoterapeutas que triunfan, la «empatía» y el «calor» personales.

Parece que el tema del amor nos resulta embarazoso y, de hecho, existen una serie de razones que lo justifican: una de ellas, típica de nuestra cultura, es la confusión entre los conceptos de amor verdadero y amor romántico. Otra es nuestra tendencia a lo racional, lo tangible y lo mensurable en la «medicina científica», y de esta «medicina científica» es de donde en buena medida ha evolucionado la psicoterapia. Como el amor es inconmensurable, intangible y suprarracional, no se presta al análisis científico. Otra de las razones es la fuerza que en el campo de la psiquiatría tiene la tradición psicoanalítica. Según esta disciplina (de la que parecen más responsables los discípulos de Freud que él mismo), el psicoanalista debe distanciarse del paciente. Cualquier sentimiento de amor que el paciente experimente hacia el terapeuta se designa con el término «transferencia» y cualquier sentimiento de amor del terapeuta hacia el paciente se denomina «contratransferencia». Esta clasificación implica que el sentimiento en cuestión se considera anormal y debe ser evitado, lo cual constituye parte del problema más que su solución. Es completamente absurdo. La palabra transferencia, como dijimos en la sección anterior, designa sentimientos, percepciones y reacciones *impropios*. No es impropio que algunos pacientes sientan amor por un terapeuta que les presta atención hora tras hora, sin juzgarlos y aceptándolos como probablemente nunca fueron aceptados antes; que se abstiene de utilizarlos y que los ha ayudado a aliviar sus sufrimientos. En muchos casos, el carácter de la transferencia consiste en la imposibilidad, por parte del paciente, de desarrollar una relación amorosa con el terapeuta. La curación a esta incapacidad consiste, precisamente, en modificar esta transferencia a fin de que el paciente pueda experimentar, quizás por primera vez en su vida, una relación amorosa estable. De igual manera, no es en absoluto impropio que un terapeuta sienta amor por su paciente cuando éste se somete a la disciplina de la psicoterapia, coopera en el tratamiento, está dispuesto a aprender del terapeuta e inicia su evolución personal a partir de su relación con él. En muchos aspectos, la psicoterapia intensiva es un proceso de nueva paternidad. No es más impropio el amor que siente un terapeuta hacia su paciente que el que une a un padre con su hijo. Al contrario, este sentimiento hacia el paciente es esencial para el buen desarrollo de la terapia y para que ésta acabe convirtiéndose en una relación de amor mutuo.

La falta de amor o cualquier anomalía en su desarrollo son la causa de la mayoría de las enfermedades mentales. Cualquier niño necesita que sus padres lo quieran para poder madurar y progresar espiritualmente. Evidentemente, si una persona no ha recibido amor durante la infancia, el psicoterapeuta, a fin de lograr su curación, deberá darle ese amor del que se vio privado. En caso de que el psicoterapeuta no pueda ofrecerle su sentimiento más sincero, no habrá una auténtica curación.

Por más títulos y experiencia que tenga, si el psicoterapeuta no es capaz de extender su propio yo para aproximarse a los pacientes, los resultados de su práctica psicoterapéutica serán insatisfactorios. Lo mismo ocurre a la inversa: un terapeuta inexperto, con un mínimo adiestramiento y sin título alguno, pero con una gran capacidad de amar, logrará resultados psicoterapéuticos iguales a los de los mejores psiquiatras.

Puesto que amor y sexo están tan estrechamente relacionados, conviene mencionar la cuestión de las relaciones sexuales entre los psicoterapeutas y sus pacientes, asunto del que a menudo se ha ocupado la prensa. A causa de la naturaleza íntima y afectuosa de la relación psicoterapéutica, es inevitable que tanto pacientes como terapeutas sientan una fuerte atracción sexual. Sospecho que los psicoterapeutas que atacan a los colegas que mantienen relaciones sexuales con sus pacientes carecen del sentimiento del amor, tan necesario para ejercer esta profesión, y sin cuya presencia difícilmente pueden juzgarse las implicaciones derivadas de una situación que no se comprende. Personalmente, si en alguna ocasión me surgiera un caso en el que, tras un concienzudo análisis, yo llegara a la conclusión de que a mi paciente le beneficiaría espiritualmente tener una experiencia sexual conmigo, no dudaría en ofrecérsela. Pero en mis quince años de ejercicio no me he encontrado todavía en una situación de este tipo y me resulta difícil imaginar que alguna vez se me pueda plantear algo así, porque ante todo, como ya he señalado, la labor del buen terapeuta es fundamentalmente la del buen padre, y los buenos padres no mantienen relaciones sexuales con sus hijos por varias razones muy concretas. La misión de un padre es ser útil al hijo, y no utilizarlo para su satisfacción personal; del mismo modo que el cometido de un terapeuta es ser útil a su paciente y no servirse de él para su propio deleite. La tarea de un padre, como la de un psicoterapeuta, es encaminar al hijo o al paciente por la senda de la independencia. Es difícil delimitar cuándo un terapeuta se relaciona sexualmente con una paciente por satisfacer sus propias necesidades o por ayudar a esta paciente a evolucionar.

Muchos pacientes, en especial los más seductores, mantienen un apego sexual a sus padres que les impide evolucionar libremente. Tanto la teoría como la mínima praxis de la que disponemos, demuestran que una relación sexual entre terapeuta y paciente, probablemente contribuiría a potenciar la dependencia inmadura de éste. Aun cuando no llegue a consumarse el acto sexual, es perjudicial que el terapeuta «se enamore» de su paciente, puesto que, según vimos, enamorarse entraña una caída de los límites del yo y una disminución del sentido de autonomía entre los individuos.

El terapeuta que se enamora de un paciente no puede ser objetivo con las necesidades de éste ni puede separarlas de las suyas propias. Precisamente por amor a sus pacientes, los terapeutas no deben enamorarse de ellos. Como el verdadero amor exige respeto por la identidad de la persona amada, el buen terapeuta aceptará siempre esta autonomía y reconocerá como diferentes de las suyas, la intrínseca identidad y la libertad de su paciente. Para muchos terapeutas esto significa que no deben verse jamás con el paciente fuera de la consulta y de las horas de visita establecidas. Respeto esta opinión, aunque me parece excesivamente rígida. A pesar de que tuve una experiencia en la que mi relación con una ex paciente resultó perjudicial para ella, en otros casos, las relaciones sociales con ex pacientes han sido beneficiosas tanto para ellas como para mí. En relación a este punto, he tenido también la suerte de analizar a varios amigos muy íntimos, cuyas experiencias al respecto han sido muy positivas. Sin embargo, el contacto social con los pacientes fuera de la consulta, incluso después de haber terminado el tratamiento, es una cuestión que deberá abordarse con grandes precauciones y un riguroso autoexamen, para establecer si el contacto sólo satisface las necesidades del terapeuta y va en detrimento del paciente.

Hemos señalado que la psicoterapia debe ser un proceso de amor verdadero, pero ésta es una idea que en los círculos psiquiátricos tradicionales es considerada una herejía. La otra cara de la misma moneda es igualmente herética: si la psicoterapia entraña amor verdadero, ¿es siempre terapéutico el amor? Si amamos de verdad a nuestra pareja, a nuestros padres, a nuestros hijos, a nuestros amigos, si, en definitiva, nos preocupa su desarrollo espiritual, ¿practicamos psicoterapia con ellos? Mi respuesta es: por supuesto. De vez en cuando, en reuniones sociales, alguien me dice:

—Debe resultarle difícil, doctor Peck, separar su vida social de su vida profesional. Después de todo, uno no puede estar analizando continuamente a sus familiares y amigos, ¿no?

Por lo general, mi interlocutor está haciendo una observación ociosa y no tiene interés en obtener una respuesta seria. Pero en ocasiones, la situación me da la oportunidad de enseñar aquí y allá, de practicar psicoterapia en el momento, lo cual explica por qué ni siquiera intento separar mi vida profesional de mi vida personal. Si me doy cuenta de que mi mujer, mis hijos, mis padres o mis amigos están engañados, creen en una falsedad, ignoran algo o encuentran algún tipo de impedimento, me siento obligado a extender mis propios límites y a acercarme para enderezar la situación, en la medida de lo posible. Lo mismo hago con los pacientes que me pagan por mis servicios. ¿He de negar mis servicios, mi saber y mi amor a mi familia y a mis amigos porque no me han pagado para que atendiera a sus necesidades psicológicas? Rotundamente, no. ¿Cómo puedo ser un buen amigo, un buen padre, un buen marido o un buen hijo, si no aprovecho las oportunidades que se me ofrecen para intentar, con las técnicas que domino, enseñar a las personas que amo lo que sé y prestarles ayuda en su desarrollo espiritual? Además, espero la misma ayuda por parte de mis amigos y mi familia, dentro de los límites de su capacidad.

Aunque sus críticas hacia mi persona sean a veces ingenuas y no tan reflexivas como las de un adulto, aprendo muchas cosas de mis hijos. Mi mujer me guía, al igual que yo la guío a ella. No llamaría amigos a mis amigos si no tuvieran la sinceridad de expresar su desaprobación por determinados asuntos y su interés afectuoso por mi vida ¿No evoluciono más rápidamente con su ayuda que sin ella? Toda relación de verdadero afecto es una relación de psicoterapia mutua.

No siempre he visto las cosas de este modo. Años atrás, apreciaba más la admiración de mi mujer que sus críticas, al tiempo que hacía todo lo posible por aumentar su dependencia. La imagen que me había forjado como marido y como padre era la del proveedor: mi responsabilidad era solamente la de llevar el pan a casa. Deseaba que el hogar fuera un sitio acogedor y cómodo, no un lugar de combate. En aquella época habría estado de acuerdo con la opinión de que es peligroso, inmoral y destructivo que un terapeuta ejerza entre sus amigos y los miembros de su familia, pero en mi caso esa idea estaba motivada tanto por la pereza como el por temor a abusar de mi profesión, ya que la psicoterapia, lo mismo que el amor, es trabajo y, como tal, resulta más llevadero desarrollarlo durante ocho horas al día que durante dieciséis. También es más fácil amar a una persona que busca tu sabiduría, que se molesta en visitarte para obtener ayuda, que te paga por tu interés y cuyas exigencias están estrictamente limitadas a cincuenta minutos por sesión, que amar a alguien que considera un derecho que le prestes atención, que te exige sin tener en cuenta el tiempo que inviertes en escucharla, que no te considera una autoridad y que, además, no solicita los consejos que puedes brindarle. Practicar la psicoterapia en casa o con amigos exige los mismos esfuerzos y la misma autodisciplina que en el consultorio, pero en condiciones mucho menos ideales. En pocas palabras, el trabajo realizado en casa exige aún más esfuerzos y amor. Espero, en consecuencia, que otros psicoterapeutas no tomen estas palabras como una exhortación a practicar la psicoterapia con sus parejas y sus hijos. Aunque nos encaminemos hacia el desarrollo espiritual y nuestra capacidad para amar crezca cada vez más, siempre es limitada, con lo cual, no debe intentar practicarse la psicoterapia fuera de los márgenes del amor, puesto que esta disciplina, aplicada sin amor, es infructuosa e incluso perniciosa. Si alguien es capaz de amar durante seis horas al día, debe contentarse por el momento con eso, pues su capacidad ya es mucho mayor que la de la mayoría de la gente; la jornada es larga e incrementar la capacidad para amar requiere tiempo. Practicar la psicoterapia con los amigos y los miembros de la familia, amándolos permanentemente, es un ideal al que se puede aspirar, pero al que no es fácil llegar.

Según he indicado anteriormente, las personas que carecen de formación específica en el campo de la psicoterapia pueden cultivar esta ciencia siempre y cuando sus cualidades humanas y afectivas se lo permitan, de manera que las observaciones que acabo de hacer no se limitan exclusivamente a los terapeutas profesionales, sino que son extensivas a todo el mundo. De vez en cuando, algún paciente me pregunta cuándo considero que podría finalizar la terapia, a lo que yo le respondo: «Cuando usted mismo sea un buen terapeuta», respuesta que con frecuencia resulta sumamente útil en terapia de grupo, en la que los pacientes practican la psicoterapia entre sí y en la que se les pueden señalar sus errores cuando no desempeñan bien su papel de psicoterapeutas. A muchos pacientes, sin embargo, no les gusta esta respuesta y algunos incluso alegan: «Es demasiado trabajo. Tener que pensar continuamente en mis relaciones con la gente es muy laborioso y yo sólo quiero estar tranquilo».

Algunos pacientes suelen responder de la misma manera cuando les advierto que todas las relaciones humanas implican enseñanza y aprendizaje (en este caso, de dar o de recibir terapia) y que despreciar esta capacidad para dar o recibir supone desperdiciar una gran oportunidad. La mayor parte de la gente está en lo cierto cuando dice que no desea alcanzar metas tan elevadas ni trabajar tanto en la vida. La mayoría de los pacientes, aun cuando sean tratados por terapeutas hábiles y afectuosos, terminan su terapia antes de haber desarrollado todas sus posibilidades. Recorren, unos más y otros menos, el camino hacia su desarrollo espiritual, pero llevar esta evolución hasta el límite, les resulta demasiado difícil. Se contentan con ser hombres y mujeres corrientes que no aspiran en absoluto a ser como Dios.

El misterio del amor

Hemos hablado de este tema páginas atrás, al referirnos a la condición misteriosa del amor, pasando por alto, hasta ahora, esta condición. Hemos dado respuesta a todas las preguntas formuladas hasta el momento, pero hay otras cuestiones a las que no resulta fácil responder. Unas cuantas han sido ya aclaradas; por ejemplo, hemos explicado que el desarrollo de la autodisciplina parte del concepto de amor, pero no hemos dilucidado la procedencia del amor ni las causas de su ausencia. Aunque hemos dicho que la falta de amor es la causa principal de ciertas enfermedades mentales y que, en consecuencia, el amor es el elemento curativo esencial en psicoterapia, ¿cómo se explica que individuos criados en ambientes de desamor, descuido y brutalidad, lleguen a ser personas maduras, saludables e incluso santas, sin recibir siquiera ayuda terapéutica? Y a la inversa, ¿cómo se explica que haya pacientes que, sin aparentar trastornos más graves que los que aquejan a otros, dejen de responder parcial o totalmente al tratamiento psicoterapéutico aplicado por el terapeuta más eficaz y afable?

En la sección final, que trata sobre la gracia, intentamos dar respuesta a estas preguntas. El intento no satisfará por completo a nadie, ni siquiera a mí mismo, pero espero que clarifique un poco la cuestión.

Hay otros aspectos que tienen que ver con asuntos que hemos omitido deliberadamente al tratar el amor: cuando mi amante se encuentra ante mí desnuda por primera vez, me recorre todo el ser un hondo sentimiento de pavor. ¿Por qué? Si el sexo no es más que un instinto, ¿por qué no sentir sólo excitación o deseo? La simple excitación bastaría para asegurar la perpetuación de la especie. ¿Por qué entonces el pavor? ¿Por qué ha de complicarse el sexo con un sentimiento de reverencia? Y, ¿qué determina la belleza? Ya he dicho que el objeto del verdadero amor debe ser una persona, pues sólo las personas tienen la capacidad de desarrollar su espíritu. Pero ¿qué decir de la más delicada creación de un artista?, ¿o de las esculturas de vírgenes medievales?, ¿o de la estatua de bronce del auriga griego de Delfos? ¿No amaron sus creadores estos objetos inanimados? ¿No está relacionada la belleza de estas obras de arte con el amor de sus creadores? ¿Y qué decir de la belleza de la naturaleza, a la que a veces damos el nombre de «creación»? ¿Y por qué ante la belleza tenemos tan a menudo la extraña reacción de la tristeza o de las lágrimas? ¿Por qué nos conmueve cierta melodía o un determinado modo de cantar una canción? ¿Por qué se me llenan los ojos de lágrimas cuando mi hijo de seis años, que acaba de regresar del hospital después de haber sufrido una amigdalitis, se acerca a mí y me acaricia suavemente la espalda?

Ciertamente, hay dimensiones del amor que no hemos tratado y que son muy difíciles de comprender. No creo que estas preguntas (ni muchas más) puedan ser respondidas por la sociobiología. La psicología, con sus conocimientos sobre los límites del yo, puede ayudar un poco... pero sólo un poco. Quienes conocen mejor estos temas son los teólogos, por lo que si deseamos tener algún atisbo acerca de estos interrogantes, debemos volver nuestra mirada hacia la religión.

El resto de este libro versará sobre ciertas facetas de la religión. En la sección siguiente se analizará de manera muy limitada la relación entre los procesos de desarrollo y la religión. La última sección se centrará en el fenómeno de la gracia y en el papel que ésta desempeña en dichos procesos. El concepto de gracia, relacionado durante milenios a la religión, es, sin embargo, ajeno a la ciencia e, incluso, a la psicología. Creo, no obstante, que la comprensión del fenómeno de la gracia es esencial para entender el proceso de desarrollo de los seres humanos. Espero que lo que sigue represente una contribución al lento proceso de acercamiento entre la religión y la ciencia de la psicología.

III
Desarrollo y religión

Concepciones del mundo y religión

A medida que los seres humanos maduran en disciplina, amor y experiencia de la vida, aumentan también su comprensión del mundo y del lugar que ocupan en él. Si no se alcanza esta madurez, tampoco se desarrolla la capacidad de comprensión. Como consecuencia de ello, hay una gran variedad de matices en cuanto a la amplitud y la complejidad que de la concepción de la vida tienen las personas.

El elemento que nos proporciona esta comprensión es nuestra religión. Dado que todo el mundo tiene algún atisbo de comprensión —una concepción del mundo, por limitada, primitiva o inexacta que sea—, todo el mundo tiene una religión. Pese a que no se trata de un hecho reconocido, tiene, sin embargo, la máxima importancia: todos tenemos una religión.

Creo que tendemos a definir la religión en un sentido demasiado estricto, a pensar que la esencia de una religión es la creencia en un Dios, la práctica de algún ritual o la pertenencia a una comunidad de fieles. De quien no va a la iglesia ni cree en un ser superior solemos decir: «Esta persona no es religiosa». Incluso he oído decir a hombres cultos cosas como «El budismo no es realmente una religión» o «La mística es más una filosofía que una religión». Tendemos a concebir la religión como algo monolítico y, con este concepto simplista, nos desconcierta ver que dos personas muy diferentes puedan autodenominarse cristianas, o judías; o que un ateo pueda tener un sentido de la moral cristiana más elevado que el de un católico que va todos los domingos a misa.

Al observar a otros psicoterapeutas, compruebo que generalmente prestan muy poca atención a la manera en que sus pacientes ven el mundo. Hay varias razones que explican este hecho. Una de ellas es la idea de que si los pacientes no se consideran religiosos por no creer en Dios o por no ser miembros de alguna Iglesia, carecen de religión, por lo que la cuestión no requiere más análisis. Pero lo cierto es que todos tenemos una serie de ideas y creencias, explícitas o implícitas, sobre la naturaleza del mundo. ¿Consideran los pacientes que el universo es caótico y que lo único sensato es obtener de él cualquier placer que pueda ofrecernos?, ¿ven el mundo como un lugar de lucha a muerte en el que la crueldad es esencial para sobrevivir?, ¿lo ven como un lugar placentero en el que no hay necesidad de preocuparse demasiado por el futuro?, ¿tal vez como un lugar que debe darles sustento, sea cual sea la conducta que tengan? ¿O perciben un universo de rígidas leyes en el que serán castigados y del que serán expulsados si se apartan de la norma establecida? La gente tiene toda clase de concepciones diferentes del mundo. Tarde o temprano, durante el proceso de la psicoterapia, la mayoría de los terapeutas llegan a conocer cuál es la visión del mundo que tienen sus pacientes, pero si el terapeuta presta la suficiente atención, la reconocerá antes, y es esencial que el terapeuta llegue a este conocimiento, pues la concepción que tienen del mundo los pacientes es siempre una parte primordial de sus problemas y, para curarlos, a veces hay que modificar esta concepción. Ésta es la razón por la que siempre digo a los terapeutas: «Comprobad cuál es la religión de vuestros pacientes, aunque ellos afirmen no tener ninguna».

Generalmente, las personas suelen ser conscientes a medias (en el mejor de los casos) de su religión o de su visión del mundo, pues con frecuencia no saben cómo conciben el mundo y se equivocan con respecto a la religión a la que creen estar adscritos. Stewart, un ingeniero industrial de éxito, acudió a verme con una grave depresión a los cincuenta y cinco años. A pesar de sus éxitos en el trabajo y de haber sido un marido ejemplar y un buen padre, se sentía malvado y despreciable.

—El mundo sería un lugar mejor si yo me muriera —me declaró. Y así lo creía.

Stewart había intentado suicidarse dos veces. Ninguna consideración realista podía borrar la irrealidad de la imagen despreciable de sí mismo que se había forjado. Además de los habituales síntomas de una depresión grave, como insomnio y agitación, Stewart también tenía gran dificultad para tragar alimentos.

—No se trata sólo de que los alimentos tienen mal gusto —dijo—. Es como si tuviera una hoja de acero metida en la garganta, de modo que sólo los líquidos pueden pasar por ella.

Ni las radiografías ni otras pruebas descubrieron una causa física que explicara esa dificultad. Stewart no se andaba con rodeos en cuanto a la religión.

—Lisa y llanamente soy un ateo —declaró—. Soy un científico. Las únicas cosas en las que creo son aquellas que se pueden ver y tocar. Tal vez sería mejor que tuviera un poco de fe en un Dios dulce y amoroso, pero francamente no me puedo tragar semejante creencia. Cuando era niño tenía la cabeza atiborrada de este tipo de cosas de las que, afortunadamente, me he librado.

Stewart se había criado en una pequeña comunidad del medio oeste; era hijo de un rígido predicador fundamentalista y de una mujer de las mismas características, y había abandonado el hogar y la iglesia a la primera oportunidad.

Varios meses después de haber iniciado el tratamiento, Stewart me contó el breve sueño siguiente:

—Me encontraba de nuevo en la casa de mi niñez, en Minnesota. Era como si todavía estuviera viviendo allí, como cuando era niño; sin embargo, también sabía que tenía la edad que ahora tengo. Era por la noche. Un hombre había entrado en la casa. Iba a degollarnos. Nunca había visto antes a ese hombre pero, por extraño que parezca, sabía quién era: el padre de una chica con la que había tenido un par de citas en el colegio. Eso fue todo. No hubo una conclusión de la escena. Me desperté asustado y sabiendo que aquel hombre quería degollarnos.

Le pedí a Stewart que me dijera todo lo que supiera sobre aquel hombre de su sueño.

—En realidad no puedo decirle nada —manifestó—. Nunca lo conocí, sólo me cité con su hija un par de veces y, en realidad, no se trataba de citas propiamente dichas, sólo la acompañé hasta la puerta de su casa después de una reunión del grupo de jóvenes de la iglesia. Una vez logré besarla en la oscuridad, detrás de unos arbustos, durante uno de esos paseos.

—Stewart lanzó una risita nerviosa y luego prosiguió—: En mi sueño tenía la sensación de que nunca había visto a su padre, aunque sabía quién era. A decir verdad, en la vida real lo vi, aunque a distancia. Era el jefe de estación de nuestra pequeña ciudad. A veces lo veía cuando en las tardes de verano iba a la estación a ver pasar los trenes.

De pronto se me ocurrió algo. También yo, cuando era niño, pasaba las apáticas tardes de verano viendo correr los trenes. La estación del tren era el lugar donde se desarrollaba la acción, y el jefe de la estación era el director de la acción. Aquel hombre conocía los lejanos lugares desde los que procedían aquellos trenes que llegaban a nuestra ciudad y los remotos lugares hacia los que se dirigían. El hombre sabía qué trenes se detendrían y cuáles continuarían su marcha, rugiendo y haciendo temblar la tierra. Manejaba los botones y las señales, recibía y enviaba el correo. Y cuando no hacía estas cosas maravillosas, hacía algo todavía más fascinante: sentado en su oficina, tocaba una tecla mágica y, valiéndose de un lenguaje misteriosamente rítmico, enviaba mensajes a todo el mundo.

—Stewart —le dije—, usted me ha dicho que era ateo y yo le creo. Hay una parte de su espíritu que cree que no hay Dios, pero estoy empezando a sospechar que otra parte de su espíritu cree en Él, aunque se trata de un Dios peligroso, un Dios degollador.

Mi sospecha resultó cierta. Poco a poco, a medida que avanzábamos en nuestro trabajo conjunto, a regañadientes y ofreciendo resistencia, Stewart fue reconociendo que anidaba en él un credo extraño y repulsivo: más allá de su ateísmo, suponía que el mundo estaba controlado y dirigido por una fuerza malévola que no sólo podía degollarlo, sino que estaba ansiosa por hacerlo; anhelaba castigarlo por sus transgresiones. Lentamente empezamos a analizar sus «transgresiones», casi todas referidas a incidentes sexuales sin importancia, simbolizados por aquel «beso robado» a la hija del jefe de la estación. Finalmente, se hizo evidente que Stewart estaba cumpliendo una penitencia y, en sentido figurado, se estaba degollando a sí mismo, para impedir que fuera Dios quien, literalmente, le cortara el cuello.

¿De dónde procedía esta idea de un Dios perverso y un mundo malévolo? ¿De qué manera se desarrolla la religiosidad de la gente? ¿Qué determina que una persona tenga su visión particular del mundo? Existen múltiples y complejos factores determinantes que en este libro no podemos examinar en profundidad. Sí podemos apuntar, sin embargo, que el elemento más importante en la formación de las creencias religiosas de la gente es, evidentemente, su cultura. Si somos europeos es probable que creamos que Cristo era blanco, y si somos africanos pensaremos que era negro. Si uno es un indostánico nacido y criado en Benarés o Bombay, es probable que se haga hindú y posea una concepción de la vida que se considera pesimista. Si uno es un norteamericano nacido y criado en Indiana, es más probable que llegue a ser cristiano antes que hindú y que tenga una concepción del mundo algo más optimista. Tendemos a creer lo que cree la gente que nos rodea y a aceptar como verdad lo que esta gente nos dice sobre la naturaleza del mundo, durante los años de nuestra formación.

Pero es menos evidente (excepto para los psicoterapeutas) que la parte más importante de nuestra cultura está representada por nuestra familia, que es de donde básicamente nos nutrimos, siendo los padres, desde este punto de vista, los «transmisores de la cultura», más por su comportamiento entre ellos, con nuestros hermanos y, sobre todo, con nosotros, que por su noción de Dios y de la naturaleza de las cosas. En otras palabras, lo que aprendemos sobre la naturaleza del mundo está determinado por la índole de nuestras experiencias en el microcosmos familiar. Lo que determina nuestra visión del mundo no es tanto lo que nuestros padres nos dicen, sino la conducta que tienen.

—Reconozco que tengo esta idea de un Dios degollador —dijo Stewart—, pero ¿de dónde proviene? Lo cierto es que mis padres creían en Dios, hablaban incesantemente de Él... pero el suyo era un Dios de amor. Jesús nos ama. Dios nos ama. Nosotros amamos a Dios y a Jesús. Amor, amor, amor. Así lo repetían constantemente.

—¿Tuvo usted una infancia feliz? —le pregunté.

Stewart se me quedó mirando y exclamó:

—Deje de hacerse el tonto, usted sabe muy bien que no fue feliz. Usted sabe que fue desdichada.

—¿Por qué?

—También sabe el porqué. Usted sabe cómo fue mi niñez. Me pegaban por cualquier cosa. Usaban lo que tenían más cerca: cinturones, palos, escobas, cepillos, cualquier objeto que tuvieran a mano. No había nada que yo hiciera que no mereciera una paliza. Una paliza diaria mantiene al médico lejos y ayuda a ser un buen cristiano.

—¿Intentaron alguna vez degollarlo?

—No, pero estoy seguro de que lo habrían hecho si yo no hubiera tenido cuidado.

Sobrevino un largo momento de silencio. El rostro de Stewart revelaba profunda depresión. Por fin dijo:

—Estoy empezando a comprender.

Stewart no era la única persona que creía en lo que yo he llegado a llamar el «Dios monstruoso». He tenido una serie de pacientes con conceptos de Dios similares y con ideas también aterradoras acerca de la naturaleza de la existencia. Lo que sorprende es que ese Dios monstruoso no sea más común en la mente de los hombres. En la primera sección de este libro he indicado que de niños, ante nuestros ojos infantiles, nuestros padres son figuras semejantes a dioses y que su manera de proceder parece ser la única posible en el universo. Nuestra primera, y a menudo única, idea de la naturaleza de Dios es una simple extrapolación de la naturaleza de nuestros padres, una simple mezcla de los caracteres de ambos padres o de sus sustitutos. Si tenemos padres afectuosos e indulgentes, es probable que creamos en un Dios de amor y de perdón y que en nuestra concepción adulta del mundo, éste nos parezca un lugar tan ameno como lo fue en nuestra niñez. En cambio, si nuestros padres fueron duros y partidarios del castigo, es probable que nuestro concepto de Dios sea el de un ser espantoso, cruel e inflexible. Y en el caso de que los padres fueran negligentes, es probable que nos sintamos desamparados y concibamos el universo como un lugar inhóspito.[23]

El hecho de que nuestra religión o nuestra visión del mundo estén determinadas en gran medida por nuestras experiencias de la niñez, nos lleva a considerar un problema central: la relación entre religión y realidad. Se trata de la cuestión del microcosmos y del macrocosmos. La visión que tenía Stewart del mundo como un lugar peligroso en el que lo podían degollar, era perfectamente realista según el microcosmos familiar de su niñez vivida bajo el dominio de dos adultos crueles, pero no todos los padres ni todos los adultos, en general, son brutales. En el mundo, visto en su conjunto (el macrocosmos), hay diversas clases de padres, de personas, de sociedades y de culturas.

Para desarrollar una religión o una visión del mundo que sea realista, es decir, acorde con la realidad del mundo y con el papel que desempeñamos en él, es necesario que conozcamos esa realidad; debemos revisar constantemente nuestros conocimientos y ampliarlos, de modo que nuestro marco de referencias sea más vasto. Nos estamos refiriendo a «trazar mapas» y a la transferencia, asuntos ya tratados bastante extensamente en la primera sección del libro. El mapa de la realidad que se había trazado Stewart era exacto en cuanto al microcosmos de su familia, pero Stewart había transferido inapropiadamente ese mapa a un mundo mayor, en el cual el mapa resultaba muy incompleto y, por lo tanto, defectuoso. En alguna medida, la religión de la mayoría de los adultos es el producto de una transferencia.

La mayoría de nosotros partimos de un marco de referencia más estrecho del que realmente disponemos, porque no hemos trascendido las influencias de nuestra cultura particular, no hemos trascendido nuestras experiencias de la niñez, compartidas con nuestros padres. No ha de asombrarnos, pues, que el mundo de la humanidad esté tan plagado de conflictos. Estamos en una situación en la que los seres humanos, que deben tratarse entre sí, tienen conceptos absolutamente diferentes acerca de la naturaleza de la humanidad, y cada uno cree que su punto de vista es el correcto, puesto que se basa en el microcosmos de su experiencia personal. Y para empeorar las cosas, la mayoría de nosotros ni siquiera somos plenamente conscientes de nuestras propias visiones del mundo, y mucho menos del carácter único de la experiencia que de ellas deriva. Bryant Wedge, un psiquiatra especializado en el campo de las relaciones internacionales, al analizar las negociaciones entre Estados Unidos y la ex Unión Soviética, logró identificar una serie de supuestos básicos sobre la naturaleza de los seres humanos, de la sociedad y del mundo en que se apoyaban los norteamericanos, que diferían radicalmente de los supuestos de los que partían los rusos. Tales supuestos dictaban la conducta negociadora de ambas partes y, sin embargo, ninguna de ellas reparaba en que ambas trabajaban para un mismo objetivo, pero con diferentes modos de percibir la realidad. El inevitable resultado fue que la conducta negociadora de los rusos les parecía una locura o una operación deliberadamente perversa a los norteamericanos, y viceversa.[24] Somos, en realidad, como aquellos tres ciegos proverbiales, que sólo conocían cada uno de ellos una parte diferente del cuerpo de un elefante, y pretendían conocer toda la naturaleza del animal. De este modo, nosotros rivalizamos por nuestras diferentes visiones del mundo, y todas nuestras guerras son guerras santas.

La religión de la ciencia

El desarrollo espiritual es una peregrinación desde el microcosmos hasta un macrocosmos cada vez mayor. En sus primeras fases (de las que se ocupa este libro), la peregrinación es de conocimiento y no de fe. Para escaparnos del microcosmos de nuestras anteriores experiencias y para librarnos de las transferencias, es necesario *aprender*. Debemos ampliar continuamente nuestros conocimientos y nuestro campo de visión, obteniendo nueva información.

El proceso de expansión de los conocimientos es un tema importante en este libro. Se recordará que en la sección anterior hemos definido el amor como una extensión —es decir, una expansión— de nosotros mismos, y hemos indicado que entre los riesgos que entraña el amor está el lanzarse a lo desconocido, a tener nuevas experiencias. Al final de la primera sección, donde hemos abordado la cuestión de la disciplina, también hemos señalado que aprender algo nuevo implica dejar atrás el antiguo yo y eliminar conocimientos ya desfasados. Para desarrollar una visión más amplia, debemos estar dispuestos a abandonar nuestra visión limitada. A corto plazo, es más cómodo no hacerlo, permanecer donde estamos y seguir instalados en nuestro microcosmos particular para evitar el sufrimiento que supone acabar con todas las ideas acumuladas previamente. Pero el camino del desarrollo espiritual tiene una dirección opuesta: destruimos aquello en lo que ya no creemos, buscamos intensamente lo que parece amenazador y no nos es familiar, ponemos en tela de juicio la validez de todo lo que hemos aprendido y querido. Seguir el camino que conduce a la santidad supone cuestionarlo todo.

En realidad, iniciamos este proceso con una actitud científica. Empezamos reemplazando la religión de nuestros padres por la religión de la ciencia. Debemos rebelarnos contra la religión de nuestros padres y rechazarla, pues inevitablemente su visión del mundo es más limitada que la nuestra, aunque para ampliar nuestra perspectiva es preciso que aprovechemos plenamente, no sólo nuestra experiencia personal de adultos, sino también las vivencias de nuestra generación, una más en la historia de la humanidad. No existe una religión adecuada a nosotros y hecha a nuestra medida. El elemento primordial para que nuestra religión sea la que más se adapte a nuestras capacidades es que sea enteramente personal, resultado de nuestro constante cuestionamiento y de las dudas surgidas de nuestra propia experiencia de la realidad. Como dijo el teólogo Alan Jones:

> *Uno de nuestros problemas consiste en que somos pocos los que desarrollamos una vida característicamente personal. Todo cuanto nos atañe parece de segunda mano, hasta nuestras emociones. En muchos casos, tenemos que contar con información de segunda mano para vivir. Acepto la palabra de un médico, de un científico, de un granjero, y confío en ella. No me gusta hacerlo, pero debo confiar porque ellos poseen conocimientos básicos de la vida que yo ignoro. La información de segunda mano sobre el estado de mis riñones, sobre los efectos del colesterol y sobre la cría de los aves debe ser suficiente para mí, pero cuando se trata de cuestiones de significado, designio y muerte, la información de segunda mano no basta. No puedo vivir con una fe de segunda mano en un Dios de segunda mano. Si pretendo estar vivo tiene que haber un compromiso personal, una manera especial de afrontar las cosas.[25]*

De manera que para asegurar nuestra salud mental y nuestro desarrollo espiritual, debemos fomentar nuestra propia y personal religión en vez de apoyarnos en la de nuestros padres. Pero ¿qué significa el término «religión de la ciencia»? La ciencia es una religión porque constituye una visión del mundo considerablemente compleja, con una serie de principios importantes como: el universo es real y, por lo tanto, puede ser analizado; es un hecho apreciable el que los seres humanos analicen el universo; el universo tiene sentido porque obedece a ciertas leyes y es predecible; sin embargo, los seres humanos son investigadores mediocres porque están sometidos a supersticiones, predisposiciones y prejuicios, y tienden a ver lo que desean ver en lugar de lo que realmente es. Por consi-

194

guiente, para analizar y comprender con exactitud, es necesario que los seres humanos se sometan a la disciplina del método científico, cuya esencia es la experimentación. En este sentido, no podemos considerar que sabemos algo a menos que lo hayamos comprobado. Aunque la disciplina del método científico empieza con la experiencia, ésta por sí misma no es fiable, puesto que ha de poder repetirse en forma de experimento, a fin de que pueda verificarse; es decir, otras personas deben experimentar lo mismo en las mismas circunstancias.

Las palabras clave son «realidad», «análisis», «conocimiento», «desconfianza», «experimentación», y «disciplina», términos que hemos empleado en nuestra exposición. La ciencia es una religión de escepticismo. Para escapar del microcosmos de nuestra experiencia infantil, del microcosmos de nuestra cultura particular y de sus dogmas y de las verdades a medias que nuestros padres nos transmitieron, es esencial que seamos escépticos con respecto a lo que hemos aprendido hasta el momento. Es esta actitud científica la que nos permite transformar nuestra experiencia personal del microcosmos en una experiencia personal del macrocosmos. Debemos empezar por convertirnos en científicos.

Muchos pacientes que ya han asumido esta posición suelen decirme: «Yo no soy religioso. No voy a la iglesia, ya no creo gran cosa en lo que la Iglesia y mis padres me dijeron. No tengo la fe de mis padres. Supongo que no soy muy espiritual».

A menudo se sorprenden cuando pongo en tela de juicio esta opinión y les digo: «Usted tiene una religión, una religión muy profunda; usted rinde culto a la verdad, cree en la posibilidad de madurar y mejorar, en la posibilidad del progreso espiritual. En aras de su religión, está dispuesto a sufrir la angustia de pedirse responsabilidades a sí mismo y el dolor de desdeñar lo que ha aprendido. Se arriesga a someterse a tratamiento y todo lo hace por su religión. No estoy seguro de poder afirmar que usted es menos espiritual que sus padres; por el contrario, sospecho que usted ha evolucionado en este aspecto más que ellos, con lo que su espiritualidad es más rica, pues ellos no han tenido nunca la valentía de hacerse preguntas».

Lo que demuestra que la ciencia, como la religión, representa un perfeccionamiento evolutivo con respecto a otras concepciones del mundo, es su carácter internacional. Nos referimos a la comunidad científica mundial, que está empezando a constituirse en una auténtica colectividad, en una agrupación considerablemente más unida que la Iglesia católica, que es, probablemente, lo más parecido a una verdadera fraternidad internacional. Los hombres de ciencia de todos los países se comunican entre sí mucho mejor que la mayoría de la humanidad. Hasta cierto punto, han logrado trascender el microcosmos de su cultura y, en cierta manera, se están convirtiendo en sabios.

Pero sólo hasta cierto punto. Creo que la visión escéptica del mundo que caracteriza al hombre de ciencia, representa una evidente mejora con respecto a la visión del mundo basada en la fe ciega, la superstición local y los supuestos incuestionables; pero también creo que la mayoría de los hombres con espíritu científico apenas han iniciado el camino del desarrollo espiritual, porque el concepto que suelen tener de la realidad de Dios es casi tan parroquial como la de los simples campesinos que siguen a pies juntillas el credo de sus padres. Los hombres de ciencia encuentran gran dificultad en afrontar la realidad de Dios.

Cuando desde nuestra posición refinadamente escéptica consideramos el fenómeno de creer en Dios, no nos sentimos impresionados. Vemos el dogmatismo, las guerras de religión, inquisiciones y persecuciones; vemos hipocresía: hombres que profesan la fraternidad y que matan a sus semejantes en nombre de la fe, que se llenan los bolsillos a expensas de otros y que practican toda suerte de brutalidades. Vemos una desconcertante multiplicidad de ritos e imágenes sin consenso alguno: esta divinidad es una mujer con seis brazos y seis piernas; ésa es un hombre sentado en un trono; aquella otra es un elefante y esa otra la esencia de la nada; vemos panteones, dioses domésticos, trinidades, unidades. Y en todo esto vemos ignorancia, superstición y rigidez. Resulta tentador pensar que la humanidad podría encontrarse mejor sin la creencia en un Dios. Parecería razonable llegar a la conclusión de que Dios es una ilusión del espíritu humano —una ilusión destructiva— y que la creencia en Dios es una forma común de psicopatología humana que debería ser curada.

De modo que debemos preguntarnos: ¿Es una enfermedad la creencia en Dios? ¿Es una manifestación de transferencia, un concepto de nuestros padres, derivado del microcosmos e inapropiadamente proyectada al macrocosmos? O, para expresarlo de otra manera, ¿es semejante creencia una forma de pensamiento primitivo o infantil que deberíamos superar con la edad a medida que vamos en busca de niveles superiores de conciencia y madurez? Si pretendemos dar respuestas científicas a estas preguntas es esencial que nos volvamos a la realidad de los datos clínicos. ¿Qué ocurre con la creencia en Dios cuando uno crece en virtud del proceso psicoterapéutico?

El caso de Kathy

Kathy era la persona más aterrorizada que he conocido. Cuando entré en su habitación por primera vez, estaba sentada en el suelo, en un rincón, entonando algo que parecía un cántico. Levantó los ojos y me miró mientras yo permanecía junto a la puerta; los ojos se le agrandaron por el terror. Se puso a gemir y empujó violentamente su cuerpo contra las paredes del rincón como si quisiera pasar a través de ellas. Entonces le dije:

—Kathy, yo soy psiquiatra y no voy a hacerle daño.

Tomé una silla, me senté a cierta distancia de la paciente y esperé. Durante otro minuto, Kathy continuó empujando su cuerpo contra el rincón. Luego fue distendiéndose, pero sólo para empezar a llorar desconsoladamente. Al cabo de un rato dejó de llorar y comenzó de nuevo a cantar para sí misma. Le pregunté qué la atormentaba.

—Me voy a morir —soltó abruptamente, casi sin interrumpir la cadencia de su canto.

No me dijo nada más y continuó cantando. Más o menos cada cinco minutos se detenía, aparentemente agotada, sollozaba un rato y luego reanudaba su canto. A cualquier pregunta que yo le formulaba ella sólo respondía: «Me voy a morir».

Pero en ningún momento interrumpía el ritmo del canturreo; tal vez pensaba que podría impedir su muerte con ese canto y que por esa razón no podía permitirse descansar ni dormir.

Su marido, Howard, un joven policía, me informó escuetamente sobre los hechos. Kathy tenía veinte años y se había casado hacía dos. No había problemas en el matrimonio. Aunque Kathy estaba muy apegada a sus padres, nunca había tenido antes ningún problema psiquiátrico. La situación en la que se encontraba había sido una completa sorpresa. Aquella mañana había estado perfectamente bien, había llevado a su marido en coche al trabajo y dos horas después, Howard recibía una llamada de su hermana. Ésta había ido a visitar a Kathy y la había encontrado en ese estado, así que la llevaron inmediatamente al hospital. Últimamente no se había comportado de manera extraña, excepto tal vez en un punto. Desde hacía unos cuatro meses parecía tener miedo de frecuentar lugares públicos. Para ayudarla, Howard había hecho todas las compras en el supermercado, mientras ella esperaba en el coche, pero Kathy también parecía tener miedo de quedarse sola. Rezaba mucho... pero esto siempre lo había hecho desde que él la conocía. La familia de Kathy era muy religiosa. Su madre iba a misa por lo menos dos veces a la semana y lo curioso era que Kathy había dejado de ir a misa apenas se habían casado, por complacerlo a él, pero continuaba rezando mucho. ¿Su salud física? Oh, era excelente. Nunca había sido internada en un hospital. Se había desmayado una vez, en una boda, años atrás. ¿Anticonceptivos? Kathy tomaba la píldora. Hacía aproximadamente un mes le había dicho a su marido que dejaría de tomarla porque había leído que era peligrosa, o algo por el estilo; no le había prestado mucha atención.

Di a Kathy dosis elevadas de tranquilizantes y sedantes para que pudiera dormir por las noches; sin embargo, en los dos días siguientes, su conducta no sufrió cambio alguno: incesante canturreo e incapacidad para comunicar cualquier cosa que no fuera su muerte inminente y su irreprimible terror. Por último, el cuarto día, le puse una inyección intravenosa de amobarbital.

—Esta inyección la dejará soñolienta, Kathy —le dije—, pero no se quedará dormida ni se morirá. La inyección hará que usted pueda dejar de cantar. Se sentirá muy relajada y podrá hablar conmigo. Quiero que me diga lo que ocurrió aquella mañana en que fue al hospital.

—No ocurrió nada —me respondió Kathy.

—¿Llevó usted a su marido al trabajo?

—Sí. Y luego volví en el coche a casa. Entonces supe que iba a morirme.

—¿Volvió a su casa, igual que todas las mañanas después de llevar a su marido al trabajo?

Kathy comenzó a cantar de nuevo.

—Deje de cantar, Kathy —le ordené—. Usted está aquí completamente segura. Se siente muy relajada. Pero aquella mañana ocurrió algo diferente de lo habitual y usted va a decirme qué fue.

—Tomé un camino diferente.

—¿Por qué lo hizo?

—Tomé el camino que pasa por la casa de Bill.

—¿Quién es Bill? —le pregunté.

Kathy comenzó a cantar una vez más.

—¿Bill es un amigo suyo?

—Sí, era mi amigo antes de que me casara.

—Usted echa mucho de menos a Bill, ¿no es cierto?

Kathy sollozó y exclamó:

—Oh, Dios mío, me voy a morir.

—¿Vio a Bill aquel día?

—No.

—Pero usted deseaba verlo.

—Me voy a morir —replicó Kathy.

—¿Tiene usted la impresión de que Dios la castigará por desear ver a Bill de nuevo?

—Sí.

—¿Por eso cree usted que va a morirse?

Una vez más, Kathy se puso a cantar. Dejé que lo hiciera durante diez minutos, mientras yo reflexionaba. Por fin le dije:

—Kathy, usted cree que va a morirse porque supone que conoce los pensamientos de Dios, pero está equivocada porque usted no los conoce. Todo lo que sabe es lo que le han dicho sobre Dios, y buena parte de lo que le han dicho es falso. Yo no sé todo lo que se refiere a Él, pero sé más que usted y más que las personas que le hablaron de Él. Por ejemplo, todos los días veo a hombres y mujeres, como usted misma, que desean ser infieles, y algunas de esas personas lo son y, sin embargo, Dios no las castiga. Lo sé porque siempre vienen a verme, hablan conmigo y se quedan más tranquilas, como le ocurrirá a usted. Hemos de trabajar juntos y usted se dará cuenta de que no es una mala persona. Se enterará de la verdad sobre usted misma y sobre Dios. Y entonces será más optimista consigo misma y con la vida. Pero ahora va a dormirse, y cuando se despierte ya no tendrá miedo de morirse. Cuando vuelva a verla mañana, podrá hablar conmigo sobre Dios y sobre usted.

A la mañana siguiente, Kathy estaba mejor. Se encontraba todavía algo atemorizada y no estaba del todo convencida de que no iba a morir. Lentamente, aquel día y muchos otros que siguieron, comenzó a surgir toda su historia punto por punto. En el último año de la escuela secundaria, había mantenido relaciones sexuales con Howard. Él quería casarse con ella y Kathy estuvo de acuerdo. Dos semanas después, cuando asistían a la boda de un amigo, Kathy pensó de pronto que no deseaba casarse y se desvaneció. Posteriormente, se sintió confusa porque no sabía si amaba a Howard. Pero pensaba que era preciso casarse porque ya había pecado al tener relaciones prematrimoniales con su novio, y ese pecado sería enorme si no legalizaba su relación con el matrimonio. Tampoco deseaba tener hijos todavía, por lo menos hasta estar segura de su amor por Howard. Entonces empezó a tomar anticonceptivos: otro pecado.

No se sentía con fuerzas para confesar estos pecados y decidió dejar de ir a misa después de su matrimonio. Disfrutaba del sexo con Howard, pero, casi a partir del mismo día de la boda, él perdió interés sexual por ella. Continuó siendo un marido atento que le hacía regalos, la trataba con deferencia, trabajaba muchas horas extraordinarias y no permitía que ella trabajara. Pero Kathy casi le rogaba que tuviesen relaciones sexuales, y disfrutar, más o menos cada quince días, de estas relaciones era todo lo que tenía para aliviar su irremisible aburrimiento. La idea del divorcio estaba excluida; *eso* era pecado, era inconcebible.

A su pesar, Kathy empezó a tener fantasías de infidelidad sexual. Pensó que tal vez podría librarse de ellas si rezaba más y entonces comenzó a rezar de manera ritual, cinco minutos cada hora. Howard lo advirtió y bromeó sobre ello. A partir de este incidente, decidió ocultarle que rezaba cuando él no estaba en casa para compensar los momentos en que no lo hacía cuando Howard estaba allí. Esto significaba que Kathy debía rezar más a menudo o más rápidamente. Decidió hacer ambas cosas. Rezaba cada media hora y durante los cinco minutos de oración duplicaba la velocidad. Sin embargo, continuaban las fantasías de infidelidad, que eran cada vez más frecuentes e insistentes. Cuando salía a la calle miraba a los hombres. Esto empeoró las cosas. Tuvo miedo de salir sin Howard y, aun cuando estaba con él, temía los lugares públicos en los que podría ver hombres. Pensó que tal vez debería volver a la iglesia, pero luego se dio cuenta de que si no se lo confesaba todo al sacerdote, incluidas sus fantasías de infidelidad, estaría pecando, y no se sentía capaz de semejante confesión. Volvió a redoblar la velocidad de su oración. Para facilitarlo, desarrolló un complicado sistema en el que una sola sílaba cantada representaba toda una oración. Éste era el origen de su canturreo. En un rato podía cantar así un millar de oraciones. Al principio, mientras estuvo ocupada perfeccionando su sistema de canto, parecían disminuir las fantasías de infidelidad, pero una vez que el sistema estuvo bien establecido, las fantasías volvieron con toda su fuerza y empezó a considerar el modo de hacerlas realidad. Pensó en visitar a Bill, su viejo amigo. Pensó en los bares que podría frecuentar por las tardes. Horrorizada ante estos pensamientos, dejó de tomar las píldoras anticonceptivas, con la esperanza de que el miedo a quedar embarazada la ayudaría a vencer sus tentaciones. Pero el deseo se hacía cada vez más violento. Una tarde se sorprendió de haber empezado a masturbarse. Se quedó aterrada; éste era quizás el peor de todos los pecados. Había oído hablar de las duchas frías para vencerlo y tomó una ducha lo más fría que pudo. Esto la calmó hasta que Howard regresó a la casa, pero al día siguiente todo comenzó de nuevo.

Por último, aquella mañana cedió. Después de llevar a Howard al trabajo, se fue directamente a casa de Bill. Aparcó el coche frente a la casa y esperó. No pasaba nada. Parecía que no hubiera nadie. Bajó del coche y se quedó apoyada contra él en actitud seductora. Rogaba en silencio: «Ojalá me vea Bill, ojalá se dé cuenta de que estoy aquí». Pero no ocurría nada. «Que me vea alguien, cualquiera. Tengo que joder con alguien. Oh, Dios mío, soy una puta. Soy la ramera de Babilonia. Dios mío, mátame, merezco morir». Entonces subió de nuevo al coche y regresó deprisa a su casa. Cogió una hoja de afeitar, dispuesta a cortarse las venas. No pudo hacerlo. Pero Dios podía. Dios lo haría. Dios le daría el castigo que merecía. Él pondría fin a todo aquello y a ella misma. «Dios mío, cuánto miedo tengo, por favor, apresúrate, tengo mucho miedo.» Y empezó a cantar mientras esperaba. Y así fue como la encontró su cuñada.

Toda esta historia salió a la luz después de meses de penoso trabajo. Gran parte del trabajo se concentró en la cuestión del pecado. ¿Dónde había aprendido que la masturbación es un pecado? ¿Quién le había dicho que era un pecado? ¿Cómo sabía la persona que se lo había dicho que eso era un pecado? ¿Qué hacía que la masturbación fuera un pecado? ¿Por qué es un pecado la infidelidad? ¿Qué determina que algo sea un pecado? No conozco ninguna profesión más apasionante y privilegiada que la de practicar psicoterapia, aunque a veces puede llegar a ser casi tediosa cuando se impone cuestionar las actitudes de toda la vida de un paciente, una por una. A veces este cuestionamiento logra por lo menos un éxito parcial, aun antes de salir a la luz toda la historia. Por ejemplo, Kathy pudo hablarme de muchos de estos detalles, como sus fantasías y su tentación de masturbarse, sólo después de haber comenzado a cuestionar la validez de su culpabilidad y de sus presuntos pecados. Al plantear estas cuestiones también fue necesario considerar la validez de la autoridad y sabiduría de toda la Iglesia católica, por lo menos en la forma que Kathy las había experimentado. No es fácil rebelarse contra la Iglesia católica. Ella pudo hacerlo sólo porque contaba con la fuerza de mi alianza, porque poco a poco llegó a sentir que yo estaba realmente de su parte, que me interesaba de corazón su suerte y que no iba a dejarla en aquella mala situación. Esta «alianza terapéutica», como la que poco a poco elaboramos Kathy y yo, es un requisito previo para el éxito de cualquier psicoterapia.

Parte de este trabajo se llevó a cabo fuera del hospital. Kathy había sido dada de alta una semana después de aquella entrevista en que le administré un barbitúrico intravenoso. Pero sólo después de cuatro meses de terapia intensiva logró decir con respecto a sus ideas de pecado: «Supongo que la Iglesia católica me engatusó». Aquí comenzó una nueva fase de la terapia en la que consideramos cómo pudo haber ocurrido todo aquello, por qué Kathy se había dejado engañar por completo, por qué no había sido capaz de pensar más por sí misma y de desafiar los conceptos tradicionales de la Iglesia.

—Mamá me dijo que no debía cuestionar la Iglesia —repetía Kathy.

Entonces comenzamos a trabajar sobre las relaciones de Kathy con sus padres. Con el padre no había relación alguna. No era alguien con el que uno pudiera relacionarse. El padre trabajaba, esto era todo lo que hacía. Trabajaba y trabajaba y cuando llegaba a la casa lo hacía para adormecerse en su sillón con su cerveza, salvo los viernes por la noche, que tomaba la cerveza fuera de casa. La madre dirigía a la familia. Lo hacía sola, sin que nadie la desafiara, la contradijera o se le opusiera; lo gobernaba todo. Era dulce, pero firme; daba, pero nunca cedía. Era tranquila e implacable.

—No debes hacer eso, querida. Las chicas buenas no hacen eso. No debes usar esos zapatos, querida. Las chicas que pertenecen a casas decentes no usan esa clase de zapatos. No se trata de que desees ir a misa o no, querida. El Señor desea que vayas a misa.

Gradualmente, Kathy llegó a vislumbrar que detrás del poder de la Iglesia católica estaba el enorme poder de la madre, una persona muy apacible, pero tan dominante que resultaba inconcebible contradecirla.

Rara vez las cosas resultan fáciles en psicoterapia. Seis meses después de haber abandonado el hospital, Howard me llamó un domingo por la mañana para decirme que Kathy se había encerrado en el cuarto de baño de su apartamento y que se había puesto a canturrear de nuevo. Siguiendo mis instrucciones, Howard la persuadió para que regresara al hospital, donde me encontré con ella. Kathy estaba casi tan aterrorizada como el primer día que la vi y Howard no tenía la menor idea de cuál era la causa. Conduje a Kathy a su habitación.

—Deje de cantar —le ordené—. Dígame qué ocurre.

—No puedo.

—Sí que puede, Kathy.

Haciendo un esfuerzo de respiración para no interrumpir su canturreo, me dijo:

—Tal vez pueda si usted me da otra vez aquel remedio.

—No, Kathy —repliqué—. Esta vez será usted suficientemente fuerte para hacerlo por sí misma.

Se puso a sollozar. Luego se quedó mirándome y reanudó su canturreo. Pero me pareció descubrir furia en su mirada.

—Está enfadada conmigo —dije.

Kathy negó con la cabeza mientras continuaba cantando.

—Kathy —dije—, puede haber una docena de razones por las que usted esté enfadada conmigo, pero no sabré cuál es si usted no me la dice. Usted puede decírmela y todo irá bien.

—Voy a morirme —se quejó.

—No, Kathy. Usted no se va a morir porque esté enfadada conmigo. Yo no voy a matarla porque esté enfadada conmigo. Quizás tenga razón al estar enfadada conmigo.

—Mis días no son largos —se lamentó Kathy—. Mis días no son largos.

Aquellas palabras me parecieron extrañas. No eran las que yo esperaba oír. No parecían naturales. Pero no estaba seguro sobre lo que debía decirle.

—Kathy, yo la quiero —le dije—. La quiero, aunque usted me odie. Esto es amor. ¿Cómo podría yo castigarla, si mi amor es más fuerte que su odio?

—No es a usted a quien odio —murmuró sollozando.

De pronto comprendí.

—Tus días no son largos. No son largos en esta tierra. ¿No es eso, Kathy? Honra a tu padre y a tu madre para que tus días sean largos en esta tierra. El Cuarto Mandamiento. Hónralos o muere, esto es lo que ha ocurrido, ¿no es así?

—La odio —murmuró Kathy, y luego, en voz alta, como si la animara el sonido de su propia voz, repitió las terribles palabras—: La odio. Odio a mi madre. La odio. Nunca me dio... nunca me dio... Nunca dejó que fuera yo misma. Me hizo a su imagen. Me hizo, me hizo, me hizo. Nunca me dejó ser yo misma.

En realidad, la terapia de Kathy estaba todavía en sus fases iniciales. El verdadero terror que sentía día tras día todavía estaba presente. El terror de ser realmente ella misma. Al reconocer que su madre la había dominado por completo, Kathy tuvo que afrontar el interrogante de por qué había permitido que sucediera. Al rechazar el dominio de su madre, Kathy debía establecer sus propios valores y tomar sus propias decisiones, lo cual le imponía mucho temor. Era más seguro dejar que su madre tomara las decisiones; mucho más sencillo adoptar sus valores y los de la Iglesia. Dirigir ella misma su propia existencia requería mucho más trabajo. Más adelante diría:

—Fíjese, por nada del mundo me cambiaría por la persona que era antes y, sin embargo, a veces añoro aquellos días. Mi vida era más fácil entonces. Por lo menos, en cierto modo.

Al comportarse con mayor independencia, Kathy le reprochó a Howard su fracaso como amante y él prometió cambiar, pese a lo cual no ocurrió nada. Kathy lo azuzaba y Howard empezó a sufrir ataques de angustia. Cuando vino a verme a causa de esos ataques, lo mandé a otro psicoterapeuta para que lo tratara. Howard empezó a afrontar ciertos sentimientos homosexuales profundamente arraigados, contra los cuales se había defendido casándose con Kathy. Como era una muchacha físicamente muy atractiva, la había considerado una «verdadera presa», un buen botín cuya conquista le demostraría a sí mismo y al mundo su virilidad. Tras reconocer esta situación, Howard y Kathy convinieron en divorciarse en términos amistosos. Kathy fue a trabajar como vendedora a una gran tienda de moda. Poco a poco adquirió mayor confianza y seguridad en sí misma. Salió con muchos hombres, con vistas a contraer un nuevo matrimonio y a ser madre, pero por el momento se limitaba a gozar de su trabajo.

Llegó a ser ayudante de compras en la tienda. Cuando ya había concluido la terapia, fue ascendida a jefe de compras y, según me enteré después, trabajaba en otra firma más importante, desempeñando las mismas funciones. A los veintisiete años, Kathy se sentía perfectamente satisfecha. Ya no iba a la iglesia, ni se consideraba católica. Ni siquiera sabía si creía en Dios o no, pero reconocía que la cuestión de Dios no le parecía importante en aquel momento de su vida.

He descrito el caso de Kathy con ciertos detalles, precisamente porque es un ejemplo típico de la relación entre educación religiosa y psicopatología. Hay millones de Kathys. Yo solía decir en broma que la Iglesia católica me proporcionaba el suficiente material para asegurarme el sustento como psiquiatra. Podría haberlo dicho igualmente de la Iglesia bautista, de la Iglesia luterana, de la Iglesia presbiteriana o de cualquier otra. Por supuesto, la Iglesia no era la única causa de la neurosis de Kathy. En cierto sentido, la Iglesia era sólo un instrumento que usaba la madre de Kathy para cimentar y aumentar su excesiva autoridad. Con razón podríamos decir que la naturaleza dominante de la madre, favorecida por un padre ausente, era la causa fundamental de la neurosis y también, en este sentido, el caso de Kathy era típico. No obstante, la Iglesia también comparte la culpa. Ninguna monja de la escuela parroquial a la que asistía Kathy y ningún sacerdote de sus clases de catecismo la alentó para analizar razonablemente la doctrina religiosa, ni para que pensara por sí misma. La Iglesia nunca manifestó preocupación alguna por el hecho de que su doctrina pudiera enseñarse con excesiva rigidez, con criterio irreal o sujeta al abuso y a la mala aplicación. Una manera de exponer el problema de Kathy sería decir que mientras, por un lado, ella creía de todo corazón en Dios, en los mandamientos y en el concepto del pecado, su religión y su concepción del mundo eran sistemas prefabricados que no se adaptaban a las necesidades de la paciente. El error de Kathy había sido no cuestionarse nada, no exigir explicaciones a nadie y no pensar por sí misma. Sin embargo, la Iglesia a la que pertenecía Kathy —y esto también es típico— no hizo el menor esfuerzo por ayudarla a elaborar una religión personal más apropiada para ella. Parece que, en general, las religiones tienden a exhibir la versión más rígida de sus doctrinas.

Como el caso de Kathy es tan común, muchos psiquiatras y psicoterapeutas consideran que la religión es el Enemigo, llegando incluso a concebirla como una neurosis, como un conjunto de ideas irracionales que sirven para aprisionar las mentes y oprimir los instintos que conducen al desarrollo mental. Freud, un racionalista y hombre de ciencia por excelencia, parecía ver las cosas más o menos de esta forma y, dado que es la figura más influyente en la psiquiatría moderna (por muchas y buenas razones), sus actitudes han contribuido a afianzar el concepto de religión como neurosis. Realmente, resulta tentador para los psiquiatras sentirse como caballeros de la ciencia moderna, enzarzados en un noble combate contra las fuerzas destructoras de la superstición religiosa y del dogma irracional y opresor y, ciertamente, deben dedicar mucho tiempo y esfuerzo a la lucha por liberar la psique de sus pacientes de ideas religiosas anticuadas y de conceptos claramente destructivos.

El caso de Marcia

Pero no todos los casos son como el de Kathy. Hay muchos otros prototipos, algunos de los cuales son muy comunes. Marcia fue uno de mis primeros casos de tratamiento a largo plazo. Era una joven adinerada, de unos veinticinco años, que acudió a mí a causa de una apatía generalizada. Aunque podía evitar todo lo que de desagradable había en su existencia, la vida le parecía inexplicablemente insípida y triste y, en efecto, su aspecto era de tristeza. A pesar de su riqueza y de su educación superior, su aspecto era el de una inmigrante pobre y avejentada. Durante todo el primer año de terapia, siempre vestía con ropa que le sentaba mal: tonos azules, grises, negros o marrones, y un enorme y mugriento bolso de colores similares. Era la única hija de unos padres intelectuales, renombrados profesores universitarios y socialistas de los que creen que la religión es «cosa de niños». Se habían burlado de Marcia cuando, siendo adolescente, había ido a la iglesia con una amiga.

En el momento de iniciar la terapia, Marcia estaba completamente de acuerdo con sus padres, pues me anunció con cierto orgullo que era atea, no una atea de pacotilla, sino una verdadera atea que creía que el género humano estaría mucho mejor si pudiera librarse del engaño que suponía la idea de la existencia de Dios. Lo curioso era que los sueños de Marcia estaban llenos de símbolos religiosos, como el sueño de las aves que entraban volando en las habitaciones, llevando en sus picos rollos de pergamino con ininteligibles mensajes escritos en una lengua antigua. Sin embargo, yo no hice reparar a Marcia en este aspecto de su inconsciente. A decir verdad, en ningún momento tratamos cuestiones de religión durante los dos años que duró su terapia, porque nos centramos exclusivamente en la relación que mantenía con sus padres, dos personas muy inteligentes y racionales que, aunque económicamente la habían atendido, emocionalmente se habían mostrado distantes con ella, debido a su talante de austeridad intelectual, ya que, al estar entregados por entero a sus profesiones, les quedaba poco tiempo para dedicar a Marcia. El resultado de esta actitud fue que, pese a tener un hogar cómodo y seguro, Marcia era la proverbial «pobre niña rica», una huérfana psicológica. Ella, sin embargo, se resistía a verlo así y se enfadaba si yo le sugería que sus padres la habían privado de muchas cosas y también cuando le hacía notar su empeño en ir vestida como una huérfana, ante lo que replicaba que aquél era el nuevo estilo y que yo no tenía derecho a criticarla.

Con Marcia, los progresos terapéuticos fueron dolorosamente lentos, pero también resultaron espectaculares. La clave estaba en el carácter cálido e íntimo de la relación que poco a poco se estableció entre nosotros, y que contrastaba con la relación que Marcia tenía con sus padres. Una mañana, al iniciar el segundo año de terapia, Marcia se presentó a la sesión con un nuevo bolso tres veces más pequeño que el antiguo, de un brillante y llamativo colorido. A partir de entonces, cada mes, Marcia añadía a su guardarropa un nuevo vestido de color diferente —anaranjados, amarillos, azules claros y verdes—, como si fuera una flor que abría sus pétalos.

En la penúltima sesión me comentó lo bien que se sentía y me dijo:

—Mire, es extraño, pero no sólo mi interior ha cambiado; me parece que todo el mundo exterior ha variado también. Aunque sigo viviendo en la misma casa vieja de antes y continúo haciendo las mismas cosas, el mundo me parece distinto, lo percibo de manera muy diferente, como un lugar cálido y seguro, lleno de amor, estimulante y bueno. Recuerdo que le dije que yo era atea. Ahora no estoy segura de seguir siéndolo. En realidad, creo que no lo soy. Ahora, cuando el mundo me parece tan perfecto, me digo: «Apostaría lo que fuera a que en realidad Dios existe. El mundo no podría ser tan bueno sin un Dios». Es gracioso, pero no sé hablar de temas de esta índole. Sólo sé que me siento integrada, real, como si formara parte de un gran cuadro del que desconozco su totalidad, aunque sé que existe y que, además, yo formo parte de él.

Gracias a la terapia, Kathy pasó de una dimensión en la que la idea de Dios era lo más importante, a otra en la que esta idea carecía de importancia. En cambio, Marcia pasó de una actitud de rechazo, a una actitud en la que la idea de Dios tenía pleno sentido. El mismo proceso, el mismo terapeuta y, sin embargo, resultados aparentemente opuestos y ambos solucionados con éxito. ¿Cómo podemos explicarlo? Antes de intentarlo, consideremos un caso más de otro tipo. En el de Kathy, fue necesario que el terapeuta atacara enérgicamente sus ideas religiosas, para determinar un cambio y disminuir la influencia que el concepto de Dios tenía en su vida. En el caso de Marcia, el concepto de Dios empezó a adquirir cada vez mayor influencia, aunque el terapeuta en ningún momento refutó los conceptos religiosos de la paciente. ¿Es necesario —podemos preguntarnos— que un terapeuta rebata el ateísmo o el agnosticismo de un paciente y lo encamine deliberadamente hacia la religiosidad?

El caso de Theodore

Ted tenía treinta años y era como un ermitaño cuando acudió a mí. Durante los últimos siete años había vivido en una pequeña cabaña perdida en los bosques. Tenía pocas amistades y ninguna de ellas era íntima. De vez en cuando hacía pequeños trabajos de carpintería, pero por lo general pasaba los días pescando, leyendo y tomando decisiones poco importantes, como qué cocinaría aquella noche, cómo lo prepararía o si podía comprar o no una herramienta que en realidad no era cara. Gracias a una herencia, Ted era un hombre rico y era, asimismo, una persona intelectualmente brillante, aunque, según me dijo en nuestra primera sesión, se sentía paralizado.

—Sé que debería hacer algo más constructivo con mi vida —se lamentaba—, pero ni siquiera puedo tomar la más insignificante de las decisiones y, mucho menos, decisiones importantes. Tendría que aprender una profesión, matricularme en cualquier facultad y aprender algo que me dé una ocupación, pero no siento auténtico entusiasmo por nada. He pensado en todo lo imaginable (docencia, trabajo de investigación, relaciones internacionales, medicina, agricultura, ecología), pero nada me atrae realmente. Me interesan algunos temas durante un par de días, pero luego todo se convierte en un problema insuperable. Parece que la vida misma es un problema insuperable.

Las dificultades de Ted empezaron, según dijo, cuando a los dieciocho años se matriculó en la universidad. Hasta entonces todo había funcionado bien. Había tenido una niñez corriente en el seno de un hogar estable y acomodado, con dos hermanos mayores; los padres lo trataban con cariño aunque entre ellos no se llevaban muy bien; había obtenido buenas calificaciones en una escuela privada para alumnos internos. Luego —y quizás esto fue decisivo— vivió un apasionado episodio amoroso con una mujer que lo rechazó una semana antes de ingresar él en la universidad. Abatido, se pasó borracho la mayor parte del primer año. Así y todo, continuaba obteniendo buenas calificaciones. Después tuvo varias aventuras amorosas, a cual más superficial y menos satisfactoria. Sus notas comenzaron a bajar. No acababa de decidirse acerca de los trabajos de clase. Un amigo íntimo, Hank, se mató en un accidente de coche mientras cursaba el primer año; encajó bien el golpe y ese año incluso dejó de beber. Se agravó, en cambio, el problema de tomar decisiones. Sencillamente, no supo encontrar un tema para la tesina de licenciatura. Terminó los estudios. Alquiló una habitación cerca del campus. Lo único que necesitaba para licenciarse era presentar una breve tesis, el típico trabajo que habría hecho en un mes. Se dedicó a ello los tres años siguientes, y luego nada. Siete años antes se había recluido en los bosques.

Ted estaba seguro de que las raíces de su problema se hallaban en la sexualidad. Después de todo, ¿no habían comenzado sus dificultades con un fracaso amoroso? Además, Ted había leído casi todo lo que había escrito Freud (mucho más de lo que yo mismo había leído), de manera que durante los seis primeros meses de terapia nos sumergimos en las profundidades de su sexualidad infantil, que no nos llevaron a ninguna parte. Sin embargo, en ese período surgieron varias facetas interesantes de su personalidad. Una era la falta total de entusiasmo. Ted podía desear que hiciera buen tiempo pero si, en efecto, amanecía un hermoso día, se encogía de hombros y decía: «Realmente no veo la diferencia; en el fondo, todos los días son iguales». Un día en el lago pescó un enorme lucio.

—Pero era muy grande y yo no podía comérmelo todo, así que, como no tenía amigos con quienes compartirlo, volví a arrojarlo al agua —me dijo.

Su falta de entusiasmo tenía que ver con una forma de esnobismo; era como si encontrara el mundo y todo lo que en él había como algo carente de buen gusto. Tenía ojo crítico. Llegué a sospechar que empleaba ese esnobismo para conservar cierta distancia entre él mismo y las cosas, que de otra manera podrían afectarlo emocionalmente. Decididamente, Ted mostraba una enorme inclinación por mantenerlo todo en secreto, lo cual determinaba un lento desarrollo de la terapia. Había que sacarle poco a poco los hechos más importantes de algún incidente. Una vez tuvo un sueño que me contó así:

—Me encontraba en una clase. Había un objeto (no sé qué era) que yo había metido en una caja para que nadie pudiera saber lo que había dentro, y metí la caja dentro de un árbol hueco. Sujeta con unos finos tornillos de madera, había vuelto a colocar la corteza sobre la caja. Pero mientras estaba en el aula pensé repentinamente que no estaba seguro de haber disimulado bien los tornillos que sujetaban la corteza. Sentí gran inquietud. Corrí al bosque y dispuse los tornillos de manera que nadie pudiera distinguirlos de la corteza. Entonces me sentí mejor y regresé a clase.

Como ocurre en muchos casos, la clase y el aula eran símbolos de la terapia en los sueños de Ted. Era evidente que él no deseaba que yo llegara a la parte medular de su neurosis. La primera grieta de la armadura de Ted se produjo en una sesión del sexto mes de terapia. Ted había pasado la velada anterior en casa de un conocido.

—Fue una noche terrible —se lamentó Ted—. Quería que oyera un nuevo disco que había comprado, la música de Neil Diamond para la película *Juan Salvador Gaviota*. Era horrible. No comprendo cómo personas cultas pueden disfrutar con semejante bazofia o llamar música a esa porquería.

Lo exagerado de aquella pedantería me hizo aguzar el oído.

—*Juan Salvador Gaviota* es un libro religioso —comenté—. ¿También la música era religiosa?

—Supongo que si se la llama música, también se la puede llamar religiosa.

—Puede que sea el aspecto religioso lo que le ha molestado —sugerí— y no la música.

—Bueno, esa clase de religión me parece ofensiva —replicó Ted.

—¿Qué clase de religión?

—Sentimental, nauseabunda, repugnante —dijo, casi escupiendo las palabras.

—¿Qué otras religiones hay? —le pregunté.

Ted pareció perplejo, desconcertado. Por fin dijo:

—No muchas, supongo. Y en general, la religión no me parece atractiva.

—¿Siempre ha pensado así?

Se rió tristemente y dijo:

—No, cuando era un adolescente de cabeza hueca estaba muy metido en la religión. Durante mi último año de colegio secundario llegué a ser hasta diácono de la pequeña iglesia que teníamos.

—¿Y luego?

—¿Y luego qué?

—¿Qué ocurrió con su religión? —pregunté.

—Supongo que se me ha pasado con los años.

—¿Cómo que se le ha pasado con los años?

—¿Qué quiere usted decir con eso? —Era evidente que Ted se estaba irritando—. ¿Cómo se hace para superar algo? Sencillamente lo he superado; eso es todo.

—¿Cuándo lo ha superado?

—No lo sé. Ha ocurrido y ya está. Ya se lo he explicado, nunca fui a la iglesia en la universidad.

—¿Nunca?

—Ni una sola vez.

—De manera que el último año de bachillerato fue usted diácono en la iglesia —comenté—. Luego, aquel verano sufrió una decepción amorosa y no volvió a ir más. Fue un cambio brusco, ¿no cree que el rechazo de aquella muchacha tuvo algo que ver?

—No creo nada. Lo mismo les ha ocurrido a muchos de mis compañeros de clase y, de todos modos, en esta época la religión ya no está de moda. Tal vez aquella muchacha haya tenido algo que ver y tal vez no. ¿Cómo podría saberlo? Lo único que sé es que ha dejado de interesarme la religión.

El progreso siguiente se produjo un mes después. Habíamos estado considerando la notable falta de entusiasmo de Ted, y él la reconocía.

—La última vez que recuerdo haber sentido entusiasmo —dijo— fue hace diez años, cuando estaba en el primer año de facultad. Sentía pasión por un trabajo que estaba escribiendo, al terminar una asignatura cuatrimestral sobre poesía inglesa moderna.

—¿De qué trataba el trabajo? —pregunté.

—No sé si podré recordarlo... hace tanto tiempo...

—Tonterías —dije—. Usted puede recordarlo si lo desea.

—Bueno, creo que era Gerard Manley Hopkins. Fue uno de los primeros poetas verdaderamente modernos. Creo que en aquel trabajo hablaba de un poema titulado «Pied Beauty».

Salí del consultorio, me dirigí a las estanterías y volví con un polvoriento volumen de poesía inglesa que databa de mis años universitarios. «Pied Beauty» estaba en la página 819. Leí:

Gloria a Dios por los seres moteados,
por el cielo de dos colores cual vaca manchada,
por los rosados lunares dibujados en la trucha que nada;
castañas que se asan en la lumbre; alas de pinzón;

214

campos parcelados y divididos; surco, barbecho y arada;
y por todos los oficios, sus aparejos, herramientas y avíos.

Todas las cosas opuestas, originales, frugales, extrañas;
todo lo inconstante y pecoso (¿quién sabe cómo?)
con rápido, lento; dulce, agrio; deslumbrante, apagado;
engendra Él con belleza inmutable: alabado sea.

Se me llenaron los ojos de lágrimas y dije:

—Es un poema sobre el entusiasmo.

—Sí.

—Es también un poema muy religioso.

—Sí.

—Usted escribió el trabajo sobre este poema a finales del primer cuatrimestre. Debió de ser hacia el mes de enero.

—Sí.

—Si mis cálculos son exactos, fue en el mes siguiente, febrero, cuando murió su amigo Hank.

—¿Sí?

Sentía que mi tensión iba en aumento, pero no estaba seguro de lo que sería conveniente decirle a Ted. Esperando conseguir algo, añadí:

—De manera que una chica a la que amaba de verdad lo rechazó a los diecisiete años y entonces dejó de sentir entusiasmo por la Iglesia; tres años después murió su mejor amigo y usted dejó de sentir entusiasmo por todo.

—No dejé de sentir entusiasmo, me lo quitaron —dijo Ted casi a gritos, más emocionado que nunca.

—Dios lo rechazó y usted rechazó a Dios.

—¿Y por qué no habría de hacerlo? —preguntó Ted—. Éste es un mundo de mierda y siempre lo ha sido.

—Yo creía que su niñez había sido muy feliz.

—No, también fue una porquería.

Y así era, en efecto. Bajo su calma aparente, el hogar de Ted había sido para él un continuo campo de batalla. Sus dos hermanos mayores lo habían atormentado con saña. Sus padres, entregados a sus propios asuntos y a su odio mutuo, no estaban interesados en los problemas supuestamente menores de los hijos, así que no habían dado a Ted la menor protección. Su gran distracción consistía en hacer largas y solitarias caminatas por el campo; por fin averiguamos que su afición por la vida de ermitaño tenía sus raíces en el período anterior a los diez años. El colegio de segunda enseñanza en el que estuvo internado había sido un alivio a pesar de sus pequeñas crueldades. Al hablar de estas cosas aumentaba la ira de Ted hacia el mundo o, mejor dicho, el desahogo de su ira. En los meses siguientes revivió, no sólo la angustia de su niñez y el dolor por la muerte de Hank, sino también la aflicción de miles de muertes más pequeñas, de rechazos y de pérdidas. Toda la vida le parecía un torbellino de muerte y sufrimiento, de peligro y barbarie.

Después de quince meses de terapia llegamos a un punto decisivo. Ted llevó a la sesión un cuaderno.

—Usted siempre dice que soy muy discreto y amigo del misterio... y lo soy —dijo—. Esta noche he estado revolviendo cosas viejas y he encontrado este diario que llevaba durante mi segundo año de universidad. He pensado que a lo mejor le gustaría leer una versión sin censura de hace una década.

Le contesté que, en efecto, me gustaría leerlo y dediqué las dos noches siguientes a su lectura. En realidad, el diario no revelaba gran cosa, pero confirmaba la soledad y el aislamiento de Ted, escondidos tras su pedantería. Pero un pequeño bosquejo literario atrajo mi atención. Ted contaba que un domingo de enero que había salido solo a dar un paseo, lo había sorprendido una tormenta de nieve y había vuelto a su dormitorio varias horas después de haber oscurecido. «He sentido una gran emoción —había escrito Ted— y una sensación de seguridad al encontrarme de nuevo en mi habitación, una sensación bastante parecida a la que experimenté el pasado verano cuando estuve tan cerca de la muerte.» Al día siguiente le pedí en la sesión que me contara cómo había estado tan cerca de la muerte.

—Pero si ya se lo he dicho —exclamó Ted.

En aquellos días, yo ya sabía muy bien que cuando Ted proclamaba que me había dicho algo, en realidad estaba tratando de ocultármelo, y se lo hice notar:

—Otra vez se hace el misterioso conmigo.

—Sin embargo, estoy seguro de habérselo dicho. Seguro que se lo he dicho. Usted recuerda que yo trabajaba en Florida durante el verano entre el primer y el segundo año de mis estudios, cuando se desató un huracán. A mí me gustan las tempestades, ya lo sabe. Cuando la tormenta estaba en su punto máximo, me puse a andar por un muelle. Una ola me empujaba, otra me hacía retroceder. Eso fue todo. Ocurrió muy rápidamente.

—¿Anduvo usted hasta el extremo de un muelle, en medio de una tormenta? —le pregunté con incredulidad.

—Ya se lo dije, me gustan las tormentas. Quería estar cerca de los elementos en plena furia.

—Lo comprendo —le dije—. A los dos nos gustan las tormentas. Pero no creo que yo me hubiera puesto en peligro como hizo usted.

—Bueno, usted sabe que tengo cierta vena suicida —replicó Ted en voz muy baja—. Y la verdad es que aquel verano me sentía con ánimo de suicidarme; lo he analizado. Francamente, no puedo recordar que me aventurase por el muelle con la intención consciente de suicidarme, pero no me importaba mucho la vida y reconozco que existía esa posibilidad.

—¿Fue arrastrado por una ola?

—Sí. Apenas me di cuenta de lo que ocurría. Había tanta espuma que no podía ver gran cosa. Supongo que fue una ola grande; sentí que caía sobre mí, que me arrastraba y luego me sentí perdido en el agua. Nada podía hacer para salvarme. Estaba seguro de que moriría. Tuve miedo. Durante un minuto sentí que el agua me empujaba hacia atrás (debió de ser una ola que retrocedía) y un segundo después chocaba contra el cemento del muelle. Me sujeté a él y, arrastrándome, volví a subir. Estaba un poco magullado, pero nada más.

—¿Y qué piensa usted de esa experiencia?

—¿Qué quiere decir? —preguntó Ted con su característico modo de resistirse.

—Sólo lo que le pregunto. ¿Qué piensa usted de esa experiencia?

—¿De haberme salvado? —preguntó.

—Sí.

—Bueno, creo que fue una suerte.

—¿Una suerte? ¿Se debió sólo a una extraña casualidad que la ola lo devolviera a tierra firme?

—Sí, eso es todo.

—Algunos dirían que fue milagroso —comenté.

—Supongo que tuve suerte.

—Supone que tuvo suerte —repetí para pincharle.

—Sí, maldita sea, pienso que tuve suerte.

—¿Sabe una cosa, Ted? —dije—. Cada vez que le pasa algo particularmente doloroso, despotrica contra Dios y se queja de la mierda que es este mundo, pero cuando le ocurre algo bueno, dice que tiene suerte. Sufre una tragedia menor y Dios tiene la culpa. Le ocurre algo milagroso y usted dice que tuvo un poco de suerte. ¿Cómo se lo explica?

Ante su incoherente actitud con respecto a la buena y a la mala suerte, Ted empezó a fijarse, tanto en las cosas buenas y agradables de este mundo, como en las más amargas y turbias. Después de analizar el dolor causado por la muerte de Hank y el que había experimentado por las otras muertes que le habían afectado, Ted comenzó a examinar la otra cara de la moneda de la vida. Llegó a aceptar la necesidad de sufrir y la naturaleza paradójica de la existencia, «los seres moteados». Por supuesto, esta aceptación se produjo en la atmósfera cálida y cada vez más agradable de la relación terapéutica. Ted empezó a salir de su inercia. Comenzó a manifestar débiles entusiasmos y surgió su naturaleza religiosa. Allí donde miraba veía el misterio de la vida y de la muerte, de la creación, la decadencia y la regeneración. Leyó teología. Oía *Jesucristo Superstar* e incluso adquirió un ejemplar de *Juan Salvador Gaviota*.

Después de dos años de terapia, Ted me anunció una mañana que había llegado el momento de emprender algo.

—He pensado en matricularme en alguna facultad de psicología —dijo—. Dirá usted que lo estoy imitando, pero he considerado la cuestión y no creo que sea eso.

—Continúe —dije.

—Al reflexionar sobre ello, me pareció que debía hacer lo más importante. Si he de estudiar algo, prefiero dedicarme a los temas más trascendentes.

—Siga.

—He llegado a la conclusión de que, tanto el espíritu humano como la terapia, son importantes.

—¿Lo más importante es el espíritu humano y la psicoterapia? —pregunté.

—Bueno, supongo que Dios es lo más importante.

—Entonces, ¿por qué no estudia a Dios? —pregunté.

—¿Qué quiere decir?

—Si Dios es lo más importante, ¿por qué no estudia a Dios?

—Perdone, pero no le entiendo —dijo Ted.

—No me entiende porque usted mismo pone trabas a su comprensión —repliqué.

—Realmente, no le comprendo. ¿Cómo se puede estudiar a Dios?

—Se estudia psicología en una facultad y se estudia a Dios en una facultad —le respondí.

—¿Se refiere a la facultad de teología?

—Sí.

—¿Insinúa que me haga sacerdote?

—Sí.

—Oh, no, no podría hacerlo —dijo Ted, despavorido.

—¿Por qué no?

Ted se sintió molesto y declaró:

—No hay una diferencia radical entre un psicoterapeuta y un sacerdote. Quiero decir que los sacerdotes también utilizan la terapia, de manera que si yo practico psicoterapia... Bueno... es como si me dedicara a la religión.

—Entonces, ¿por qué no se hace sacerdote?

—Usted me está presionando —dijo Ted, enfadado—! Elegir una carrera es una decisión personal. Yo debo decidir cuál es la carrera que deseo elegir. Los terapeutas no tienen que dirigir a sus pacientes. No le corresponde a usted tomar decisiones por mí. Yo las tomaré.

219

—Mire —repuse—, no estoy tomando una decisión por usted. Estoy adoptando una actitud puramente analítica. Estoy analizando las posibilidades que se le ofrecen a usted. Y es usted el que, por alguna razón, no desea considerar una de esas posibilidades. Es usted quien desea hacer lo más importante, quien siente que Dios es lo más importante. Sin embargo, cuando yo le indico que considere la posibilidad de elegir una carrera dedicada al estudio de Dios, usted la excluye diciendo que no puede estudiarla. Me parece muy bien si usted no puede hacerlo, pero debo interesarme en la razón por la que usted piensa que no puede, por la que excluye esta posibilidad.

—Sencillamente no podría ser sacerdote —dijo Ted en voz baja.

—¿Por qué no?

—Porque... porque siendo ministro de la Iglesia se es públicamente un hombre de Dios. Quiero decir que tengo que mostrar a todo el mundo que creo en Dios, y no quiero manifestar mi fe públicamente. No podría hacerlo.

—No, usted quiere mantenerlo todo en secreto, ¿no es así? Sí —dije—. Ésa es su neurosis. Usted no puede ser devoto públicamente. Debe mantener en la intimidad y en secreto sus sentimientos, ¿no?

—Oiga —se lamentó Ted—, usted no sabe lo que esto significa para mí. Realmente no lo sabe. Cada vez que abría la boca para expresar mi entusiasmo por algo, mis hermanos se burlaban de mí.

—Me parece que todavía está en los diez años —observé— y que sus hermanos aún lo están molestando.

Ted, en su frustración, estaba realmente al borde de las lágrimas.

—Y eso no es todo —dijo sollozando—. Así me castigaban mis padres; cuando hacía algo malo, me quitaban lo que yo más quería. Vamos a ver, ¿qué le entusiasma más a Ted? Ah, sí, la excursión de la semana próxima a casa de su tía; tiene muchas ganas, así que le diremos que no puede ir porque se ha portado mal. A Ted le gustan mucho sus flechas y su arco, pues se los vamos a quitar. Es muy simple, un sistema muy simple: me privaban de todo lo que me entusiasmaba y perdí todas las cosas que me gustaban.

De este modo llegamos a lo más profundo de la neurosis de Ted.

Poco a poco y con fuerza de voluntad, fue imponiéndose la idea de que ya no tenía diez años, de que ya no estaba bajo la disciplina de sus padres, ni al alcance de las burlas de sus hermanos. Y así llegó a comunicar su entusiasmo, su amor a la vida y su amor a Dios. Decidió ingresar en la facultad de teología. Unas semanas antes de que abandonara el tratamiento me entregó un cheque para pagarme las sesiones del mes anterior. En el cheque había algo que me llamó la atención: la firma de Ted parecía más larga. La miré atentamente. Antes siempre había firmado «Ted»; ahora firmaba «Theodore». Le comuniqué que me había percatado del cambio.

—Esperaba que usted lo advirtiera —dijo—. Sigo guardando secretos, ¿no? Cuando yo era muy joven, mi tía me dijo que debía estar orgulloso de mi nombre, Theodore, porque significa «el que ama a Dios», y estaba realmente orgulloso, pero cuando se lo expliqué a mis hermanos, ¡Dios mío, cómo se burlaron de mí! Me llamaron marica de diez maneras diferentes: «Monaguillo mariquita, ¿por qué no besas el altar? ¿Por qué no vas a besar al maestro del coro?» Ya sabe usted lo que son esas cosas. Entonces me sentí incómodo con el nombre, pero hace unas semanas me di cuenta de que ya no me molestaba, de manera que he decidido usar mi nombre completo. Después de todo, siento amor por Dios, ¿no es así?

El niño y el agua de la bañera

He expuesto todas estas historias clínicas para responder a una pregunta: ¿Es la creencia en Dios una forma de psicopatología? Debemos formularnos esta pregunta si pretendemos superar las enseñanzas de la niñez, las tradiciones locales y la superstición. Pero estas historias clínicas indican que la respuesta no es sencilla. A veces, la respuesta es afirmativa. La creencia de Kathy en el Dios que le enseñaron su Iglesia y su madre retrasó su proceso de desarrollo y perjudicó su vida espiritual. Sólo al cuestionar y descartar esa creencia, Kathy logró llevar una vida más amplia, más satisfactoria y fructífera. Sólo entonces tuvo la libertad de crecer. Pero a veces, la respuesta también puede ser negativa. Cuando Marcia salió del frío microcosmos de su niñez para entrar en un mundo más cálido y amplio, se desarrolló en ella, de manera tranquila y natural, la creencia en Dios. Y la olvidada fe en Dios de Ted renació como parte esencial de la liberación y resurrección de su espíritu.

¿Cómo explicar estas respuestas afirmativas y negativas? Los científicos se hacen preguntas en su búsqueda de la verdad, pero también ellos son seres humanos y quieren, como todos, que sus respuestas sean claras, nítidas y fáciles. En su deseo por hallar soluciones simples, los científicos tienden a caer en dos trampas cuando se plantean preguntas sobre la realidad de Dios. La primera consiste en «tirar al niño cuando se vacía la bañera» y la segunda es la «visión de túnel».

Ciertamente, hay mucha agua sucia en la bañera que rodea la realidad de Dios: guerras santas, inquisiciones, sacrificios animales, sacrificios humanos, supersticiones, embrutecimiento, dogmatismo, ignorancia, hipocresía, fariseísmo, rigidez, crueldad, quema de libros, quema de brujas, temor, conformismo, culpabilidad morbosa, demencia. La lista es casi interminable, pero ¿es esto todo lo que Dios hizo por los hombres o lo que los hombres hicieron por Dios? Hay pruebas evidentes de que creer en Dios conlleva a veces el dogmatismo y la destrucción. Entonces, ¿cuál es el problema? ¿El de que los hombres tienden a creer en Dios o el de que los hombres tienden a ser dogmáticos? Todo aquel que haya conocido a un ateo radical sabe que éste puede ser tan dogmático al defender su incredulidad, como un creyente al argumentar sus creencias. ¿Debemos prescindir de la creencia en Dios o del dogmatismo?

Otra razón por la que los científicos son tan proclives a «tirar al niño cuando vacían la bañera» es que la misma ciencia, según hemos indicado, es una religión. El científico principiante, recién convertido a la visión del mundo propia de la ciencia, puede ser tan fanático como un cruzado cristiano o un soldado de Alá. Y esto ocurre especialmente cuando se llega a la ciencia partiendo de una cultura y de un hogar en los que la fe en Dios está firmemente asociada a la ignorancia, la superstición, la rigidez y la hipocresía. En ese caso, los motivos para destruir los ídolos del credo primitivo son tanto emocionales como intelectuales, pero una señal de madurez en los científicos es percatarse de que la ciencia puede estar tan sujeta al dogmatismo como cualquier otra religión.

He afirmado categóricamente que para promover nuestro desarrollo espiritual es esencial que adoptemos una actitud científica, que seamos escépticos con respecto a lo que se nos ha enseñado, es decir, a las ideas y los supuestos corrientes de nuestra cultura. Pero los conceptos mismos de la ciencia a menudo se convierten en ídolos culturales, de manera que es necesario que también seamos escépticos con respecto a ellos. En realidad, podemos madurar sin creer en Dios, pero también quiero afirmar que podemos madurar creyendo en Dios. El ateísmo escéptico o el agnosticismo no son necesariamente los estados supremos de comprensión a que pueden llegar los seres humanos. Por el contrario, hay razones para creer que detrás de los falsos conceptos de Dios existe una realidad que es Dios. Esto es lo que quiso decir Paul Tillich cuando se refirió «al Dios que está más allá de Dios» y es la razón de que algunos cristianos proclamaran con júbilo: «Dios ha muerto. Viva Dios». ¿Es posible que el camino del desarrollo espiritual conduzca primero de la superstición al agnosticismo, y después, del agnosticismo a un conocimiento exacto de Dios? De este camino hablaba hace más de novecientos años el sufí Aba Said ibn Abi-l-Khair, cuando dijo:

Hasta que sean derrumbados el colegio y el minarete
esta santa obra nuestra no quedará cumplida.

Hasta que la fe se convierta en rechazo,
y el rechazo se convierta en creencia
no habrá un verdadero musulmán.[26]

Independientemente de que los caminos del ateísmo y del agnosticismo puedan o no conducir a la fe en Dios, lo cierto es que algunas personas escépticas y cultas como Marcia y Ted, parecen crecer y progresar en la dirección de la fe. Ha de advertirse que la fe en la que crecieron no tenía nada que ver con aquella a partir de la cual evolucionó Kathy. El Dios que se presenta antes del escepticismo puede tener muy poca semejanza con el Dios que se presenta una vez superado dicho escepticismo. Como he dicho al empezar esta sección, no hay una sola religión monolítica. Hay muchas religiones y, tal vez, muchos niveles de creencia. Algunas religiones pueden no ser saludables para ciertas personas, pero otras pueden resultarles muy positivas.

Todo esto tiene especial importancia en el caso de los científicos que son psiquiatras o psicoterapeutas, pues al observar tan de cerca el proceso de desarrollo, deben formular juicios sobre la salubridad de las creencias de un individuo. Dado que los psicoterapeutas suelen pertenecer a una tradición escéptica o estrictamente freudiana, tienen la tendencia a considerar patológica toda creencia apasionada en Dios. En ocasiones, esa tendencia puede ser exagerada y transformarse en un prejuicio. No hace mucho tiempo conocí a un estudiante de los últimos años de la universidad, que consideraba seriamente la posibilidad de entrar en un monasterio al cabo de unos años. Durante el año anterior había estado sometido a psicoterapia y el tratamiento continuaba. «Pero no fui capaz de decirle a mi terapeuta que me proponía entrar en un monasterio, ni pude hablarle de la profundidad de mi creencia religiosa», me confió. «No creo que mi terapeuta pueda comprenderme.»

Yo no conocía lo bastante a aquel muchacho para apreciar si el deseo de ingresar en un monasterio era una elección natural o se trataba de una neurosis. Pero me habría gustado mucho decirle: «Debería usted hablarle a su terapeuta de estas cosas. Para que la terapia dé resultado, es esencial que usted sea sincero en todo, especialmente en una cuestión tan seria como ésta. Debe confiar en que su terapeuta sea objetivo». Pero no le dije nada porque no estaba seguro de que su terapeuta fuera objetivo, de que comprendiera, en el verdadero sentido de la palabra.

Los psiquiatras y psicoterapeutas que adoptan posiciones simplistas frente a la religión, suelen prestar un flaco servicio a algunos pacientes, y esto ocurre incluso cuando consideran que todas las religiones son buenas y saludables. También ocurre si «tiran al niño cuando vacían la bañera» y piensan que cualquier religión es una enfermedad o es el enemigo. Y, por último, también ocurre si ante la complejidad del asunto, se abstienen de tratar las cuestiones religiosas de sus pacientes y se ocultan tras una objetividad absoluta que les impide entrar en cuestiones espirituales o religiosas. Muy a menudo, los pacientes necesitan la participación de los terapeutas, lo cual no quiere decir que estos deban perder su objetividad, ni que sea fácil mantener el equilibrio entre ecuanimidad y espiritualidad. No es fácil. Sin embargo, yo recomendaría que los psicoterapeutas no trataran de desentenderse de los temas religiosos, como frecuentemente hacen, sino más bien, que intentaran ser flexibles y profundos en lo tocante a esta materia.

La visión científica de túnel

En ocasiones, los psiquiatras se encuentran con pacientes que padecen una extraña perturbación de la vista; estos pacientes sólo ven una zona muy limitada que se encuentra directamente frente a ellos. No ven nada que esté a la izquierda o a la derecha, encima o debajo de su estrecho campo de visión y no pueden tampoco ver dos objetos adyacentes al mismo tiempo. Los psiquiatras comparan este síntoma con el hecho de mirar por un túnel a través del que sólo se ve un pequeño círculo de luz en el extremo. En el sistema visual de estos pacientes no hay ningún trastorno físico que explique de manera convincente esta anomalía. Es como si, por alguna razón, no quisieran ver más que lo que se encuentra justo delante de su ojo, lo único que merece su atención.

Otra importante razón por la que los científicos tienden a «tirar al niño cuando vacían la bañera» es que no ven al niño. Muchos científicos, sencillamente, no prestan atención a las pruebas de la existencia divina. Padecen una especie de «visión de túnel», un impedimento psicológico impuesto por ellos mismos, que no les permite adentrarse en el mundo de lo espiritual.

De entre las diversas causas de esta «visión de túnel», me ocuparé de dos que son el resultado de la esencia de la tradición científica. La primera es una cuestión de metodología. La ciencia, en su encomiable insistencia en la experiencia, la observación precisa y la verificación, hace gran hincapié en la medición. Medir algo es experimentarlo y conseguir observaciones precisas que otros pueden repetir. El uso de la medición ha aportado a la ciencia enormes progresos en la comprensión del universo material. Pero a consecuencia de su éxito, la medición ha llegado a convertirse en una especie de ídolo científico. Esto ha provocado que muchos científicos hayan adoptado una actitud, no sólo de escepticismo, sino de desdén hacia todo aquello que no puede medirse. Es como si dijeran: «No podemos conocer lo que no podemos medir; no tiene sentido preocuparse por lo que no podemos conocer; por tanto, lo que no puede medirse carece de importancia y no es digno de ser observado». A causa de esta actitud, muchos científicos no toman en consideración las materias que son o parecen intangibles, incluyendo la existencia de Dios.

La extraña aunque tremendamente común suposición de que todo lo que resulta difícil de analizar no merece ser analizado, está empezando a ser cuestionada, debido a algunos descubrimientos relativamente recientes de la ciencia, como el desarrollo de métodos de estudio cada vez más refinados. Con el empleo de instrumentos como el microscopio electrónico, el espectrofotómetro y el ordenador, así como con la aplicación de técnicas estadísticas, estamos en condiciones de medir fenómenos complejos que unas décadas antes no podían ser medidos, con lo cual, el alcance de la visión científica va en aumento de tal manera que quizás pronto podamos decir: «No hay nada más allá de los límites de nuestra visión. Siempre que aspiramos a estudiar algo, encontramos la metodología adecuada para hacerlo».

Otro fenómeno que nos conduce al rechazo de la visión científica «de túnel» es el descubrimiento, por parte de la ciencia, de la realidad de la paradoja. Hace cien años, lo paradójico era considerado sistemáticamente erróneo, pero al investigar fenómenos como la naturaleza de la luz, el electromagnetismo, la mecánica cuántica y la teoría de la relatividad, la Física maduró hasta tal punto, que cada vez es más reconocido que la realidad *es* paradójica. En este sentido, J. Robert Oppenheimer escribió:

> *Las preguntas aparentemente más simples no solemos contestarlas o, en todo caso, la respuesta que damos contiene, a primera vista, más reminiscencias de un extraño catecismo que afirmaciones categóricas propias de la Física. Al preguntarnos, por ejemplo, si la posición del electrón cambia con el tiempo, la respuesta debe ser «no»; ante la pregunta de si el electrón está en reposo, debemos contestar «no»; al interrogarnos acerca de si el electrón está en movimiento, nuestra respuesta ha de ser «no». Buda respondió de esta manera al ser preguntado acerca de la condición del «yo» de un hombre, después de que éste hubiera muerto. Sin embargo, estas respuestas no son las habituales en la tradición científica de los siglos XVII y XVIII.* [27]

A través de los siglos, los místicos nos han hablado valiéndose de paradojas ¿Es posible que nos encontremos ante

227

un punto de contacto entre la ciencia y la religión? Cuando podemos decir que «un ser humano es mortal y eterno al mismo tiempo» y que «la luz es una onda al mismo tiempo que una partícula», estamos empezando a hablar el mismo lenguaje. ¿Es posible que el camino del desarrollo espiritual, que parte de la superstición religiosa para dirigirse al escepticismo científico pueda, en última instancia, conducirnos a la religión?

Esta incipiente posibilidad de unificar la religión y la ciencia es el acontecimiento más significativo y estimulante de nuestra actual vida intelectual. Pero éste es sólo el comienzo. La mayoría de los científicos y de los religiosos se atienen a los estrechos límites que ellos mismos se han impuesto y, en cierta medida, ambos siguen cegados por su particular «visión de túnel». Consideremos, por ejemplo, su conducta en lo que se refiere a la cuestión de los milagros. La noción misma de milagro es un anatema para la mayoría de los científicos. Durante los últimos cuatrocientos años, la ciencia ha descubierto una serie de «leyes naturales» del tipo: «Dos objetos se atraen en proporción a su masa y en proporción inversa a la distancia que hay entre ellos» o «La energía no puede crearse ni destruirse». Tras el éxito obtenido con el descubrimiento de estas leyes naturales, los científicos las han convertido en ídolos, del mismo modo que idolatraron el concepto de medición. El resultado de ello es que cualquier hecho que no puede ser explicado mediante las leyes naturales, los científicos lo califican de ficticio. Por lo que respecta a la metodología, la ciencia ha sido propensa a afirmar: «Todo lo que presenta mucha dificultad para ser estudiado, no merece ser estudiado»; y en lo que concierne a las leyes naturales, la ciencia tiende a decir: «Lo que es muy difícil de comprender, no existe».

La Iglesia ha tenido, en este sentido, una mayor amplitud de miras, ya que para ella, lo que no puede comprenderse a través de las leyes naturales conocidas, es un milagro. Sin embargo, aparte de reivindicar la existencia de los milagros, la Iglesia no se ha preocupado por analizar exhaustivamente su esencia. La actitud que ha tomado se resume en afirmaciones como: «Los milagros no tienen por qué ser examinados científicamente, porque deben ser reconocidos como actos de Dios». Ni la religión ni la ciencia han aceptado jamás mutuas intromisiones. Las curaciones milagrosas, por ejemplo, fueron utilizadas por la Iglesia católica para legitimar a sus santos, y han sido aceptadas por muchas Iglesias protestantes. Sin embargo, los religiosos nunca han planteado a los científicos: «¿Por qué no estudian con nosotros estos fascinantes fenómenos?»; ni los científicos, por su parte, han propuesto: «¿Sería posible unir nuestros esfuerzos con el fin de analizar científicamente estas manifestaciones, tan interesantes para nuestra profesión?» Por el contrario, la profesión médica siempre ha opinado que las curaciones milagrosas no existen, que la recuperación milagrosa de una enfermedad tiene tres supuestos: o no ha habido ninguna dolencia; o se trata de un trastorno imaginario, como una reacción histérica; o ha habido un error en el diagnóstico. Por fortuna, algunos científicos serios e interesados en la verdad están empezando a examinar la naturaleza de fenómenos como las curaciones espontáneas en pacientes enfermos de cáncer, y a analizar los buenos resultados terapéuticos obtenidos en el campo de la psiquiatría.

Hace quince años, cuando me gradué en la facultad de medicina, estaba seguro de que los milagros no existían. Hoy estoy seguro de que los milagros abundan. Este cambio es el resultado de dos factores que se han desarrollado simultáneamente. Uno de ellos ha sido la variedad de experiencias que he tenido como psiquiatra, experiencias que al principio consideraba perfectamente corrientes, pero que, al ser analizadas con mayor profundidad, parecían indicar que mi trabajo con los pacientes se reforzaba con algo a lo que no podía encontrar explicación lógica, algo milagroso. Esas experiencias —y habré de referirme a algunas de ellas— me llevaron a cuestionar mi anterior hipótesis de que los milagros eran imposibles, hasta que acepté su posible existencia. Esta apertura mental, que fue el segundo factor que determinó mi cambio de parecer, me permitió observar la vida cotidiana, con un ojo puesto en lo milagroso; cuanto más observaba, más elementos milagrosos encontraba.

Mi más ferviente deseo es que el lector de este libro posea esta capacidad de percibir lo milagroso. Recientemente se ha escrito lo siguiente a este respecto:

> *La realización personal es innata y evoluciona hasta convertirse en un tipo distintivo de conciencia, que ha sido descrita de diversas maneras por personas muy diferentes. Los místicos, por ejemplo, hablaron de esta conciencia como una percepción de la divinidad y de la perfección del mundo; Richard Bucke la llamó conciencia cósmica; Buber la describió refiriéndose a la relación yo-tú; Maslow la designó «cognición del ser», y nosotros, empleando el término de Ouspensky, la denominaremos percepción de lo milagroso. Con «lo milagroso» nos referimos no sólo a los fenómenos extraordinarios, sino también a los fenómenos comunes, pues cualquier cosa puede evocar esta conciencia específica, siempre que se le preste la debida atención. Una vez que la percepción queda fuera del dominio de lo preconcebido y del interés personal, es libre de apreciar el mundo en su más pura esencia y de contemplar su inherente magnificencia... La percepción de lo milagroso no requiere fe alguna; se trata simplemente de prestar mucha atención a los hechos de la vida; es decir, a lo que está siempre presente y generalmente se da por descontado. La verdadera maravilla del mundo está a nuestro alcance en todas partes: en los fragmentos más diminutos de nuestro cuerpo, en las vastas extensiones del cosmos y en la íntima interrelación de todas las cosas... Nosotros formamos parte de un ecosistema delicadamente equilibrado, en el cual la interdependencia va unida a la individualidad. Todos somos individuos, pero también somos partes de un todo superior; estamos unidos en algo inmenso y bello que escapa a toda descripción.*

*La percepción de lo milagroso es la esencia subjetiva
de la realización personal, la raíz de la que nacen las
experiencias y los rasgos más elevados del hombre.*[28]

Al referirnos a los milagros, creo que nuestro punto de referencia ha sido demasiado espectacular; hemos ido a buscar la zarza ardiente, la división de las aguas del mar y la voz proveniente del cielo, en lugar de observar los acontecimientos cotidianos de nuestra vida para encontrar pruebas de lo milagroso, sin dejar de tener en cuenta la orientación científica. Y esto es, precisamente, lo que me propongo hacer en la sección siguiente, cuando analice hechos corrientes en la práctica de la psiquiatría, que me llevaron a comprender el extraordinario fenómeno de la gracia.

Pero quisiera terminar el capítulo con otra advertencia. Este punto de encuentro entre ciencia y religión puede ser un peligroso terreno de arenas movedizas. Tendremos que considerar la percepción extrasensorial y los fenómenos «paranormales», también denominados «psíquicos», así como otras variedades de lo milagroso. Es esencial que mantengamos bien alerta nuestros sentidos. Hace poco asistí a una conferencia sobre el tema de las curaciones por la fe, en la que una serie de oradores cultos presentó anécdotas y testimonios que indicaban que ellos mismos u otras personas poseían poderes curativos; presentaban los hechos de manera que los testimonios parecieran rigurosos y científicos cuando, en realidad, no lo eran. Si un curandero pone sus manos sobre la articulación inflamada de un enfermo y, al día siguiente, ya no hay ni rastro de la inflamación, no significa que el enfermo haya sanado gracias al curandero; las articulaciones inflamadas suelen mejorar, tarde o temprano, lenta o repentinamente, con independencia del remedio que se les aplique. El que dos sucesos se den simultáneamente no significa que haya entre ellos una relación causal. Como este ámbito es tan oscuro y ambiguo, es muy importante encararlo con saludable escepticismo, a fin de no equivocarnos nosotros ni hacer equivocar a los demás. Una de las maneras más habituales de sembrar la confusión, es percibir una falta de escepticismo y de pruebas rigurosas, de las personas que defienden públicamente estos fenómenos. Dichas personas deshonran al colectivo que se dedica a este campo. Como los fenómenos paranormales atraen a tanta gente que se conforma con pruebas a todas luces insuficientes, resulta tentador para los observadores más realistas llegar a la conclusión de que los fenómenos psíquicos son irreales, aunque éste no es ahora el caso. Hay muchos que intentan encontrar respuestas fáciles a cuestiones difíciles, aunando conceptos populares, científicos y religiosos, con grandes esperanzas pero poco pensamiento. El hecho de que muchas de estas uniones fracasen, no quiere decir que la relación sea imposible o inaceptable. Pero así como es esencial que nuestra visión no quede reducida a la visión científica «de túnel», también es esencial que nuestras facultades críticas y nuestra capacidad de escepticismo no queden cegadas por la brillante belleza de la esfera espiritual.

IV
La gracia

El milagro de la salud

> ¡Admirable gracia! ¡Qué dulce el sonido
> que salvó a un malvado como yo!
> Estuve perdido y me he encontrado,
> estaba ciego y ahora veo.
>
> La gracia enseñó a mi corazón a temer,
> y la gracia mitigó mis temores.
> ¡Qué preciosa me pareció la gracia
> Aquella hora en que creí!
>
> Pasando por muchos peligros, trabajos y asechanzas,
> por fin he llegado;
> la gracia me ha salvado hasta ahora
> y la gracia me conducirá a puerto seguro.
>
> Y cuando hayamos estado allí diez mil años
> resplandecientes y brillantes como el sol,
> no tendremos menos días para alabar a Dios
> que cuando comenzamos a hacerlo.[29]

La primera palabra asociada a la gracia, en este famoso y antiguo himno del protestantismo estadounidense, es «admirable». Cuando algo no sigue el curso ordinario de las cosas nos admira; nos admira lo que no pueden predecir las «leyes naturales» conocidas. A lo largo de este capítulo demostraré que la gracia es un fenómeno común y, hasta cierto punto, predecible, aunque la esencia de la gracia continuará siendo

235

inexplicable para la ciencia convencional y las «leyes naturales», tal como las entendemos; de modo que seguirá siendo un don milagroso y admirable.

Hay aspectos en la práctica de la psiquiatría que nunca dejan de admirarme, y lo mismo les ocurre a otros psiquiatras. Uno de ellos es la admirable salud mental de nuestros pacientes. Es habitual que otros especialistas médicos acusen a los psiquiatras de practicar una disciplina inexacta y acientífica, pero lo cierto es que existen más conocimientos acerca de las causas de las neurosis, que acerca de la mayoría de los otros trastornos humanos. A través del psicoanálisis es posible rastrear la etiología y el desarrollo de la neurosis de un individuo, con una exactitud y una precisión que rara vez se alcanzan en otros ámbitos de la medicina. Es posible llegar a conocer exactamente y con precisión cómo, cuándo, dónde y por qué un individuo ha desarrollado un síntoma neurótico concreto o un determinado tipo de conducta. También es posible conocer con igual exactitud y precisión cómo, cuándo, dónde y por qué una neurosis concreta puede curarse o se ha curado ya. Lo que no sabemos, sin embargo, es la causa por la que la neurosis no ha derivado en un trastorno más serio: por qué nuestro paciente, ligeramente neurótico, no es un neurótico grave; por qué nuestro paciente, considerablemente neurótico, no es un psicótico absoluto. Inevitablemente, comprobamos que el paciente ha sufrido un trauma o una serie de traumas que le han provocado una determinada neurosis, pero esos traumas se manifiestan con tanta intensidad que, *de acuerdo con el curso natural de las cosas*, deberían haber producido una neurosis más fuerte que la que presenta el paciente.

Un prestigioso empresario de treinta y cinco años vino a verme a causa de una neurosis que sólo podía calificarse como leve. Era un hijo ilegítimo que había sido criado por su madre sordomuda en los suburbios de Chicago. Al cumplir los cinco años, el Estado consideró que la madre no estaba capacitada para educarlo y, sin explicación alguna, lo separó de ella, internándolo sucesivamente en tres orfanatos en los que el trato solía ser indigno y totalmente carente de afecto. A los quince años quedó parcialmente paralítico a causa de un aneurisma congénito en un vaso cerebral. A los dieciséis salió del último orfanato y empezó a vivir por su cuenta. Como era previsible, a los diecisiete años fue a parar a la cárcel a causa de un brutal y estúpido atraco. En la cárcel no recibió atención psiquiátrica alguna.

Al quedar libre, al cabo de seis meses de aburrido confinamiento, las autoridades le consiguieron un trabajo como empleado de ínfima categoría en una empresa. Cualquier psiquiatra o asistente social habría pronosticado un futuro sombrío, pero al cabo de tres años se había convertido en el jefe de departamento más joven de la historia de la compañía. Cinco años más tarde, después de haberse casado con una ejecutiva, abandonó la compañía y constituyó su propia empresa, con la que llegó a ganar bastante dinero. En el momento en que inició su tratamiento conmigo era, además, un padre afectuoso y capacitado, un intelectual autodidacta, una figura importante en la comunidad y un consumado artista. ¿Cómo, cuándo, por qué, dónde ocurrió todo esto? Si aplicamos los conceptos corrientes de causalidad, no podemos explicarlo. Mi paciente y yo logramos rastrear con exactitud, dentro del habitual marco de causa y efecto, los factores que determinaron su neurosis leve, pero no logramos precisar los orígenes de un éxito que nadie podía prever.

Cito este caso, precisamente, porque los traumas sufridos fueron tremendos y las circunstancias en que se logró el éxito, evidentes. En la mayoría de los casos, los traumas de la niñez son mucho más sutiles (aunque por lo común, igualmente devastadores) y las pruebas de salud menos simples, pero el esquema es fundamentalmente el mismo. Por ejemplo, rara vez vemos pacientes que no sean, mentalmente, más saludables que sus padres. Sabemos muy bien por qué la gente se trastorna mentalmente, lo que no comprendemos es por qué supera los traumas de su vida de manera tan eficaz. Conocemos con exactitud la razón por la que ciertas personas se suicidan, pero si nos atenemos al concepto estricto de causalidad, no sabemos por qué otras personas no se suicidan. Todo lo que podemos decir al respecto es que existe una fuerza cuyo mecanismo no acabamos de comprender, que parece operar en la mayoría de las personas, a fin de proteger e impulsar su salud mental, aun en las condiciones más adversas.

Aunque es frecuente que los procesos relacionados con los trastornos mentales no se correspondan con los que afectan a las enfermedades físicas, en este caso hay una aparente correspondencia. Sabemos mucho más sobre las causas de la enfermedad física que sobre las causas de la salud física. Por ejemplo, si se le pregunta a un médico cuál es la causa de la meningitis meningocócica, responderá inmediatamente: «El meningococo, por supuesto». Sin embargo, hay una contrariedad. Si este invierno yo tuviera que hacer cultivos diarios de esta bacteria, tomando muestras de las gargantas de los habitantes de la pequeña aldea en la que vivo, descubriría que esta bacteria está presente en, aproximadamente, nueve de cada diez personas; no obstante, en mi pequeño pueblo nadie ha sufrido de meningitis meningocócica durante muchos años, y es probable que este invierno pase lo mismo. ¿Cómo se explica esto? La meningitis meningocócica es una enfermedad relativamente rara, aunque el agente que la causa es muy común. Los médicos aplican el concepto de resistencia para explicar este fenómeno y aseguran que el cuerpo posee una serie de defensas que resisten la invasión de los meningococos y de los múltiples y extendidos microorganismos que producen enfermedades. Naturalmente, esto es cierto; sabemos bastante sobre estas defensas y su modo de actuar, pero aun así, existen grandes incógnitas. Pese a que algunos de los que este invierno morirán a causa de una meningitis meningocócica pueden estar débiles o tener muy poca resistencia, la mayoría de ellos habrán sido antes personas saludables a las que no se les habrá detectado anomalías en sus sistemas de resistencia. Podemos decir con bastante seguridad que el meningococo ha sido la causa de su muerte, pero esta explicación es, evidentemente, superficial, puesto que si lo consideramos más profundamente, no sabremos con exactitud el motivo de estas muertes; todo lo que podemos decir al respecto es que ha fallado el mecanismo que normalmente protege nuestra vida.

Aunque el concepto de resistencia se aplica generalmente a las enfermedades infecciosas como la meningitis, puede aplicarse también a todas las enfermedades físicas, pero en el caso de las enfermedades no infecciosas apenas tenemos conocimiento de su modo de actuación. Un individuo puede sufrir un solo ataque, relativamente leve, de colitis ulcerosa (trastorno al que suele reconocérsele un origen psicosomático), recobrarse por completo y continuar durante toda la vida sin volver a padecer este trastorno. Otro puede sufrir repetidos accesos y quedar inválido por la afección; un tercero puede morir inmediatamente después del primer ataque. La enfermedad parece ser la misma, pero el desenlace es totalmente distinto. ¿Por qué? No tenemos la menor idea. Sólo podemos decir que individuos con un determinado tipo de personalidad parecen tener diferentes grados de dificultad para resistir la afección, mientras que para la mayoría de nosotros no hay ningún problema a este respecto ¿Cómo explicarlo? No sabemos. Pueden formularse preguntas de esta naturaleza acerca de la mayoría de las enfermedades, incluso de las más comunes, como infartos cardíacos, ataques cerebrales fulminantes, cáncer, úlceras pépticas y otras. Un número creciente de investigadores sugiere que casi todos los trastornos son psicosomáticos; que de alguna manera, la psique influye en las causas que provocan errores en el sistema de resistencia. Pero lo admirable no es que falle el sistema de resistencia, sino que funcione tan adecuadamente. Según el curso normal de la naturaleza, nos tendrían que devorar las bacterias; nos consumiría el cáncer; las grasas y los coágulos nos obstruirían y los ácidos nos deteriorarían. Lo excepcional no es que enfermemos y muramos, sino que las dolencias no sean más asiduas y que la muerte no sea más inminente. Por esta razón, podemos aplicar a los trastornos físicos lo mismo que hemos dicho acerca de los trastornos mentales: hay una fuerza cuyo mecanismo no llegamos a comprender y que parece actuar en la mayoría de las personas, con el fin de proteger y asegurar su salud física, incluso en las condiciones más adversas.

En el caso de los accidentes, se plantean otras interesantes cuestiones. Muchos médicos y psiquiatras han tenido ocasión de afrontar el fenómeno de la predisposición a los accidentes. Entre los muchos ejemplos de mi carrera, el más espectacular fue el de un chico de catorce años al que tenía que tratar antes de que fuera admitido en un centro para delincuentes juveniles, donde recibiría tratamiento psiquiátrico. Su madre había muerto un mes de noviembre, cuando él contaba ocho años. Al año siguiente, en noviembre, se cayó de una escalera y se fracturó el húmero; con diez años, tuvo un accidente de bicicleta, también en noviembre, a consecuencia del cual sufrió una grave conmoción cerebral. En el mes de noviembre, a los once años, se cayó por un tragaluz y se fracturó la cadera; a los doce años, y como ya era habitual durante ese mes, se cayó patinando y se fracturó una muñeca. Al año siguiente, en noviembre, lo atropelló un coche y, a causa de este accidente, se fracturó la pelvis.

Nadie pondrá en duda que este chico tenía una clara predisposición a los accidentes, pero ¿por qué ocurrían? Él no los provocaba conscientemente. Tampoco tenía un sentimiento consciente de aflicción por la muerte de su madre, pues me dijo que «lo había olvidado todo sobre ella». Para comprender el porqué de los accidentes, creo que es necesario aplicarles el mismo concepto de resistencia que aplicamos a la enfermedad; así, creo que debemos referirnos a una resistencia a los accidentes y a una predisposición a ellos. No se trata solamente de que ciertas personas, en determinados momentos de su vida, tengan predisposición a los accidentes; se trata también de que, según el curso ordinario de las cosas, la mayoría de nosotros somos ajenos a ellos.

Un día de invierno, cuando tenía nueve años, regresaba a mi casa desde la escuela y al cruzar una calle cubierta de nieve y con poca luz, resbalé y me caí al suelo. En ese momento se acercaba, a toda velocidad, un coche que al frenar derrapó, de forma que mi cabeza quedó a la altura del parachoques y las piernas y el torso quedaron debajo de él. Me arrastré para salir y, lleno de pánico, aunque ileso, corrí hacia mi casa.

El accidente en sí no parece nada extraordinario, y podría decirse que, simplemente, tuve suerte. Pero hay que englobarlo en el conjunto de situaciones similares: las veces que, por un pelo, no fui atropellado por un coche mientras andaba o montaba en bicicleta; las veces en que conduciendo un coche no me llevé por delante a peatones o a ciclistas; las veces en que al frenar en seco el coche se paró a escasos centímetros de otro vehículo; las veces en que faltó poco para que me estrellara contra los árboles al deslizarse el coche por la carretera; las veces en que un palo de golf blandido con fuerza rozó mi cabeza, etcétera. ¿Qué significa todo esto? ¿Acaso mi existencia es mágica? Si los lectores examinan su propia vida, supongo que la mayoría encontrará experiencias parecidas de desastres evitados por un pelo, de accidentes que no han llegado a ocurrir y cuyo número es mucho mayor que el de los que han sucedido realmente. Además, creo que los lectores reconocerán que sus experiencias personales de supervivencia, de resistencia a los accidentes, no son el resultado de ningún proceso consciente de decisión. ¿Será que la mayoría de nosotros tiene «vidas mágicas»? ¿Será realmente cierto lo que expresa el verso citado: «La gracia me ha salvado hasta ahora»?

Algunos podrán pensar que todo esto no tiene nada de excepcional, que los hechos de los que hemos hablado son, simplemente, manifestaciones del instinto de supervivencia. Pero ¿acaso nombrar algo supone explicarlo? Nuestro conocimiento acerca de los orígenes del instinto y de sus mecanismos es mínimo. En realidad, la cuestión de los accidentes sugiere que nuestra tendencia a sobrevivir puede venir dada por algo aún más prodigioso que el instinto, que ya de por sí es un fenómeno milagroso. Aunque comprendemos poco sobre el funcionamiento del instinto, lo concebimos como algo que actúa dentro de las fronteras del individuo. Podemos imaginar que la resistencia a las enfermedades mentales o físicas está localizada en el inconsciente o en los procesos corporales del individuo. Sin embargo, los accidentes implican interacciones entre individuos, o entre éstos y objetos inanimados. En aquel accidente del que salí ileso a los nueve años, ¿me salvó mi instinto de supervivencia, o fue el conductor que, instintivamente, se resistió a matarme? Quizás tengamos el instinto, no sólo de preservar nuestra vida, sino también las ajenas.

Aunque personalmente no he vivido esas experiencias, varios amigos míos han sido testigos de accidentes de tráfico en los que las «víctimas» han salido ilesas de vehículos destrozados. La reacción de mis amigos era de desconcierto y admiración: «No comprendo cómo alguien puede haber sobrevivido a semejante desastre, y menos sin sufrir heridas graves». ¿Cómo explicarlo? ¿Pura suerte o casualidad? Estos amigos, que no son personas religiosas, quedaron sorprendidos, precisamente porque el azar no parece intervenir en estos incidentes. «Nadie podría haber sobrevivido», decían. Aunque no eran religiosos, al tratar de explicarse los hechos sin pararse a pensar en lo que decían, mis amigos hacían observaciones como éstas: «Bueno, supongo que Dios protege a los borrachines» o «Aún no le había llegado la hora». El lector tiene la libertad de atribuir la incógnita de estos sucesos al «puro azar» o a un inexplicable «capricho del destino», sin plantearse nada más, pero si analizamos más estos hechos, nuestro concepto del instinto resulta totalmente insuficiente para explicarlos. Un objeto inanimado como el coche, ¿posee un instinto que determina que, aunque él quede destrozado, debe conservar intacto el cuerpo humano que lleva en su interior? ¿Tiene el ser humano un instinto que le indique que en el momento del impacto, su contorno se tiene que adaptar a las formas del coche que se está destrozando? Este tipo de preguntas parecen, ciertamente, absurdas. Si decido seguir buscando explicaciones a incidentes de esta índole, es evidente que nuestro tradicional concepto del instinto no nos ayudará gran cosa. Más ayuda nos prestará quizás el concepto de sincronía, pero antes de analizarlo, será conveniente que consideremos primero algunos aspectos del funcionamiento de esa parte de la psique humana que denominamos el inconsciente.

El milagro del inconsciente

Cuando empiezo a trabajar con un nuevo paciente, a menudo trazo un gran círculo, en el que dibujo una pequeña casilla. Señalo el interior de la casilla y digo: «Esto representa su conciencia. El resto del círculo, el noventa y cinco por ciento o más, representa su inconsciente. Si usted trabaja durante el tiempo suficiente y con toda la intensidad necesaria para comprenderse a sí mismo, llegará a descubrir que esta extensa parte de su espíritu, en la cual ahora apenas repara, contiene riquezas que trascienden todo lo imaginable».

Desde luego, uno de los medios para conocer la existencia de esta extensa y oculta esfera del espíritu, así como las riquezas que contiene, es a través de los sueños. Un hombre de cierta notoriedad acudió a mí a causa de una depresión que arrastraba desde hacía muchos años. Su trabajo no le procuraba ningún placer, pero él no sabía explicar por qué. Aunque sus padres eran personas relativamente pobres y anónimas, algunos de sus antepasados por línea paterna habían sido hombres famosos, pero mi paciente casi ni los mencionó. Su depresión estaba causada por muchos factores. Sólo al cabo de varios meses empezamos a considerar la cuestión de sus ambiciones. En la sesión que siguió a aquella en que por primera vez tocamos el tema de la ambición, el paciente me contó un sueño que había tenido la noche anterior; éste es un fragmento del mismo:

—Estábamos en una casa llena de muebles grandes y opresivos. Yo era mucho más joven de lo que soy ahora. Mi padre deseaba que yo cruzara la bahía para ir a buscar un bote que él, por alguna razón, había dejado en una isla situada más allá de la bahía. Me entusiasmé con la idea de aquel viaje y le pregunté cómo podría encontrar el bote. Él me llevó aparte, donde había un mueble especialmente grande y opresivo, un arcón voluminoso, por lo menos de tres metros de largo, que llegaba hasta el techo y que quizás tenía veinte o treinta inmensos cajones. Mi padre me dijo que podría encontrar el bote si tomaba el arcón como punto de mira.

Al principio, el significado del sueño no resultaba claro, de modo que, como es habitual, pedí al paciente que se entregara a la asociación libre en relación con los cajones de ese enorme arcón. Inmediatamente el paciente me dijo:

—Por alguna razón, quizás porque el mueble me parecía tan opresivo, me hace pensar en un sarcófago.

—¿Y los cajones? —pregunté.

Sonrió y dijo:

—A lo mejor quiero eliminar a todos mis antepasados. El mueble me hace pensar en un panteón familiar o en una cripta, y cada uno de los cajones es suficientemente grande para contener un cadáver.

El significado del sueño ya estaba claro. En su juventud le habían dado una orientación, una orientación vital, entre las tumbas de sus famosos antepasados paternos y él había seguido esa orientación que conducía a la fama. Pero el paciente se sentía oprimido por una fuerza extraña y deseaba dar muerte psicológicamente a todos sus antepasados, a fin de verse libre de esa fuerza compulsiva.

Quien tenga experiencia en el análisis de los sueños, reconocerá que éste constituye una muestra representativa. Uno de los aspectos que lo definen como representativo es su utilidad. Ese hombre tenía un problema y su inconsciente tramó un drama que reveló la causa del problema, una causa en la cual el paciente no había reparado antes. El inconsciente hizo esta revelación valiéndose de símbolos, y lo hizo de una manera tan ingeniosa como la que puede emplear el dramaturgo más consumado. Es difícil imaginar que alguna otra experiencia que se hubiera producido en esta etapa de la terapia fuera tan elocuentemente útil para él y para mí como ese sueño. El inconsciente parecía querer ayudarlo y facilitar nuestro trabajo conjunto, y lo hizo con gran habilidad.

Precisamente porque los sueños suelen ser tan útiles, su análisis constituye, por lo general, una parte importante del trabajo de los psicoterapeutas. Debo confesar que hay muchos sueños cuyo significado se me escapa por completo y que a veces uno, de mal humor, desea que el inconsciente tenga la decencia de expresarse en un lenguaje más claro. Sin embargo, cuando logramos traducir los sueños, el mensaje siempre parece destinado a impulsar nuestro desarrollo espiritual. Según mi experiencia, los sueños que pueden interpretarse facilitan información

244

útil al que sueña, y esta ayuda se presenta en muy variadas formas: como advertencia de peligros personales; como orientación que permite solucionar problemas que parecían insolubles; como aviso ante nuestras equivocaciones no reconocidas; como acicate, cuando estamos ante la elección correcta pero no estamos seguros de que sea así; como fuente de información sobre nosotros mismos; como guía, cuando nos sentimos perdidos, y como instrumento revelador del camino que debemos recorrer cuando nos sentimos desorientados.

El inconsciente puede comunicarse con nosotros cuando estamos despiertos, con tanta sencillez y utilidad como cuando estamos dormidos, aunque lo hace de forma ligeramente diferente; es decir, se presenta en forma de «pensamientos vanos» e incluso en forma de fragmentos de pensamientos. Generalmente, al igual que ocurre con los sueños, no prestamos atención a este tipo de divagaciones y las hacemos a un lado como si carecieran de toda significación. Por este motivo, a los pacientes sometidos a psicoanálisis se les pide una y otra vez que digan cualquier cosa que se les pase por la cabeza, por más tonta o insignificante que parezca. Cada vez que un paciente dice «Es ridículo, pero este pensamiento tonto no deja de perseguirme... no tiene ningún sentido, pero usted me ha dicho que tengo que hablar de estas cosas», sé que nos encontramos ante un punto decisivo, que el paciente acaba de recibir de su inconsciente un mensaje de gran valor, un mensaje que aclarará significativamente su situación.

Si por un lado, estos «vanos pensamientos» suelen ayudarnos a comprendernos a nosotros mismos, por otro, nos ayudan a comprender a otras personas y a entender el mundo exterior. Como ejemplo de un mensaje proveniente de un «pensamiento vano» del inconsciente, describiré una experiencia de mi propio espíritu mientras trabajaba con una paciente. Se trataba de una chica que desde la adolescencia padecía una sensación de vértigo que le hacía temer un repentino desvanecimiento, y a la que no se había encontrado una causa física. Debido a esa sensación de vahído, la chica mantenía las piernas rígidas al andar, y su paso largo era casi un tambaleo. Era muy inteligente y encantadora. Al principio, yo no tenía idea de cuál podía ser la causa de aquella sensación de vértigo por la que, durante varios años y sin ningún éxito, había recurrido a la psicoterapia; pese a ello, había acudido a mí por si podía ayudarla. Estábamos en medio de nuestra tercera sesión y ella hablaba de una y otra cosa, cuando de pronto acudió a mi conciencia una palabra: «Pinocho». Traté de concentrarme en lo que decía la paciente e, inmediatamente, aparté aquella palabra de mi conciencia. Sin embargo, al cabo de un minuto y contra mi voluntad, la palabra volvió a hacer acto de presencia, casi de manera visible, como si alguien la deletreara ante mis ojos: Pinocho. Pestañeé, molesto, y volví a prestar atención a mi paciente. Sin embargo, como si aquella palabreja tuviera voluntad propia, al minuto siguiente me vino de nuevo a la mente, exigiendo mi atención. Entonces me dije: «Bien, si esta palabra está tan ansiosa por entrar en mi mente, será mejor que le preste atención, porque sé que estas cosas pueden ser importantes y porque si mi inconsciente está tratando de decirme algo, debería escucharlo». Y así lo hice. «¡Pinocho! ¿Qué diablos significaría Pinocho? No podía tener relación alguna con mi paciente. No es posible suponer que ella es Pinocho, ¿no es así? Pero, pensemos un poco; la paciente es mona, como una muñequita. Se viste de rojo, blanco y azul. Cada vez que venía, su ropa era de esos tres colores. Sus andares son cómicos, como un soldadito de madera con las piernas tiesas. ¡Vaya! ¡Eso es! Ella es una muñeca, un títere. ¡Dios mío, ella es Pinocho! Es un títere.» En un instante se me reveló la esencia del yo de la paciente: no era una persona real; era un pequeño títere rígido, de madera, que trataba de actuar como una persona viva pero que temía en cualquier momento tropezar y caer en una maraña de hilos. Rápidamente comenzaron a surgir hechos que prestaban apoyo a esta idea: una madre muy dominante que manejaba los hilos y que estaba muy orgullosa de haber logrado que su hija, «de la noche a la mañana», controlara sus esfínteres. Se reveló así una voluntad totalmente dedicada a cumplir lo que otros esperaban de ella: a ser limpia, ordenada, pulcra, aseada, una persona que decía siempre lo más conveniente, tratando de satisfacer frenéticamente lo que los demás exigían de ella. El resultado era una absoluta falta de motivaciones propias y una incapacidad total para tomar decisiones de forma autónoma.

Esta forma de percibir a mi paciente llegó a mi conciencia como una intrusa que no era bienvenida, pues yo no la había invitado y, por lo tanto, no deseaba que se presentara. Su presencia me parecía ajena a mí y nada pertinente al trabajo que estaba desempeñando; era una innecesaria distracción. Al principio, me resistí a ella y traté varias veces de cerrarle la puerta por la que había entrado. Este carácter aparentemente ajeno y no deseado es propio del material inconsciente y es su manera de presentarse a la conciencia. En parte, a causa de este carácter y de la resistencia de la conciencia, Freud y sus primeros discípulos tendieron a concebir el inconsciente como un depósito de lo primitivo, de lo antisocial y de lo malo que hay en nosotros. Es como si supusieran (dado que la conciencia no lo deseaba) que el material inconsciente era «malo». Creían también que, de alguna manera, la enfermedad mental estaba arraigada en el inconsciente y que era como un demonio en las profundidades subterráneas de nuestra psique. Jung fue quien empezó a modificar esta idea, llegando incluso a establecer conceptos como «la sabiduría del inconsciente». Mi experiencia ha confirmado este concepto de Jung, hasta tal punto, que he llegado a la conclusión de que la enfermedad mental no es un producto del inconsciente; por el contrario, creo que es un fenómeno de la conciencia o una relación desquiciada entre lo consciente y lo inconsciente. Consideremos, por ejemplo, la cuestión de la represión. Freud descubrió en muchos de sus pacientes deseos sexuales y sentimientos hostiles que, aunque ellos mismos no percibían, les afectaban tanto que se sentían enfermos. Como se suponía que estos deseos y sentimientos se hallaban en el inconsciente, surgió la idea de que el inconsciente era el «causante» de la enfermedad mental... Pero ¿por qué estos deseos y sentimientos se situaban, precisamente, en el inconsciente? y ¿por qué los reprimían? La respuesta es que el consciente no los desea, y es en este rechazo donde está el problema, que no consiste en que los seres humanos tengan deseos sexuales y sentimientos hostiles, sino más bien en que el consciente de los seres humanos con frecuencia es reacio a afrontar estos sentimientos y el dolor que conllevan, con lo cual, hay una gran predisposición a «esconderlos bajo la alfombra».

Un tercer ámbito de manifestación del inconsciente, si le prestamos la debida atención (cosa que generalmente no hacemos), se revela a través de nuestra conducta. Me refiero a los deslices verbales y a otros «errores» de conducta a los que denominamos «lapsus freudianos», porque fueron descritos y analizados por Freud en su *Psicopatología de la vida cotidiana*. El que Freud empleara la palabra «psicopatología» para designar estos fenómenos, indica nuevamente su visión negativa del inconsciente, elemento que, para él, desempeñaba un papel nefasto de demonio malévolo, en lugar de apreciarlo como un factor positivo que nos guiaba hacia la sinceridad. En psicoterapia, cuando un paciente incurre en un lapsus del inconsciente, el proceso de la terapia y la misma curación se aceleran. En esos momentos, el consciente del paciente está empeñado en combatir la terapia, en ocultar al terapeuta y a su propia conciencia la verdadera naturaleza de su yo. Pero el inconsciente, que de alguna manera está aliado con el terapeuta, lucha para que salgan a relucir la franqueza, la sinceridad, la verdad y la realidad, para que el paciente «diga las cosas como son».

Daré algunos ejemplos: Una mujer muy meticulosa, totalmente incapaz de reconocer en sí misma la emoción de la ira y, por supuesto, de expresarla abiertamente, empezó a llegar, sistemáticamente, unos minutos tarde a las sesiones terapéuticas. Le sugerí que quizás el hecho de retrasarse podía tener algo que ver con que estuviera resentida conmigo o disgustada por la terapia. Ella negó con firmeza esa posibilidad y me explicó que los motivos por los que llegaba tarde eran, simplemente, imprevistos que le surgían; además me aseguró que me apreciaba sinceramente y que se sentía motivada para trabajar conmigo. La tarde siguiente a esa sesión, la paciente pagó sus cuentas mensuales, incluidos mis honorarios, pero el cheque

que me envió no tenía firma. En la sesión siguiente le informé de esa circunstancia, y de nuevo le sugerí que no me había pagado porque estaba enfadada conmigo. Ella replicó:

—¡Pero eso es ridículo! En mi vida he olvidado firmar un cheque, usted sabe hasta qué punto soy meticulosa en estas cuestiones. Es imposible que no le haya firmado su cheque.

Entonces le enseñé el cheque sin firma, y la paciente, que nunca había perdido el control sobre sí misma, de pronto se puso a sollozar.

—¿Qué me está pasando? Me estoy desdoblando, es como si en mí hubiera dos personas.

Entre su zozobra y mi aceptación de su teoría del desdoblamiento, la paciente reconoció por primera vez la posibilidad de que, por lo menos una parte de sí misma, pudiera tener sentimientos de ira. Habíamos dado el primer paso hacia el progreso.

Otro paciente que presentaba un problema de ira, era un hombre que creía irrazonable tener ese sentimiento y, mucho más, manifestarlo contra algún miembro de su familia. En esos días, el paciente había recibido la visita de su hermana, a la que describía como una «persona perfectamente deliciosa». Poco después me habló de una cena a la que estaba invitado aquella noche y a la que acudirían, según dijo, una pareja vecina, y «por supuesto, mi cuñada». Le hice notar que acababa de referirse a su hermana llamándola cuñada.

—Supongo que ahora usted me va a decir que se trata de uno de esos lapsus freudianos —observó jocosamente.

—Sí, se trata de eso —repliqué—. Lo que su inconsciente revela es que usted no desea que su hermana sea su hermana, que, en lo que a usted concierne, ella es solamente su cuñada y que, en el fondo, usted la detesta.

—No, no la detesto —respondió el paciente—, pero es una persona que habla sin cesar y sé que en la cena de esta noche acaparará toda la conversación. Supongo que quizás a veces me molesta.

También en esta ocasión habíamos iniciado un pequeño avance.

No todos los lapsus expresan hostilidad o sentimientos «negativos» rechazados. Todos expresan sentimientos de rechazo, que pueden ser negativos o positivos. Expresan la realidad tal como es y no como nos gustaría que fuese. Según mi experiencia, el ejemplo más notable de lapsus verbal fue el de una chica en su primera visita a mi consulta. Yo sabía que era hija de personas distantes e insensibles que, aunque la habían educado en la abundancia material, no le habían dado afecto. Se comportaba como una persona muy madura, muy segura de sí misma y totalmente emancipada; en pocas palabras, una mujer de mundo, que se iniciaba en la psicoterapia porque, según me explicó:

—En este momento no tengo ocupaciones fijas, dispongo de tiempo y se me ha ocurrido que el psicoanálisis podría contribuir a mi desarrollo intelectual.

Cuando le pregunté por qué no tenía ninguna ocupación en ese momento, repuso que acababa de abandonar la universidad porque estaba embarazada de cinco meses y no quería casarse. Pensaba vagamente en dar el niño en adopción y marcharse luego a Europa para seguir allí sus estudios. Le pregunté si había informado sobre su embarazo al padre de la criatura, a quien la paciente no veía desde hacía cuatro meses.

—Sí —dijo—, le envié una nota comunicándole que nuestra relación era el producto de un hijo.

Obviamente, lo que quería decir era que el hijo era el producto de sus relaciones; de este modo me reveló que, tras su máscara de mujer de mundo, era una niña sedienta de afecto que había quedado embarazada en un intento desesperado de conseguir ese afecto, convirtiéndose en madre. No le hice reparar en su lapsus, porque todavía no estaba preparada para aceptar sus necesidades de dependencia, ni para enfrentarse a ellas sin que la perjudicaran. No obstante, el lapsus fue útil para percatarme de que aquella persona era realmente una niña amedrentada que necesitaba protección, dulzura y toda clase de cuidados, incluso físicos.

Estos tres pacientes a los que me he referido al tratar sobre los lapsus verbales, no trataban ni de esconderse de mí, ni de engañarse a sí mismos. La primera, estaba convencida de no estar enfadada; el segundo, tenía la seguridad de no sentir animosidad alguna por ningún miembro de su familia y la última, no se concebía a sí misma más que como una mujer de mundo. Como consecuencia de una serie de factores, la opinión consciente sobre nosotros mismos casi siempre difiere en mayor o menor grado de lo que somos en realidad. Normalmente, somos más o menos competentes de lo que creemos ser, pero el inconsciente sabe cómo somos realmente. Una tarea importante, esencial, en el proceso del desarrollo espiritual es esforzarse para que el concepto que se tiene de uno mismo se aproxime progresivamente a la realidad de lo que se es. Una vez cumplido parte de este objetivo, que requiere toda una vida de dedicación, y que se puede reforzar aplicando la psicoterapia, el individuo suele sentir que «ha renacido». El paciente, complacido por el resultado de su introspección, suele decir: «Soy una persona enteramente nueva, diferente», y ya no tendrá dificultades para comprender las palabras del poema: «Estuve perdido y me he encontrado, estaba ciego y ahora veo».

Si identificamos nuestro yo con el concepto que tenemos de nosotros mismos o con la propia conciencia, debemos decir que el inconsciente es una parte nuestra más sabia que nosotros mismos. Ya nos hemos referido a la «sabiduría del inconsciente» al hablar del conocimiento y la revelación del yo. En el ejemplo de la paciente que mi inconsciente identificaba como Pinocho, he intentado demostrar que el inconsciente es más sabio que nuestra conciencia, tanto en relación con otras personas como con nosotros mismos.

En una ocasión, mi mujer y yo nos fuimos de vacaciones a Singapur, país que visitábamos por primera vez. Por la noche, salimos del hotel para dar un paseo y llegamos a un gran espacio abierto, a unas dos o tres manzanas del cual se divisaba la silueta de un gran edificio.

—¿Qué será ese edificio? —dijo mi mujer, y yo inmediatamente le respondí con total seguridad:

—Oh, es el Singapore Cricket Club.

Las palabras me salieron de la boca con absoluta espontaneidad y casi en ese mismo momento me arrepentí de haberlas dicho porque no podía afirmar con tanta seguridad algo que desconocía. Nunca había estado en Singapur, no había visto un club de cricket a la luz del día, y mucho menos en la oscuridad, pero cuando nos acercamos al edificio, descubrí con estupor una placa de bronce en la que se leía: «Singapore Cricket Club».

¿Cómo pude saberlo? Entre las posibles explicaciones, está la teoría de Jung del «inconsciente colectivo», según la cual heredamos la experiencia de nuestros antepasados, sin necesidad de haberla vivido personalmente. Aunque este tipo de conocimiento puede parecerle extravagante a una mente científica, en nuestro lenguaje cotidiano, curiosamente, admitimos su existencia. Consideremos, por ejemplo, la palabra «reconocer». Cuando estamos leyendo un libro y tropezamos con una idea o teoría que nos atrae, algo en nosotros nos dice que esa teoría es cierta, verdadera, la «reconocemos» y, sin embargo, nunca habíamos pensado conscientemente en esa idea o teoría. «Reconocer» significa volver a conocer, como si alguna vez hubiéramos conocido algo, lo hubiéramos olvidado y luego volviéramos a conocerlo o reconocerlo, como a un viejo amigo. Es como si todos los conocimientos y todo el saber estuvieran contenidos en nuestro espíritu, de modo que cuando aprendemos «algo nuevo», en realidad sólo estamos redescubriendo algo que siempre ha estado presente en nuestra mente. Este concepto se refleja también en la palabra «educación», que deriva del verbo latino *educare*, cuyo significado literal es «sacar de, extraer de». Por lo tanto, cuando educamos a una persona, no aportamos material nuevo a su cerebro, sino que más bien se lo extraemos de él, lo sacamos del inconsciente y lo llevamos a la conciencia. Los educados poseen el conocimiento desde siempre, pero ¿cuál es la fuente de este conocimiento? No lo sabemos. La teoría de Jung acerca del inconsciente colectivo sugiere que nuestro saber es heredado. Recientes experimentos científicos con material genético en relación con el fenómeno de la memoria, señalan que es realmente posible heredar conocimientos que se almacenan en forma de códigos de ácido nucleico en el interior de las células. El concepto de almacenamiento químico de información nos permite empezar a entender cómo la información potencialmente accesible al espíritu humano podría estar almacenada en unos pocos centímetros cúbicos de sustancia cerebral. Pero incluso este modelo extraordinariamente refinado que explica el almacenamiento en un pequeño espacio de conocimientos heredados y de conocimientos adquiridos, deja sin respuesta las cuestiones más desconcertantes del espíritu. Cuando hacemos conjeturas sobre la tecnología de este modelo —cómo se puede construir, cómo está sincronizado, etcétera— aún nos quedamos aturdidos ante el fenómeno del espíritu humano. Conjeturar sobre estas cuestiones no dista mucho de hacerlo sobre un modelo de control cósmico, según el cual Dios manda ejércitos y legiones de ángeles, arcángeles, serafines y querubines, que lo ayudan en su tarea de regir el universo. La mente humana, que a veces pretende creer que no existe la idea de milagro, es en sí misma un milagro.

El milagro de la casualidad afortunada

Aunque es posible concebir la extraordinaria sabiduría del inconsciente tal como la hemos visto hasta aquí, como parte integrante de un cerebro compuesto de moléculas que funcionan con una tecnología milagrosa, aún no tenemos una explicación verosímil de los llamados «fenómenos psíquicos», que tienen una evidente relación con el funcionamiento del inconsciente. Con una serie de rigurosos experimentos, Montague Ullman, doctor en Medicina, y Stanley Krippner, doctor en Filosofía, demostraron de manera concluyente que es posible que un individuo despierto «transmita» repetidamente imágenes a otro individuo que está durmiendo en otra habitación, y que esas imágenes aparezcan en los sueños de éste.[30] Las transmisiones no se dan sólo en el laboratorio. Por ejemplo, no es extraño que dos personas que se conozcan tengan sueños idénticos o muy parecidos. ¿Cómo se explica esto? No tenemos ni la menor idea, pero lo cierto es que estas cosas ocurren. Su autenticidad está científicamente demostrada desde el punto de vista de las probabilidades. Una noche, yo mismo tuve un sueño que consistía en una serie de siete imágenes. Luego me enteré de que un amigo, al dormir en mi casa dos noches antes, había tenido un sueño en el que aparecían las mismas siete imágenes en idéntico orden. No encontramos ninguna explicación a este hecho; no podíamos relacionar los sueños con alguna experiencia que hubiéramos tenido o compartido, ni dar una interpretación con sentido a nuestros sueños. Sin embargo, sabíamos que había ocurrido algo muy significativo. Para construir un sueño, el espíritu tiene a su disposición millones de imágenes, con lo cual son mínimas las probabilidades de que sea la casualidad la que haya elegido los mismos símbolos, encadenados en idéntico orden, en ambos sueños. Es tan improbable que los dos sabíamos que no podía haber ocurrido por accidente.

El que hechos muy improbables, inexplicables desde el punto de vista de las leyes naturales, ocurran con improbable frecuencia, se conoce como principio de sincronía. Ni mi amigo ni yo conocíamos la causa o la razón por la que nuestros sueños fueran tan semejantes, pero un aspecto significativo era su coincidencia en el tiempo, factor importante y, seguramente decisivo en este tipo de sucesos. Antes, al ocuparnos de la predisposición y de la resistencia a los accidentes, hemos constatado que en muchas ocasiones la gente sale ilesa de vehículos destrozados, y que es absurdo creer que el coche, al tiempo que se destroza, protege instintivamente el cuerpo del conductor, o bien que éste, también de forma instintiva, se adapta a las formas del coche que se está destruyendo. No hay ninguna ley natural conocida, según la cual la configuración del vehículo (hecho A) determine que el automovilista sobreviva, o que la forma adoptada por el automovilista (hecho B) determine que el vehículo esté destinado a destruirse de una manera concreta. No obstante, aunque un hecho no determina el otro, el hecho A y el hecho B han sucedido sincrónicamente —es decir, al mismo tiempo— y el resultado ha sido que el automovilista ha sobrevivido. El principio de sincronía no explica ni el porqué ni el cómo; simplemente, establece que esta extraña coincidencia en el tiempo se produce con demasiada frecuencia como para atribuírsela exclusivamente a la casualidad. El principio de la sincronía no explica los milagros, sólo indica que éstos parecen estar relacionados con la conexión en el tiempo y que son hechos admirablemente comunes.

La similitud y la sincronía entre los sueños, dada su improbabilidad estadística, es calificada como un fenómeno «paranormal», aun cuando el significado de los sueños permanezca oculto. Probablemente, el significado de la mayoría de los fenómenos psíquicos paranormales esté igualmente oculto. Otra característica de los fenómenos paranormales, independientemente de su improbabilidad estadística, es el hecho de que muchos de ellos parecen ser beneficiosos para los humanos. Un científico respetable, maduro y tremendamente escéptico al que yo analizaba, me contó no hace mucho el siguiente hecho: «Después de nuestra última sesión, como hacía un buen día, decidí regresar a casa por la carretera que bordea el lago. Como usted sabe, ese camino tiene muchas curvas cerradas. Cuando me estaba acercando a la décima de esas curvas, se me ocurrió de pronto que otro coche podría aparecer repentinamente e invadir el carril por el que yo conducía, así que sin pensarlo dos veces, pisé el freno y detuve el coche a un lado del camino. Apenas lo hube hecho, apareció un coche a toda velocidad, que invadió unos dos metros el espacio de mi carril y casi arrolló mi coche que estaba aparcado a la derecha de la carretera. Si no me hubiera parado, inevitablemente habríamos chocado en la curva. No tengo ni idea de qué fue lo que me hizo detener. Podría haber parado en cualquiera de las otras curvas, pero no lo hice. Antes, muchas veces había ido por aquel camino y, aunque sabía que era peligroso, nunca me había detenido. Me pregunto si realmente no habrá algo de cierto en lo de las percepciones extrasensoriales, porque no puedo encontrarle ninguna otra explicación».

Es posible que hechos estadísticamente tan improbables como para sugerir que son ejemplos de sincronía o de sucesos paranormales, puedan ser dañinos del mismo modo que son beneficiosos. Aunque es un terreno lleno de peligros metodológicos, es preciso investigarlo. Por el momento sólo puedo declarar mi impresión firme, aunque «no científica», de que la frecuencia de hechos estadísticamente improbables y claramente beneficiosos es mayor que la frecuencia de aquellos cuyo resultado es perjudicial. Los resultados favorables de estos hechos no necesariamente han de tener por objeto el salvar la vida; la mayoría de las veces, sencillamente, fomentan o impulsan el desarrollo espiritual. Un excelente ejemplo de esto es la experiencia del «sueño del escarabajo» de Carl Jung, que él cuenta en su artículo «Sobre la sincronía» y que citamos en su totalidad:[31]

> *Mi ejemplo se refiere a una joven paciente que, a pesar de los esfuerzos realizados tanto por ella como por mí, resultaba psicológicamente inaccesible. La dificultad consistía en que la paciente siempre sabía más que yo. Su excelente educación le había suministrado un arma apropiada para ese fin: un racionalismo cartesiano muy pulido, con una idea de la realidad impecablemente «geométrica». Después de varios infructuosos intentos de suavizar su racionalismo con algo más de comprensión humana, tuve que limitarme a esperar que sucediera algo inesperado e irracional que derribara el muro intelectual en el que la paciente se había refugiado. Me encontraba sentado frente a ella, de espaldas a la ventana, escuchando su fluida retórica. La noche anterior, la paciente había tenido un sueño en el que alguien le había regalado un escarabajo de oro, un delicado trabajo de orfebrería. Mientras ella me contaba aquel sueño, oí a mis espaldas un suave ruido en la ventana. Me volví y vi que se trataba de un insecto volador bastante*

grande, que golpeaba el cristal de la ventana desde el
exterior, en un esfuerzo evidente por entrar en la
habitación oscura. Me pareció muy extraño. Abrí
la ventana e inmediatamente atrapé el insecto en el
aire mientras huía. Era un coleóptero del tipo del es-
carabajo (Cetonia aurata), *cuyo color verde dorado*
es muy parecido al de un escarabajo de oro. Se lo mos-
tré a mi paciente y le dije: «Aquí está su escarabajo».
La experiencia sirvió para resquebrajar su raciona-
lismo y su resistencia intelectual. El tratamiento
pudo continuar con satisfactorios resultados.

A lo que nos estamos refiriendo cuando hablamos de hechos paranormales con consecuencias beneficiosas, es al fenómeno de la «casualidad afortunada», que podemos definir
como la cualidad de encontrar cosas valiosas o agradables sin
buscarlas. Esta definición contiene ciertos elementos que pueden intrigarnos, como el de considerar las casualidades afortunadas como un don, lo cual supone que unas personas lo poseen y otras no, que algunas personas tienen esa suerte y otras
no la tienen. Una tesis importante de esta sección es que la gracia, manifestada en parte por «las cosas valiosas o agradables no
buscadas», es accesible a todos, sólo que algunas personas la
aprovechan y otras no. Al atrapar a aquel coleóptero y mostrár-
selo a su paciente, Jung estaba aprovechando los efectos de la
gracia. Algunas de las razones por las que la gente no saca provecho de la gracia las analizaremos más adelante en el apartado
«Resistencia a la gracia». Por el momento, me limitaré a indicar
que una de las razones por las que no nos beneficiamos de la
gracia, es que no tenemos plena conciencia de su presencia;
es decir, si poseemos el don de la gracia, no apreciamos su valor.
En otras palabras, lo que llamamos casualidad afortunada nos
ocurre a todos, pero a menudo no reconocemos su naturaleza;
consideramos esos hechos completamente irrelevantes y, en consecuencia, no los aprovechamos.

Hace cinco meses, estaba en otra ciudad para atender unas
citas profesionales; dado que tenía un par de horas libres, le

pedí a un colega que vivía allí, si podía pasar esas horas en la biblioteca de su casa, para trabajar en la redacción de la primera sección de este libro. Al llegar a su casa, me recibió su mujer, una persona fría y reservada que nunca pareció reparar en mí y que incluso en varias ocasiones se había mostrado hostil y casi arrogante. Mantuvimos una charla superficial durante unos cinco minutos, en el curso de la cual me preguntó cuál era el tema de mi libro. Le contesté, sin darle más detalles, que trataba sobre el desarrollo espiritual. Luego me puse a trabajar en la biblioteca y al cabo de media hora de estar trabajando, topé con un obstáculo: buena parte de lo que había escrito sobre el tema de la responsabilidad me resultaba insatisfactorio. Era evidente que debía ampliar más el texto a fin de que los conceptos descritos en él adquirieran un mayor significado; sin embargo, era consciente de que esa ampliación restaba fluidez a mi trabajo.

Por otra parte, no estaba dispuesto a suprimir enteramente la sección, puesto que creía necesario mencionar esos conceptos. Seguí con el dilema durante una hora, sin llegar a ninguna parte. Me sentía cada vez más frustrado, impotente para resolver la cuestión.

Me encontraba en esa situación cuando la mujer de mi colega entró silenciosamente en la biblioteca. Mostraba una actitud tímida y vacilante, respetuosa; sin embargo, había en ella algo cálido y suave, todo lo contrario de lo que había exhibido en los otros encuentros conmigo.

—Scotty, espero no interrumpirte —dijo—. Si te molesto, dímelo.

Le contesté que no me interrumpía, que me encontraba atascado en mi trabajo y que de momento no podía continuar con él. La mujer de mi colega tenía en las manos un librito. Me dijo:

—He encontrado este libro y he pensado que podría interesarte. Puede que no sea así, pero no sé por qué he imaginado que tal vez podría serte útil.

Me sentí irritado y presionado. Podría haberle dicho que estaba hasta la coronilla de libros (lo cual era cierto) y que no había manera de encontrar tiempo para leerlo en un futuro cercano. Pero aquella extraña humildad de la mujer suscitó en mí una respuesta diferente. Le dije que apreciaba su amabilidad y que trataría de leer el libro lo más pronto posible. Lo llevé a casa sin saber cuándo sería aquel «lo más pronto posible». Sin embargo, aquella misma noche algo me empujó a dejar los otros libros que estaba consultando, para leer el que acababan de darme. Era de Allen Wheelis y se titulaba *Cómo cambia la gente*. Gran parte de él se refería a la responsabilidad, y en uno de sus capítulos se exponía de manera sencilla y profunda lo que yo había tratado de expresar en la ampliación de la sección de mi libro. A la mañana siguiente, condensé aquella sección, que quedó convertida en un párrafo conciso, y en una nota a pie de página remití al lector al libro de Wheelis, por si deseaba leer una explicación más completa. Mi dilema quedaba resuelto.

Este acontecimiento no fue relevante, no hubo trompetas que lo anunciaran. Yo podía haberlo pasado por alto y hubiera sobrevivido igualmente. Sin embargo, había sido tocado por la gracia. El hecho era a la vez extraordinario por su inverosimilitud, y ordinario porque este tipo de sucesos nos ocurren continuamente; son hechos que golpean a la puerta de nuestra conciencia con tanta suavidad como lo hacía aquel coleóptero en el cristal de la ventana. He vivido hechos parecidos desde que la mujer de mi colega me prestó su libro. Algunos los reconozco. Puedo haberme aprovechado de algunos de ellos sin tener conciencia de su carácter milagroso. Pero no tengo manera de saber cuántos he dejado escapar sin provecho.

La definición de gracia

Hasta ahora he descrito en esta sección una variedad de fenómenos que tienen las siguientes características en común:

a) Sirven para impulsar, apoyar, proteger y fomentar la vida humana y el desarrollo espiritual.

b) El mecanismo de su acción, o no se acaba de comprender del todo (como en el caso de la resistencia física y de los sueños) o resulta totalmente ininteligible (como en el caso de los fenómenos paranormales), de acuerdo con los principios de las leyes naturales y según la interpretación del pensamiento científico actual.

c) Su aparición es frecuente, común y universal.

d) Aunque potencialmente están influidos por la conciencia humana, el origen de esos fenómenos es externo al consciente.

Aunque por lo general son considerados separadamente, me he convencido de que su carácter común indica que estos fenómenos son parte de un solo fenómeno o manifestaciones de él: una vigorosa fuerza que, teniendo su origen fuera de la conciencia humana, impulsa el desarrollo espiritual de los seres humanos. Durante cientos e incluso miles de años, antes de la nomenclatura científica de cosas como inmunoglobulinas y estados oníricos e inconscientes, esa fuerza era reconocida por los espíritus religiosos que le dieron el nombre de gracia y le cantaron alabanzas: «¡Admirable gracia, qué dulce...»

¿Cómo hemos de considerar —nosotros que somos escépticos y tenemos un espíritu científico— esta «vigorosa fuerza que, teniendo su origen fuera de la conciencia humana, impulsa el desarrollo espiritual de los seres humanos»? No podemos palparla; no tenemos medios apropiados para medirla. Pero existe, es real. ¿Debemos contentarnos con la visión de túnel y hacer caso omiso de ella porque no es fácilmente ajustable a los tradicionales conceptos científicos de ley natural? No me parece prudente. No creo que podamos lograr una plena comprensión del cosmos, del lugar que en él ocupa el hombre, ni de la naturaleza de la humanidad, si no incorporamos el fenómeno de la gracia a nuestro marco conceptual.

Sin embargo, ni siquiera podemos localizar dicha fuerza. Sólo sabemos dónde no está: no reside en la conciencia humana. Entonces, ¿dónde reside? Algunos de los fenómenos que hemos tratado, como los sueños, sugieren que la gracia reside en el inconsciente del individuo. Otros fenómenos, como la sincronía y la casualidad afortunada, indican que esta fuerza existe más allá de las fronteras del individuo. No sólo porque somos científicos encontramos dificultad en localizar la gracia. Los religiosos, que por supuesto atribuyen a Dios el origen de la gracia y están convencidos de que la gracia es amor de Dios, han tenido desde siempre la misma dificultad para localizar a Dios. En teología hay, a este respecto, dos grandes tradiciones opuestas: una, la doctrina de la emanación, sostiene que la gracia emana de un Dios exterior y desciende a los hombres; la otra, la doctrina de la inmanencia, sostiene que la gracia proviene de Dios, pero es inherente al hombre.

Este problema —y, en realidad, todo el problema de la paradoja— se debe, en primer lugar, a nuestro deseo de situar las cosas. Los seres humanos tendemos a percibir las cosas como entidades autónomas. El mundo se compone de barcos, zapatos y demás categorías. Comprendemos un fenómeno sólo si lo podemos incluir en una determinada categoría, correspondiente a una entidad determinada. Es una cosa o la otra, pero no puede ser ambas. Los barcos son barcos y no zapatos. Yo soy yo y tú eres tú. La entidad «yo» es mi identidad, y la entidad «tú» es tu identidad, y solemos quedar completamente desconcertados y frustrados si nuestras entidades llegan a mezclarse o confundirse. Según hemos observado antes, pensadores hindúes y budistas creen que nuestra forma de percibir las entidades separadamente es ilusoria o *maya*, y los físicos modernos que estudian la relatividad, los fenómenos de ondas y partículas, el electromagnetismo, etcétera, se están dando cuenta cada vez más de las limitaciones de nuestro enfoque conceptual basado en entidades. Pero es difícil salir de esta visión. Nuestra tendencia a pensar en entidades nos lleva al deseo de querer situarlo todo en algún lugar, incluso conceptos como Dios o la gracia, aun cuando sabemos que esta tendencia es un obstáculo a nuestra comprensión.

Por mi parte, procuro no concebir al individuo como una entidad y, en la medida en que mis limitaciones intelectuales me empujan a pensar (o escribir) en términos de entidades, concibo los límites del individuo como una especie de membrana sumamente permeable, una valla en lugar de un muro; una valla a través de la cual, por debajo de la cual y por encima de la cual pueden escurrirse otras «entidades». Así como nuestro consciente es continua y parcialmente permeable al inconsciente, nuestro inconsciente es permeable a la «mente» exterior, a la «mente» que nos domina y que, no obstante, es una identidad distinta de nosotros. Una descripción más ingeniosa y apropiada que la que ofrece el lenguaje científico del siglo XX al hablar de membranas permeables es el lenguaje religioso de Juliana, una anacoreta de Norwich, del siglo XIV, cuando describe la relación entre la gracia y la entidad individual: «Del mismo modo que el cuerpo está dentro de la ropa, la carne dentro de la piel, los huesos dentro de la carne y el corazón es el todo, así estamos también nosotros: alma y cuerpo alojados en la bondad de Dios y encerrados en ella. Sí, y de una forma más sencilla, pues todas esas cosas pueden marchitarse y consumirse, pero la bondad de Dios es eternamente el todo».32

En todo caso, independientemente de cómo los concibamos, a qué los atribuyamos o dónde los situemos, los «milagros» a los que nos hemos referido indican que nuestro desarrollo como seres humanos es ayudado por una fuerza que no es la de nuestro consciente. Para comprender mejor la naturaleza de esta fuerza, creo que podría ser útil considerar otro milagro: el desarrollo de la vida, el proceso al que hemos dado el nombre de evolución.

El milagro de la evolución

Aunque hasta ahora no nos hemos detenido de manera especial en el concepto de evolución, de un modo u otro nos hemos ocupado de él a lo largo de este libro. El desarrollo espiritual es la evolución de un individuo. El cuerpo del individuo sufre los cambios propios del ciclo vital, pero no evoluciona porque no se crean nuevas estructuras físicas. La decadencia de las aptitudes físicas en la vejez es algo inevitable, pero el espíritu humano puede evolucionar mucho durante la vida y, como consecuencia de ello, pueden forjarse nuevas estructuras. La competencia espiritual puede aumentar (aunque generalmente no ocurre) hasta el momento de la muerte a una edad avanzada. La vida nos ofrece ilimitadas oportunidades de desarrollo espiritual hasta el final. Aunque el tema principal de este libro es la evolución espiritual, el proceso de la evolución física es análogo al de la evolución del espíritu y nos suministra un modelo que nos permite comprender mejor el proceso de desarrollo espiritual y la significación de la gracia.

El rasgo más llamativo del proceso de la evolución física es que es un milagro. De acuerdo con lo que sabemos del universo, la evolución no debería darse, el fenómeno no debería existir de ningún modo. Una de las leyes naturales fundamentales es la segunda ley de termodinámica, que establece que la energía fluye naturalmente de un estado de organización superior o mayor a un estado de organización menor, de un estado de diferenciación superior a un estado de diferenciación inferior. En otras palabras, el universo se encuentra en un proceso descendente, decadente. El ejemplo que suele emplearse para ilustrar este proceso es el de una corriente de agua que fluye naturalmente cuesta abajo. Se necesita energía o trabajo —bombas, esclusas, cangilones u otros medios— para invertir el proceso, para volver las cosas al estado anterior, para devolver el agua a lo alto de la colina. Y esta energía debe obtenerse de alguna otra parte; hay que explotar algún otro sistema de energía para realizar esa operación. En última instancia, de conformidad con la segunda ley de la termodinámica, dentro de miles de millones de años, el universo degenerará por completo hasta llegar al punto más bajo y amorfo y convertirse en una especie de «burbuja» desorganizada, enteramente indiferenciada en la que ya no ocurre nada más. Ese estado de total desorganización e indiferenciación se denomina entropía.

El flujo natural descendente de la energía hacia el estado de entropía podría denominarse fuerza de entropía. Hay que advertir que el «flujo» de la evolución va contra la fuerza de entropía. El proceso de la evolución consiste en un desarrollo de los organismos, llevándolos desde estados inferiores a unos estados superiores de mayor complejidad, diferenciación y organización. Un virus es un organismo muy simple, poco más que una molécula. Una bacteria es más compleja, más diferenciada, pues posee una pared celular, metabolismo y diferentes tipos de moléculas. Un paramecio tiene un núcleo, cilios y un sistema digestivo rudimentario. Una esponja no sólo posee células, sino que además presenta diferentes tipos de células interdependientes. Los insectos y los peces tienen sistema nervioso con complejos medios de locomoción, y hasta organizaciones sociales. Y así prosigue la escala de la evolución, una escala de creciente complejidad, organización y diferenciación, hasta llegar al hombre, que posee una enorme corteza cerebral y formas de conducta de extraordinaria complejidad y que, según sabemos, ocupa el vértice de esta pirámide. Considero que el proceso de la evolución es un milagro porque, tratándose de un proceso de creciente organización y diferenciación, va contra la ley natural. Según el curso ordinario de las cosas, nosotros, que escribimos y leemos este libro, no deberíamos existir.[33]

El proceso de evolución puede representarse gráficamente por una pirámide en cuyo vértice está el hombre, el organismo más complejo, y en cuya base están los virus, los organismos más numerosos pero menos complejos:

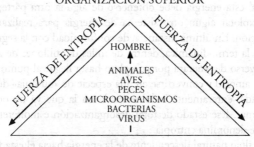

ORGANIZACIÓN SUPERIOR

FUERZA DE ENTROPÍA   FUERZA DE ENTROPÍA

HOMBRE
ANIMALES
AVES
PECES
MICROORGANISMOS
BACTERIAS
VIRUS

ENTROPÍA

El vértice se yergue desafiando la fuerza de la entropía. En el interior de la pirámide he puesto una flecha que simboliza ese impulso evolutivo, ese «algo» que ha desafiado tan coherentemente y con tanto éxito la «ley natural» durante millones de generaciones y que debe representar él mismo una ley natural todavía no definida.

La evolución espiritual de la humanidad puede representarse también con un diagrama:

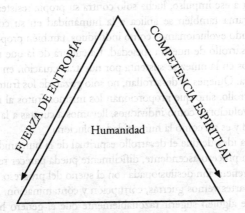

COMPETENCIA ESPIRITUAL

FUERZA DE ENTROPÍA

COMPETENCIA ESPIRITUAL

Humanidad

ESPIRITUALIDAD NO DESARROLLADA

He advertido reiteradamente que el proceso de desarrollo espiritual es difícil y exige esfuerzo, ya que se realiza contra una resistencia natural, contra la natural inclinación a conservar el estado en que nos hallamos, a aferrarnos a los viejos mapas y a los viejos modos de actuar, a seguir el camino fácil. Más adelante volveré a referirme a esta resistencia natural, esta especie de fuerza de entropía que actúa en nuestra vida espiritual, pero, por el momento, quiero resaltar que, lo mismo que en el caso de la evolución física, el milagro consiste en que podemos superar esta resistencia y, a consecuencia de ello, podemos crecer y,

265

pese a todo lo que se opone al proceso, nos convertimos en seres humanos mejores. Por supuesto, ni es fácil, ni todos conseguimos mejorar, aunque quienes lo logran se superan a sí mismos y perfeccionan su cultura a través de una fuerza que impele a elegir el camino más difícil, a fin de trascender el lodo y la inmundicia entre los que, con frecuencia, hemos nacido.

Este diagrama del proceso de la evolución espiritual puede aplicarse al individuo. Cada uno de nosotros tiene en sí mismo la posibilidad de impulsar su propio desarrollo, y si decide obedecer a ese impulso, lucha solo contra su propia resistencia. El diagrama también se aplica a la humanidad en su conjunto. Cuando evolucionamos como individuos, también propiciamos el desarrollo de nuestra sociedad. La cultura de la que nos nutrimos en la niñez se sustenta por nuestra actuación en la edad adulta. Quienes se desarrollan, no sólo gozan de los frutos de su desarrollo, sino que proporcionan los mismos frutos al mundo. Al evolucionar como individuos, llevamos a cuestas a la humanidad y es así como la humanidad evoluciona.

La idea de que el desarrollo espiritual de la humanidad está en un proceso ascendente, difícilmente pueda parecer realista a una generación desilusionada con el sueño del progreso. En todas partes vemos guerras, corrupción y contaminación. ¿Cómo puede alguien sugerir razonablemente que el género humano está progresando espiritualmente? Y, sin embargo, es exactamente lo que afirmo. Nuestra decepción se debe a que esperamos de nosotros mismos más de lo que nuestros antecesores esperaban de sí mismos. Una conducta humana que hoy consideramos repulsiva y humillante, antes era considerada como algo natural. Por ejemplo, un tema importante que aparece en este libro es la responsabilidad de los padres con respecto al desarrollo espiritual de los hijos. Hoy no es un tema polémico, pero hace varios siglos ni siquiera era una preocupación humana. Aunque me parece que la calidad de los cuidados paternos en la actualidad es muy pobre, creo que es muy superior al de hace unas generaciones. Un reciente examen acerca de los cuidados que se da a los niños, empieza señalando que:

266

El derecho romano daba al padre el poder absoluto
sobre sus hijos, a los que podía vender o condenar a
muerte con total impunidad. Este concepto del poder
absoluto pasó al derecho inglés, donde prevaleció has-
ta el siglo XIV sin cambios apreciables. En la Edad
Media, la niñez no era considerada esa fase única de
la vida por la que hoy abogamos. Era habitual en-
viar a los niños, a partir de los siete años, a servir o a
realizar actividades de aprendizaje, en las que la for-
mación era un aspecto secundario y lo que primaba era
el trabajo que se realizaba. El niño y el sirviente no
se distinguían en cuanto al modo en que eran trata-
dos y ni siquiera el lenguaje tenía términos diferentes
para designar a uno y a otro. Hubo que esperar hasta
el siglo XVI para que el niño empezara a ser conside-
rado como una persona que merecía un interés espe-
cial, sobre todo en cuanto se refiere a su desarrollo y al
afecto que debía dársele.[34]

Pero ¿cuál es esa fuerza que nos empuja como individuos y como especie a desarrollarnos contra la resistencia natural de nuestro propio letargo? Ya la hemos nombrado. Es el amor. Nosotros definimos el amor como «la voluntad de extender los propios límites con el fin de impulsar el desarrollo espiritual propio o ajeno». Cuando impulsamos este desarrollo, lo hacemos porque estamos empeñados en ello y trabajamos en este empeño porque nos amamos a nosotros mismos. Logramos nuestra elevación personal a través del amor que sentimos por nosotros mismos, y a través del amor hacia los demás contribuimos a su engrandecimiento como seres humanos. El amor, la extensión del yo, es el acto mismo de la evolución, una evolución progresiva. La fuerza evolutiva, indispensable para cualquier manifestación de vida, en el género humano se presenta en forma de amor. En la humanidad el amor es la fuerza milagrosa que desafía la ley natural de la entropía.

267

Con todo lo que hemos dicho hasta ahora, todavía no hemos respondido a la pregunta formulada al terminar la sección sobre el amor: ¿de dónde procede el amor? Sólo ahora podemos ampliar los términos y formular una pregunta más general aún: ¿de dónde procede toda la fuerza de la evolución? Y a esta pregunta podemos añadir nuestra perplejidad con respecto al origen de la gracia, porque si el amor es consciente, la gracia no lo es. ¿De dónde proviene esa «vigorosa fuerza que, teniendo su origen fuera de la conciencia humana, impulsa el desarrollo espiritual de los seres humanos»?

No podemos dar respuestas científicas a estas preguntas, ya que no es lo mismo saber la procedencia de la harina o del acero que plantearnos cuestiones que resultan demasiado intangibles para nuestra «ciencia» en su estado actual. Y no son éstas las únicas cuestiones fundamentales a las que la ciencia no puede dar respuestas. ¿Sabemos realmente, por ejemplo, qué es la electricidad? ¿Sabemos de dónde proviene la energía? ¿O el universo? Tal vez algún día nuestra ciencia pueda dar respuesta a estas preguntas, pero mientras tanto, sólo podemos conjeturar, teorizar, postular, formular hipótesis.

Para explicar los milagros de la gracia y la evolución, teorizamos sobre la existencia de un Dios que desea que crezcamos, de un Dios que nos ama. Para muchos, esta hipótesis resultará demasiado simple, demasiado fácil, demasiado fantasiosa, pueril e ingenua. Pero ¿qué otra cosa podemos hacer? Ignorar los datos refugiándonos en la visión de túnel no es una respuesta. Únicamente podemos obtener una respuesta formulando preguntas. Por sencillo que parezca, nadie que haya observado los datos y formulado las preguntas pertinentes ha logrado dar una hipótesis mejor o una hipótesis acertada. Mientras alguien no lo haga, nos acogemos a esta idea pueril de un Dios de amor o, como alternativa, a un vacío teórico.

Si afirmamos que nuestra capacidad de amar —ese impulso de desarrollarnos y evolucionar—, nos la concede Dios, debemos entonces preguntarnos con qué fin lo hace Dios. ¿Por qué desea Dios que evolucionemos? ¿En qué dirección estamos evolucionando? ¿Cuál es la meta de la evolución? ¿Qué desea Dios de nosotros? No tengo intención de entregarme a sutilezas teológicas, y espero que los especialistas me perdonen si paso por alto todos los interrogantes de la teología propiamente especulativa. Lo cierto es que por más que queramos evadirnos de la cuestión, todos los que respaldamos la idea de un Dios de amor, llegamos tarde o temprano a un pensamiento sobrecogedor: Dios desea que nos convirtamos en Él mismo (o Ella misma, o Ello mismo). Evolucionamos en dirección a la divinidad. Dios es la meta de la evolución. Dios es la fuente de la fuerza evolutiva y Dios es su destino. Esto es lo que queremos expresar cuando decimos que Dios es alfa y omega, el principio y el fin.

Al decir que ésta es una idea sobrecogedora me he quedado corto. En realidad es una idea muy antigua de la que los seres humanos huyen, llenos de pánico, porque nunca una idea ha representado una carga tan pesada para el hombre. Es, en toda la historia de la humanidad, la idea más exigente con el hombre; no porque sea difícil de asimilar —al contrario, es la esencia de la simplicidad—, sino porque si creemos en ella, nos exigirá que demos todo lo que podemos dar, todo lo que tenemos. Una cosa es creer en un buen Dios que se ocupa amorosamente de nosotros desde su elevada e inaccesible posición de poder, y otra muy diferente es creer en un Dios cuyo propósito es, precisamente, que alcancemos su posición, su poder, su sabiduría y su identidad. Si creyéramos posible que el hombre puede convertirse en Dios, esta creencia, por su misma naturaleza, nos impondría la obligación de intentar alcanzar esa posibilidad. Pero nosotros no queremos esta obligación, no queremos trabajar tanto, no queremos asumir la responsabilidad de Dios, No queremos tener que pensar continuamente. Mientras creamos que la divinidad es un logro imposible para nosotros, no tenemos que preocuparnos de nuestro desarrollo espiritual, no tenemos que esforzarnos por alcanzar niveles de conciencia cada vez más altos; podemos relajarnos y ser sólo humanos. Si Dios está en su cielo y nosotros estamos aquí abajo, podemos dejar que Él se haga cargo de toda la responsabilidad que conllevan la evolución y el funcionamiento del universo. Nosotros podemos hacer todo lo posible para asegurarnos una vejez cómoda en la que gocemos de salud y tengamos hijos y nietos felices y agradecidos; pero nuestras preocupaciones no van más allá. Estas metas son también difíciles de alcanzar y no hay que menospreciarlas; sin embargo, si creemos en la viabilidad de que un hombre se convierta en Dios, ya no podremos descansar nunca más, ni decir: «He terminado mi trabajo», sino que deberemos esforzarnos constantemente por ser cada vez más sabios y más eficaces y por poner todo nuestro empeño en mejorar nuestro desarrollo espiritual, de manera que la responsabilidad de Dios se convertirá en nuestra responsabilidad. No es extraño que la posibilidad de acceder a la divinidad resulte odiosa, porque la idea de que Dios nos ilumina para que podamos evolucionar y ser como Él, nos enfrenta directamente con nuestra pereza.

Entropía y pecado original

Como este libro aborda el desarrollo espiritual, es inevitable que también trate de la otra cara de la misma moneda: los obstáculos que se oponen a él. El obstáculo es fundamentalmente uno: la pereza. Si vencemos la pereza, los demás impedimentos quedarán superados y si no la vencemos, los otros obstáculos seguirán presentes. Así pues, el libro trata también sobre la pereza. Al hablar sobre la disciplina, nos hemos referido a la pereza como el modo de evitar el sufrimiento necesario para evolucionar y la manera de seguir el camino más fácil. Al analizar el amor, hemos afirmado que el desamor es la falta de disposición a extender el propio yo. La pereza se opone al amor. El desarrollo espiritual requiere esfuerzo, como ya hemos señalado una y otra vez. Ahora estamos en condiciones de examinar la naturaleza de la pereza desde una buena perspectiva y de comprender que la pereza es la fuerza de entropía tal como se manifiesta en la vida de todos nosotros.

Durante muchos años consideré que la idea del pecado original carecía de sentido e incluso que era discutible. La sexualidad no me parecía algo particularmente pecaminoso, y lo mismo ocurría con mis otros apetitos. Con cierta frecuencia puedo entregarme al placer de comer un tanto desmesuradamente un excelente plato y, aunque sufro los dolores propios de una indigestión, la verdad es que no siento remordimientos de conciencia ni culpabilidad. En mi opinión, el pecado era el engaño, el prejuicio, la tortura, la brutalidad. Pero no podía percibir nada pecaminoso en los niños, ni me parecía racional creer que los recién nacidos estuvieran malditos porque sus antepasados hubieran comido la fruta del árbol del bien y del mal. Sin embargo, poco a poco me fui dando cuenta de que la pereza era un fenómeno generalizado. En los esfuerzos que hacía por ayudar a mis pacientes en su evolución, comprobaba que mi principal enemigo era siempre su pereza. Incluso en mí mismo advertí una resistencia a extenderme hacia nuevas esferas de pensamiento, responsabilidad y madurez. Evidentemente, si tenía algo en común con toda la humanidad, era mi pereza. Fue entonces cuando para mí cobró sentido el relato bíblico de la serpiente y la manzana.

La cuestión clave está en lo que falta. El relato dice que Dios tenía la costumbre de «caminar por el jardín con el frescor del día» y que era posible la comunicación entre Él y el hombre. En ese caso, ¿por qué Adán y Eva, juntos o por separado, antes o después de la tentación de la serpiente, no hablaron con Dios? ¿Por qué no le dijeron: «Tenemos la curiosidad de saber por qué no deseas que comamos el fruto del árbol del bien y del mal. La verdad es que estamos muy bien aquí y no deseamos parecer desagradecidos, pero tu ley, en este aspecto concreto, no tiene mucho sentido para nosotros y nos gustaría mucho que nos la explicaras»? Por supuesto, Adán y Eva no lo hicieron, sino que transgredieron la ley de Dios sin haber comprendido la razón de aquella ley, sin hacer el esfuerzo de enfrentarse directamente a Dios, poner en tela de juicio su autoridad o comunicarse con Él de un modo razonable. Escucharon a la serpiente y no escucharon lo que Dios tenía que decirles.

¿Por qué no lo hicieron? ¿Por qué no hubo un paso intermedio entre la tentación y la acción? Este paso no dado es la esencia del pecado; en caso de haberlo dado, su resultado hubiera sido la discusión suscitada por Adán y Eva entre la serpiente y Dios, pero al no hacerlo, no escucharon lo que Dios tenía que decirles al respecto. El debate entre la serpiente y Dios es un símbolo del diálogo entre el bien y el mal que se desarrolla en el espíritu de los seres humanos. El no llevar a cabo un debate interno entre el bien y el mal —o no hacerlo de forma profunda y sincera— es la causa de todos los malos actos que constituyen el pecado. Al discutir la sensatez de una determinada línea de acción propuesta, generalmente los seres humanos dejan de escuchar lo que Dios tiene que decirles al respecto. No escuchan al Dios que habita dentro de ellos, ni atienden al sentido de la justicia que reside en el espíritu de toda la humanidad, y no lo hacen porque son perezosos. Cuesta trabajo desarrollar estos debates internos, que exigen tiempo y energía. Y cuando los tomamos seriamente —al escuchar la voz de ese «Dios que habita en nosotros»—, por lo general nos sentimos impulsados a seguir el camino más difícil, el de mayor esfuerzo. Llevar a cabo este debate es exponernos a la lucha y el sufrimiento. Cada uno de nosotros, con mayor o menor frecuencia, se apartará del trabajo y del esfuerzo, tratando de evitar este penoso paso; al igual que Adán y Eva y que nuestros antecesores, todos somos perezosos.

El pecado original es nuestra pereza. Es un pecado muy real que existe en cada uno de nosotros: recién nacidos, niños, adolescentes, adultos, ancianos, sabios, estúpidos, sanos o enfermos. Algunos podrán ser menos perezosos que otros, pero todos lo somos en alguna medida. Por más enérgicos, ambiciosos y sabios que seamos, si realmente miramos en nuestro interior, veremos que la pereza acecha desde algún lugar. Es la fuerza de la entropía dentro de nosotros, es la fuerza que nos empuja hacia abajo y nos impide evolucionar espiritualmente. Algunos lectores podrán decirse: «Pero yo no soy perezoso. Trabajo sesenta horas a la semana, y todas las noches y los fines de semana, aunque esté cansado, salgo con mi mujer, llevo a los niños al zoológico y ayudo en las faenas domésticas. A veces tengo la impresión de que lo único que hago es trabajar».

Puedo comprender el sentimiento de estos lectores, pero he de insistir en que aun así, comprobarán que la pereza está instalada en su interior, si se analizan a sí mismos. En efecto, la pereza adopta formas diferentes, que no están relacionadas con el número de horas que se trabaja o con las responsabilidades que se tienen hacia los demás. Una de las principales formas que adopta la pereza es el temor y, en este sentido, vuelve a ser ilustrativo el mito de Adán y Eva, ya que podríamos decir, por ejemplo, que no fue la pereza lo que les impidió preguntar a Dios las razones que tenía para imponer su ley, sino el temor ante la grandeza y la ira de Dios. Aunque no todo temor implica pereza, muchas veces hay una plena identificación entre ambos sentimientos. Nos asusta cualquier cambio en nuestra vida porque emprender una nueva aventura entraña la posibilidad de perder lo que ya tenemos. En la sección sobre la disciplina, ya he puesto de manifiesto la amenaza que supone la incorporación a nuestras vidas de nueva información que nos obliga, no sólo a asimilarla, sino también a esforzarnos en corregir el mapa de nuestra realidad, de modo que, instintivamente, tratamos de evitar toda esta laboriosa tarea. En consecuencia, casi siempre se combatirá la nueva información, en vez de integrarla al resto de conocimientos. Esta resistencia está motivada por el temor, pero la base del temor es la pereza; es el temor al trabajo.

Asimismo, en la sección sobre el amor he hablado de los riesgos de extendernos hacia nuevos territorios, de asumir nuevos compromisos y responsabilidades, de entablar nuevas relaciones y de entrar en nuevos niveles de existencia. También en este caso, el riesgo es la pérdida del *statu quo*, y el temor se revela ante el esfuerzo que se necesita para adquirir uno nuevo; de manera que es muy probable que Adán y Eva temieran lo que pudiera ocurrirles si se dirigían directamente a Dios; tomaron, pues, el atajo ilegítimo de la furtividad, el que les permitía alcanzar el conocimiento sin esfuerzo de ninguna clase. Aunque su forma de proceder fue la más cómoda, de la moraleja del relato bíblico se desprende que no fue la más adecuada.

Los psicoterapeutas sabemos que aunque los pacientes acuden a nosotros en busca de un cambio en su vida, sea de la índole que sea, en realidad están aterrados por este cambio y por el esfuerzo que conlleva. A causa de este temor o de esta pereza, muchísimos pacientes —quizás nueve de cada diez— que inician el proceso psicoterapéutico, abandonan la terapia mucho antes de que ésta se haya completado y la mayoría lo hace durante las primeras sesiones o durante los primeros meses de tratamiento. Suele ser muy común en el caso de los pacientes casados que, durante las primeras sesiones terapéuticas, toman conciencia de que su matrimonio es destructivo, y que el camino que les conducirá a la salud mental es, o bien el divorcio, o bien un proceso enormemente difícil y doloroso para enderezar su matrimonio. En realidad, estos pacientes saben subliminalmente la situación real en la que se encuentran, antes incluso de buscar ayuda psicoterapéutica, porque lo único que consiguen con las primeras sesiones de terapia es confirmar lo que ya sabían y temían. En todo caso, se sienten sobrecogidos por el temor a afrontar solos las dificultades de la vida o los inconvenientes de trabajar durante meses y años con su cónyuge con el fin de mejorar sus relaciones, así que interrumpen el tratamiento, a veces después de dos o tres sesiones, a veces después de diez o veinte.

Abandonan el tratamiento alegando excusas como «Nos hemos dado cuenta de que cometimos un error al calcular que teníamos dinero para pagar el tratamiento», o bien interrumpen el tratamiento reconociendo con franqueza: «Temo el efecto que la terapia pueda tener en mi matrimonio. Sé que ahora lo abandono. Tal vez algún día tenga el valor de regresar». En todo caso, se deciden a seguir con su miserable existencia, en lugar de realizar los tremendos esfuerzos que, como saben bien, serían necesarios para superar sus confusas situaciones.

En las primeras fases del desarrollo espiritual, las personas, generalmente, no se percatan de su pereza, aunque a veces reconozcan que: «Por supuesto, como todos los demás, tengo mis momentos de pereza». El motivo por el que tendemos a encubrir nuestra pereza es que la parte del yo que la lleva implícita, no deja que este sentimiento aflore. Como el demonio, carece de escrúpulos y sabe bien cómo ocultarla o disfrazarla. Esta parte del yo que encubre su pereza con toda clase de artimañas, sabe que la parte del yo que aún está en proceso de desarrollo es demasiado débil y no habrá reparado en el engaño o, en todo caso, no sabrá cómo combatirlo. Así, ante la sugerencia de que puede adquirir un nuevo conocimiento en un área determinada, una persona responderá, por ejemplo: «Ya ha sido estudiado por mucha gente y no se ha obtenido ninguna respuesta válida» o «Conocí a un hombre que se dedicaba a estudiar este tema; era alcohólico y se suicidó» o «Soy demasiado viejo para aprender nuevas tretas» o «Usted trata de manipularme para convertirme en una copia de sí mismo y se supone que no es esto lo que deben hacer los psicoterapeutas». Todas estas respuestas —y muchas más— sirven para encubrir la pereza de los pacientes, para disimularla, no tanto ante los terapeutas como ante ellos mismos. Reconocer la pereza significa empezar a combatirla.

Por esta razón, los que se encuentran en estadios relativamente avanzados del desarrollo espiritual son los que mejor se percatan de su propia pereza. Los que se reconocen como perezosos son los que menos lo son. En mi lucha personal por alcanzar la madurez, voy vislumbrando paulatinamente nuevas intuiciones que tienden a evadirse, supuestamente por voluntad propia; distingo nuevas «avenidas» en el pensamiento, por las que mis pies van arrastrándose, también con aparente autonomía. Sospecho que en general se me escapan estos pensamientos tan valiosos sin que yo lo advierta y que paseo por esas interesantes avenidas sin saber lo que estoy haciendo. Pero cuando me doy cuenta de que estoy arrastrando los pies, me siento impulsado a apresurar el paso, precisamente, hacia la dirección que estoy tratando de evitar. La lucha contra la entropía nunca termina.

Todos poseemos un yo enfermo y un yo sano. Por más neuróticos o psicóticos que seamos, y aunque mostremos temor e inflexibilidad, siempre hay una parte de nosotros que desea nuestro propio desarrollo, que se siente atraída hacia lo nuevo y lo desconocido, que está dispuesta a realizar el esfuerzo que supone la evolución espiritual y a correr los riesgos que ésta entraña. Y por más sanos y espiritualmente evolucionados que seamos, siempre hay una parte de nosotros que no desea que nos esforcemos, que se aferra a lo viejo y a lo que nos es familiar, que teme cualquier cambio o esfuerzo, que desea la comodidad a toda costa y la ausencia de dolor a cualquier precio, aun cuando el resultado sea la ineficacia, el estancamiento o la regresión. En algunos de nosotros, el yo sano está patéticamente dominado por la pereza y se muestra pusilánime ante el gigantesco yo enfermo. Otros logran un rápido desarrollo en el que el yo sano predomina y ansía evolucionar hacia lo divino; el yo sano, sin embargo, debe vigilar constantemente la pereza del enfermo que siempre acecha en nuestro interior. En este aspecto todos los seres humanos somos iguales. Todos poseemos un yo sano y un yo enfermo, la pulsión de vida y la pulsión de muerte. Cada uno de nosotros representa a todo el género humano; en cada uno de nosotros están presentes el instinto que tiende a la divinidad y el pecado original de la pereza, esa fuerza siempre presente en la entropía, que nos impulsa regresivamente a la niñez, al útero materno a partir del cual hemos evolucionado.

El problema del mal

Después de haber manifestado que la pereza es el pecado original y que, instalada en nuestro yo enfermo, podría incluso ser el demonio, conviene completar el cuadro con algunas observaciones sobre la naturaleza del mal. El problema del mal es tal vez el mayor de todos los problemas teológicos. Sin embargo, igual que ha ocurrido con otras cuestiones «religiosas», la ciencia de la psicología, salvo raras excepciones, no ha tenido en cuenta la existencia del mal. Potencialmente, no obstante, la psicología puede hacer muchas contribuciones a este tema y yo espero colaborar en esta labor con otro libro. Por ahora, sin embargo, puesto que la naturaleza del mal no es el tema central de este libro, me limitaré a exponer brevemente cuatro conclusiones a las que he llegado a este respecto:

Primero, he llegado a la conclusión de que el mal es real. No es producto de la imaginación de una mentalidad religiosa primitiva que trata de explicar lo desconocido. Existen personas e instituciones que reaccionan con odio ante la presencia de la bondad y están dispuestas a destruirla en la medida de sus posibilidades. No actúan con maldad a propósito, sino ciegamente, sin saber de la existencia de su propio mal. Siguiendo la teoría de la literatura religiosa acerca del demonio, estas personas detestan la luz y la eluden instintivamente. Se la negarán a sus propios hijos y a todos los que estén sujetos a su poder.

Las personas malvadas odian la luz porque ésta les revela su propia esencia. Odian el bien porque les revela su maldad; odian el amor porque les revela su pereza. Apagarán la luz y destruirán la bondad y el amor para evitar el sufrimiento de conocerse a sí mismos. Como consecuencia de ello, mi segunda conclusión es que el mal es la pereza llevada a su último extremo. Ya he definido el amor como la antítesis de la pereza. Los perezosos no harán el mínimo esfuerzo para extender sus límites, a menos que se vean obligados a hacerlo. Su yo es una manifestación de desamor, pero aún no son personas malas. Las personas verdaderamente malas evitan de una manera activa más que pasiva, la extensión de su ser. Harán cualquier cosa que esté a su alcance para proteger su pereza, para preservar la integridad de su yo enfermo. En lugar de apoyar a los demás, se proponen destruirlos. Si es necesario, incluso matarán para rehuir el sufrimiento de su propio desarrollo espiritual. Como la integridad de su yo enfermo se ve amenazada por la salud espiritual de quienes están a su alrededor, tratarán por todos los medios de hundir y destruir la salud espiritual que existe a su alrededor. Mi definición del mal pasa por el ejercicio del poder político; es decir, por la imposición de la propia voluntad mediante una coacción, ya sea encubierta o evidente, con el fin de evitar la extensión del yo, imprescindible para lograr el desarrollo espiritual de los demás. Así como la pereza equivale al desamor, el mal representa el antiamor.

Mi tercera conclusión es que, ineludiblemente, el mal existe, por lo menos en este estadio de la evolución humana. Dada la fuerza de la entropía y la libre voluntad del ser humano, es inevitable que algunos contengan su pereza y otros le den rienda suelta. Como la entropía, por un lado, y el flujo evolutivo del amor, por el otro, son fuerzas opuestas, es natural que en la mayoría de la gente estas fuerzas estén relativamente equilibradas, pero habrá siempre manifestaciones extremas de amor puro y de absoluta entropía y maldad.

Puesto que son fuerzas en permanente conflicto, es también inevitable que los que están situados en sus extremos se empeñen en luchar; es tan habitual que el mal odie al bien como que éste odie al mal.

Por último, he llegado a la conclusión de que, aunque la entropía es una fuerza enorme, en su representación más extrema de la maldad humana resulta extrañamente ineficaz como fuerza social. Yo mismo he sido testigo de la destrucción del espíritu humano desde un punto de vista exclusivamente individual, pero en lo que respecta al género humano en su conjunto, el mal fracasa en su intento aniquilador. En efecto, por cada alma que destruye —y son muchas—, facilita la salvación de otras. Sin saberlo, el mal actúa como un faro que advierte de la presencia de bancos de arena. Dado que la mayoría de nosotros tenemos una sensación instintiva de horror frente a la atrocidad del mal, cuando reconocemos su presencia estamos preparados para afrontarlo. Nuestro conocimiento del mal es una forma de purificarnos. Fue el mal, por ejemplo, el que hizo que Cristo subiera a la cruz, permitiéndonos captar el significado simbólico de la Su figura redentora. Nuestra intervención personal en la lucha contra el mal del mundo es una manera de evolucionar.

278

Hemos empleado repetidamente las expresiones «darse cuenta» y «percatarse». Las personas malvadas se resisten a darse cuenta de su propia condición, por lo que un rasgo de avanzada espiritualidad lo constituye el percatarse de la propia pereza. Por lo general, la gente no se percata de cuál es su religión o su visión del mundo y, una vez iniciado el proceso de su desarrollo religioso, debe asumir su creencia y su vocación. Al «poner entre paréntesis» nuestras preocupaciones momentáneas y al prestar atención al amor, reparamos en nuestro objeto amado y en el mundo. Una parte esencial de la disciplina es la capacidad progresiva de asumir nuestra responsabilidad y nuestra voluntad para elegir. Asignamos esta capacidad a la parte de la psique que denominamos consciente o conciencia. Desde este punto de vista podemos definir el desarrollo espiritual como el crecimiento o la evolución de la conciencia.

La palabra «consciente» deriva del prefijo latino *con* y de la palabra *scire*, que significa «saber». Ser consciente significa literalmente «saber con». Pero ¿cómo hemos de entender esta preposición «con»? Hemos dicho que la parte inconsciente de nuestra psique posee extraordinarios conocimientos, sabe más de lo que sabemos conscientemente. Cuando adquirimos conciencia de una nueva verdad, lo hacemos porque reconocemos que es verdadera; reconocemos lo que sabíamos desde siempre. Por lo tanto, ¿no podríamos llegar a la conclusión de que hacer consciente algo es conocerlo *con* nuestro inconsciente? La conciencia se desarrolla cuando nuestro consciente percibe un conocimiento que el inconsciente ya posee. Se trata de un proceso de sincronía que no es ajeno a los psicoterapeutas, que a menudo definen la terapia como un proceso de «hacer consciente lo inconsciente».

Pero aún no hemos explicado cómo el inconsciente posee todos esos conocimientos que el consciente ignora todavía. La cuestión es tan amplia que no podemos dar una respuesta científica, sólo podemos plantear hipótesis y no conozco ninguna hipótesis tan satisfactoria como la de un Dios tan íntimamente asociado a nosotros, que forma parte de nosotros. El lugar más idóneo para buscar la gracia es nuestro propio interior y si se aspira a una sabiduría mayor, hay que buscarla en el fuero interno. Lo que estas afirmaciones indican es que la dimensión en la que se encuentran Dios y el hombre es el ámbito entre el inconsciente y la conciencia; dicho de otra manera, nuestro inconsciente es Dios y su presencia está tan arraigada en nosotros que, en realidad, siempre hemos formado y siempre formaremos parte de Él.

¿Cómo es posible? Si el lector se horroriza ante la idea de que nuestro inconsciente es Dios, debería recordar que esto no constituye en absoluto una herejía, pues se trata esencialmente del mismo concepto cristiano del Espíritu Santo que está presente en todos nosotros. Para comprender esta relación entre Dios y nosotros, me parece sumamente útil comparar nuestro inconsciente con un rizoma o con una enorme y rica raíz que nutre la raquítica planta de la conciencia que, al brotar del inconsciente, se hace visible. Debo esta analogía a Jung, que, tras describirse a sí mismo como «un fragmento de la deidad infinita», dice:

> *La vida siempre me ha parecido como una planta que vive de su rizoma. Su verdadera vida es invisible, está oculta en el rizoma. La parte que aparece por encima del suelo dura sólo un verano y luego se marchita. Una aparición efímera. Cuando pensamos en el incesante auge y decadencia de la vida y de las civilizaciones, no podemos evitar la impresión de nulidad absoluta. Sin embargo, nunca he perdido el sentido de que algo vive y perdura por debajo del eterno fluir. Lo que vemos son las flores pasajeras. El rizoma permanece.*[35]

Jung nunca llegó a afirmar que Dios existía en el inconsciente, aunque sus escritos apuntaban directamente en esa dirección. Lo que Jung hizo fue dividir el inconsciente en un «inconsciente personal» (individual y superficial) y un «inconsciente colectivo» (más profundo, común a toda la humanidad). Para mí, el inconsciente colectivo es Dios; la conciencia es el hombre en tanto que individuo, y el inconsciente personal es la zona de comunicación entre ambos. Es inevitable, pues, que el inconsciente personal sea un lugar de turbulencias, el escenario de alguna lucha entre la voluntad de Dios y la voluntad del individuo. Ya he descrito antes el inconsciente como una esfera de bondad y amor, y me ratifico en ello; pero los sueños, aunque contienen mensajes de sabiduría, también contienen muchos indicios de conflicto; aunque pueden ser una forma placentera de renovar el yo, pueden ser también inquietantes y espantosas pesadillas. A causa de este carácter inquietante, muchos pensadores han situado la enfermedad mental en el inconsciente, como si éste fuera el origen de la psicopatología, y sus síntomas, demonios subterráneos que salen para atormentar al individuo. Como ya he dicho, opino lo contrario. Creo que la base de la psicopatología es la conciencia y que los trastornos mentales son producto de ella. El proceso es muy simple: padecemos enfermedades mentales cuando nuestro consciente se resiste a conocer la sabiduría de nuestro inconsciente y, precisamente porque nuestro consciente está alterado, entra en conflicto con el inconsciente, cuya voluntad es siempre curar al consciente. En otras palabras, la enfermedad mental se origina cuando el consciente del individuo se aparta sustancialmente de la voluntad de Dios, que es la voluntad del inconsciente del individuo.

He dicho que la meta del desarrollo espiritual es la identificación del individuo con Dios y, puesto que el inconsciente es Dios, podemos ampliar la definición asegurando que esta meta del yo consciente es lograr la divinidad, convertirse en Dios. ¿Significa esto que el consciente debe fusionarse con el inconsciente, de modo que todo se transforme en inconsciente? De ninguna manera. Y aquí llegamos al punto decisivo: convertirse en Dios y conservar la propia conciencia. Siguiendo con el ejemplo de Jung, si el brote de la conciencia que crece a partir de la raíz del inconsciente (que es Dios), puede convertirse él mismo en Dios, Dios asumirá una nueva forma de vida. Éste es el significado de nuestra existencia individual; hemos nacido para poder convertirnos, como individuos conscientes, en una nueva forma de vida de Dios.

La conciencia es la parte ejecutiva de nuestro ser, la que toma decisiones y las traduce en actos. Si fuéramos enteramente inconscientes, seríamos como el niño recién nacido, una sola cosa con Dios, pero incapaces de realizar las acciones que podrían hacer sentir la presencia de Dios en el mundo. Como ya he dicho, hay un concepto regresivo en el pensamiento místico de cierta teología hindú y budista, en la cual la condición del niño pequeño, sin límites del yo, se compara con el nirvana, y la entrada en el nirvana se asemeja al retorno al seno materno. La meta de la teología que exponemos aquí (la de la mayoría de los místicos) representa un punto de vista opuesto. No se trata de convertirse en una criatura inconsciente y sin ego, sino por el contrario, de desarrollar un yo consciente y maduro que luego puede ser el yo de Dios. Si como adultos capaces de llevar a cabo elecciones independientes que influyan en el mundo, podemos identificar nuestra madura y libre voluntad con la de Dios, Éste habrá asumido a través de nuestro yo consciente una nueva y poderosa forma de vida. Nos habremos convertido en agentes de Dios, y formaremos parte de Él. En la medida en que podamos influir en el mundo por medio de nuestras decisiones conscientes, siempre de acuerdo con la voluntad de Dios, nuestra vida se convertirá en agente de la gracia de Dios. Nosotros mismos nos habremos convertido en gracia de Dios al trabajar según Su voluntad entre los hombres, creando amor donde antes no lo había, empujando a nuestros semejantes hacia nuestro nivel de conciencia y propiciando aún más la evolución humana.

Naturaleza del poder

Hemos llegado a un punto desde el cual podemos comprender bien la naturaleza del poder, que ha sido muy mal interpretada. Una razón de este error de interpretación es la existencia de dos clases de poder: el poder político y el poder espiritual, distinción que ha establecido desde siempre la mitología religiosa. Por ejemplo, antes del nacimiento de Buda, los adivinos le vaticinaron a su padre que Buda llegaría a ser, o el rey más poderoso del país, o el líder espiritual más grande jamás conocido. Una de las dos cosas, pero no las dos. Y Satanás le ofreció a Cristo «todos los reinos del mundo y la gloria», ofrecimiento que Cristo rechazó, prefiriendo morir en la cruz, aparentemente derrotado.

El poder político es la capacidad de ejercer coacción sobre otros, de manera encubierta o declarada; es la capacidad de imponer la propia voluntad, debido a una determinada posición social, como la realeza o la presidencia, o bien al dinero. Esta capacidad no reside en la persona que ocupa la posición o posee dinero, y por tanto, el poder político no tiene relación con la bondad o la sabiduría. Personas ineptas e infames han ejercido desde siempre su poder. En cambio, el poder espiritual va intrínsecamente unido al individuo y no tiene nada que ver con la capacidad de coaccionar a los demás. Lo más probable es que las personas con un gran poder espiritual sean pobres y sin ninguna autoridad política. Entonces, ¿cuál es la capacidad del poder espiritual? Es la capacidad de tomar decisiones con la máxima conciencia; es la capacidad de la conciencia misma.

Generalmente, la mayoría de la gente toma decisiones casi sin darse cuenta de lo que hace y emprende acciones sin conocer apenas los motivos que la mueven a hacerlo y sin prever las consecuencias. ¿Realmente sabemos lo que hacemos cuando aceptamos o rechazamos a un posible cliente, cuando castigamos a un niño, ascendemos a un subordinado o coqueteamos con alguien conocido? Quien haya trabajado en política sabe que, a menudo, las acciones mejor intencionadas fracasan al final y pueden resultar incluso perjudiciales. Lo mismo ocurre con ciertas causas que, promovidas a través de la intriga por motivos infames, llegan a ser constructivas. Del mismo modo, en lo concerniente a la educación de los niños nos preguntamos a veces si es mejor actuar correctamente por razones equivocadas, o bien obrar de forma incorrecta por un buen motivo.

Cuando nos sentimos muy seguros de algo, solemos hallarnos inmersos en la oscuridad y, por el contrario, en los momentos de duda y confusión, es cuando más iluminados estamos.

¿Qué hacer cuando se va a la deriva en medio de un mar de ignorancia? Algunos son nihilistas y dicen: «Nada». Proponen continuar a la deriva como si no fuera posible trazar un rumbo que permitiera llegar a puerto seguro y encontrar la luz. Pero otros, que saben que están perdidos, esperan salir de esta situación de ignorancia, esforzándose para desarrollar una conciencia más profunda. Y tienen razón, esto es posible, pero hay que tener en cuenta que esta conciencia más profunda no se obtiene con la única visión de una luz deslumbrante, sino que se desarrolla lentamente y a través del estudio y la observación, con una actitud humilde y sabiendo que se trata de un aprendizaje que dura toda la vida.

Si se sigue por este camino durante bastante tiempo y con la suficiente rigurosidad, los fragmentos dispersos del conocimiento empezarán a adquirir sentido y a ocupar su lugar. Lógicamente, habrá callejones sin salida, muchas decepciones y algunos conceptos que luego habrá que descartar, pero gradualmente se llegará a una profunda comprensión de nuestra existencia y, finalmente, al poder.

El poder espiritual nos llena de satisfacción y este sentimiento va unido a la experiencia. No hay mayor satisfacción que la de ser un experto; los que han logrado el desarrollo espiritual son expertos en el arte de vivir. El entusiasmo se incrementa con la comunión con Dios, pues cuando somos realmente conscientes de lo que hacemos, formamos parte de la omnisciencia de Dios. Al ser plenamente conscientes de la naturaleza de una situación, de los motivos que nos impulsan a actuar y de las consecuencias de nuestra acción, llegamos a ese nivel de conciencia que suele atribuirse exclusivamente a Dios. Alcanzamos el nivel de la mente divina. Nuestra sabiduría es la sabiduría de Dios.

No obstante, los que han alcanzado este nivel son personas felizmente humildes porque son conscientes de que su extraordinaria sabiduría tiene su origen en el inconsciente. Se dan cuenta de que es precisamente su conexión con la *raíz* la que les aporta todos sus conocimientos, de manera que la utilidad de sus esfuerzos para aprender estriba en activar esa conexión. Advierten que su *rizoma*, su inconsciente, no es sólo de ellos, sino que es de toda la humanidad, de toda la vida, de Dios. Cuando se les pregunta sobre la fuente de su conocimiento y poder, los auténticos poderosos siempre responden: «No es mi poder. El poco poder que tengo es sólo una mínima expresión de un poder mucho mayor. Yo sólo soy un conducto. No se trata en absoluto de mi poder». He señalado que esta humildad tiene que ver con la felicidad; esto se debe a que, como consecuencia de reconocer su nexo con Dios, los que ostentan el poder espiritual experimentan una disminución de su sentido del yo. Su único deseo es: «Hágase tu voluntad y no la mía. Haz de mí tu instrumento». Esta pérdida del yo conlleva una plácida sensación de éxtasis, una experiencia no muy diferente de la de estar enamorado. Dándose cuenta de su íntima unión con Dios, dejan de sentir su soledad.

Aunque la experiencia del poder espiritual produce satisfacción, también es aterradora. Cuanto más profunda es la conciencia, más difícil resulta actuar. Al terminar la primera sección he mencionado este aspecto, comparando la conducta de dos generales que debían decidir si enviaban o no a sus soldados a una batalla. El general que sólo considera a los soldados como una unidad estratégica puede dormir con absoluta tranquilidad después de tomar su decisión, pero el otro general, que tiene en cuenta la vida de cada uno de sus hombres, se sentirá angustiado ante esta decisión. Todos nosotros somos generales. Cualquier acción que llevemos a cabo puede influir en el curso de la civilización. La decisión de elogiar o castigar a un niño puede tener enormes consecuencias. Es fácil actuar teniendo en cuenta datos limitados y dejando, simplemente, que las cosas ocurran, pero cuanto más elevada es nuestra conciencia, más datos debemos asimilar y tener en cuenta a la hora de tomar decisiones, porque lo cierto es que cuanto más sabemos, más complejas resultan las decisiones. Pero el ser más sabio también implica la posibilidad de predecir cómo ocurrirán las cosas, de modo que si asumimos la responsabilidad de ser precisos en nuestras predicciones, es posible que nos sintamos hasta tal punto abrumados por la complejidad de la tarea, que quedemos sumidos en la inactividad. Pero la inactividad es también una forma de actuar, y si no hacer nada puede ser lo mejor en ciertas circunstancias, en otras puede ser desastroso y destructivo. Así pues, el poder espiritual no es simplemente el darse cuenta de las cosas; es la capacidad de seguir tomando decisiones con una conciencia cada vez más profunda, y el poder equiparable al poder divino es el que toma decisiones con toda la intensidad de su conciencia. Sin embargo, a diferencia del concepto popular de omnisciencia, ésta no hace más fácil el decantarse por una u otra decisión, sino que, por el contrario, lo hace más difícil. Al aproximarnos más a la divinidad, mayor es nuestra afinidad con Dios, por lo que participar de la omnisciencia de Dios es compartir también Su agonía.

El poder presenta otro problema: el de la soledad y, en este caso hay una cierta similitud, al menos en una dimensión, entre el poder espiritual y el poder político. El que se acerca a la cima de la evolución espiritual es como el que se encuentra en la cúspide del poder político, no tiene superiores que asuman sus responsabilidades, nadie a quien culpar, nadie que le diga cómo tiene que desenvolverse; ni siquiera habrá nadie a su mismo nivel con quien compartir su angustia o sus obligaciones. Otros podrán aconsejarle, pero la decisión es sólo suya; él es el único responsable. En otra dimensión, la soledad del poder espiritual es aún mayor que la del poder político. Dado que el nivel de conciencia del que ejerce el poder político rara vez está a la altura de la posición que ocupa, casi siempre puede comunicarse con sus iguales; por ejemplo, los presidentes y los reyes tienen a sus amigos y a sus cómplices, pero la persona que ha evolucionado hasta el nivel supremo de su conciencia, probablemente no tenga en su círculo de conocidos a nadie con quien compartir la profundidad de su visión. Uno de los temas más espinosos que aparecen en los Evangelios es la continua sensación de frustración que tiene Jesucristo al sentirse incomprendido; por más que procure darse a los demás, no puede elevar a su propio nivel ni siquiera los espíritus de sus propios discípulos. Los más sabios lo seguían, pero no podían alcanzar su nivel, y todo el amor que sentía no lo aliviaba de la necesidad de dirigir a los otros y de seguir su camino en la más absoluta soledad. Esta clase de soledad es «compartida» por todos aquellos que han llegado lejos en el camino del desarrollo espiritual. Se trata de una carga que no podría soportarse si no fuera porque a medida que nos distanciamos de nuestros semejantes, se estrecha nuestra relación con Dios. La comunión con Dios, la evolución de la conciencia y compartir los conocimientos con Dios son objetivos suficientemente satisfactorios en los que apoyarnos.

La gracia y la enfermedad mental. El mito de Orestes

Sobre la naturaleza de la salud y la enfermedad mentales se han formulado afirmaciones aparentemente dispares: «La neurosis es siempre un sustituto del sufrimiento», «La salud mental implica una dedicación a la realidad a cualquier precio» y «La enfermedad mental se produce cuando el consciente del individuo se desvía sustancialmente de la voluntad de Dios, que es la voluntad inconsciente del hombre». Examinemos ahora más atentamente la cuestión de la enfermedad mental y englobemos estos elementos en un todo coherente.

Vivimos la vida en un mundo real, y para vivirla de un modo satisfactorio es necesario que lleguemos a comprender la realidad del mundo lo mejor que podamos, aunque llegar a esta comprensión no resulta fácil porque muchos aspectos de la realidad del mundo y de nuestra relación con él nos resultan dolorosos. Podemos comprenderlos sólo con esfuerzos y sufrimientos que todos, en mayor o menor medida, procuramos evitar. Pasamos por alto aspectos dolorosos de la realidad excluyendo de nuestra conciencia ciertos hechos desagradables. En otras palabras, procuramos proteger nuestra conciencia de la realidad y lo hacemos valiéndonos de varios procedimientos que los psiquiatras denominan mecanismos de defensa. Todos empleamos estas defensas y así limitamos nuestra conciencia. Por pereza y por temor al sufrimiento protegemos excesivamente nuestra conciencia y, como consecuencia de ello, nuestra comprensión del mundo guarda escasa o nula relación con la realidad y, dado que nuestros actos son producto de nuestra comprensión de las cosas, nuestra conducta no es realista. Cuando esto sucede de manera muy evidente, los que nos rodean dirán que estamos «fuera de la realidad» y nos considerarán mentalmente enfermos, aunque estemos plenamente convencidos de nuestra buena salud.[36] Pero mucho antes de que las cosas hayan llegado a este extremo y de que los demás hayan advertido nuestra enfermedad, nuestro inconsciente nos habrá notificado ya que existen deficiencias. El inconsciente nos avisa de nuestro trastorno valiéndose de varios medios: malos sueños, ataques de angustia, depresiones y otros síntomas. Aunque nuestra conciencia haya negado la realidad, nuestro inconsciente, que es omnisciente, conoce la verdadera situación e intenta ayudarnos estimulando nuestra conciencia, a través de síntomas que indican que algo marcha mal. En otras palabras, los síntomas dolorosos y no deseados de la enfermedad mental son manifestaciones de la gracia; son fruto de una «poderosa fuerza que, teniendo su origen fuera de la conciencia, promueve nuestro desarrollo espiritual».

Al final de la primera sección, que trataba sobre la disciplina, he señalado, en relación con la depresión, que los síntomas depresivos son una señal para el paciente de que no todo marcha bien en él y de que es necesario llevar a cabo un ajuste importante. Muchos de los casos clínicos que he presentado para demostrar otras teorías pueden emplearse también para ilustrar ésta: los desagradables síntomas de la enfermedad mental sirven para advertir que una persona sigue el camino equivocado y que su desarrollo espiritual se ha detenido y se halla gravemente amenazado. A continuación, presentaré otro caso para exponer con mayor claridad la importancia de los síntomas:

Betsy era una chica de veintidós años, inteligente, encantadora y con una inocente timidez, que acudió a verme a causa de intensos ataques de angustia. Era hija única de padres católicos de clase trabajadora, que habían ahorrado para enviarla a la universidad. Pero después de un año de estudios y a pesar de que tenía un buen rendimiento, decidió abandonarlos y casarse con un joven vecino que era mecánico. Trabajó como empleada en un supermercado y todo fue bien durante dos años, pero súbita e inesperadamente aparecieron los ataques de angustia, que ocurrían siempre cuando estaba fuera de casa y sin su marido; se producían cuando hacía la compra, cuando trabajaba en el supermercado o cuando iba andando por la calle. Cada vez que le ocurría experimentaba un pánico sobrecogedor; tenía que dejar lo que estuviera haciendo y volver en seguida a su casa o al taller donde trabajaba su marido. Sólo cuando Betsy estaba con él o en su casa desaparecía el pánico. A causa de estos ataques había tenido que dejar el trabajo.

Como los ataques de pánico no desaparecían con los tranquilizantes que le había recetado su médico de cabecera, Betsy vino a verme y me dijo sollozando:

—No sé qué me pasa. Antes todo era estupendo; mi marido es bueno conmigo y nos queremos mucho. Me gustaba mi trabajo, pero ahora todo es terrible. No sé por qué me ocurre esto. Creo que me volveré loca. Por favor, ayúdeme. Ayúdeme para que las cosas vuelvan a ser tan agradables como antes.

Pero, como suele suceder, Betsy descubrió en nuestro trabajo en común que las cosas no eran tan «agradables» como ella decía. Primero, lenta y dolorosamente, surgió la circunstancia de que, aunque el marido era bondadoso con ella, la irritaban varias cosas de él. Sus maneras eran toscas y sus intereses, mínimos. Lo único que parecía entretenerle era la televisión. Aquel hombre la aburría, como también (según empezó a admitir Betsy) la aburría ser cajera en un supermercado. De este modo, se puso a considerar la cuestión de por qué había abandonado los estudios para llevar una vida tan poco emocionante.

—Bueno, cada vez me sentía más incómoda en la facultad —reconoció Betsy—. Había mucha droga y mucho sexo. A mí no me parecía bien. Y me criticaban, no sólo los chicos que querían acostarse conmigo, sino incluso mis compañeras. Pensaban que yo era una ingenua, y así fue como empecé a cuestionarme a mí misma, a cuestionar a la iglesia y hasta algunos valores de mis padres. Supongo que me asusté.

En la terapia, Betsy reanudó este proceso de ponerlo todo en duda, que había interrumpido al abandonar la universidad. Retomó los estudios y, afortunadamente, su marido se mostró dispuesto a desarrollar su talento y también se matriculó en la universidad. El horizonte de la pareja se amplió rápidamente y cesaron los ataques de angustia de Betsy. Este caso, bastante típico, puede considerarse de varias maneras. Los ataques de angustia de Betsy eran una forma de agorafobia (miedo a los espacios abiertos) y para ella representaban miedo a la libertad. Sufría los ataques cuando estaba fuera de su casa, libre de moverse y libre para relacionarse con otras personas. El miedo a la libertad era la esencia de su enfermedad mental. Algunos podrán decir que los accesos de angustia, que representaban su miedo a la libertad, eran la enfermedad que la aquejaba. Pero a mí me parece más útil y esclarecedor enfocar las cosas de otra manera, pues, en efecto, el miedo a la libertad de Betsy era muy anterior a los brotes de angustia. A causa de ese miedo había abandonado los estudios y limitado su desarrollo. A mi juicio, Betsy ya estaba enferma en aquella época, es decir, tres años antes de que se manifestaran los síntomas. Sin embargo, no se daba cuenta de la enfermedad, ni del daño que se infligía al restringir su desarrollo. Fueron los síntomas, los indeseados ataques de angustia, que ella sentía como una maldición, los que le hicieron tomar conciencia de su enfermedad y la pusieron en el camino de la rectificación y el desarrollo. Creo que este esquema resulta válido en la mayoría de las enfermedades mentales. Los síntomas y la enfermedad no son lo mismo. La enfermedad existe mucho antes que los síntomas y los síntomas, no sólo no son la enfermedad, sino el inicio de la curación. Que no sean deseados los convierte más todavía en un fenómeno de gracia, en un don de Dios, en un mensaje del inconsciente, para que el individuo inicie el análisis y el proceso de reparación.

Como suele ocurrir con la gracia, casi todas las personas rechazan este don y no escuchan su mensaje. Este rechazo se manifiesta de diversas formas, pero todas representan un intento de eludir la responsabilidad de la enfermedad. Tratan de hacer caso omiso de los síntomas, fingiendo que no lo son realmente, pues «todo el mundo sufre estos pequeños ataques de vez en cuando». Tratan de eludirlos abandonando determinadas actividades, dejando de conducir, mudándose a otra ciudad, etcétera. Quieren librarse de los síntomas tomando analgésicos y píldoras que les recomienda el médico o adormeciéndose con alcohol y drogas. Aunque admitan que tienen síntomas, en general echarán la culpa, de manera muy sutil, al mundo exterior: despreocupación de la familia, falsos amigos, organizaciones codiciosas, una sociedad enferma e incluso el destino. Sólo quienes aceptan la responsabilidad de sus síntomas, quienes comprenden que sus síntomas son la manifestación de un desorden del alma, prestan oídos al mensaje del inconsciente y aceptan su gracia. Admiten su desajuste y aceptan el sufrimiento de esforzarse para curarse. A esos pacientes, sin embargo, como en el caso de Betsy y de todos los demás que están dispuestos a soportar el sufrimiento de la psicoterapia, les está reservada una gran recompensa. De ellos hablaba Jesucristo cuando dijo: «Bienaventurados los pobres de espíritu porque de ellos es el reino de los cielos».[37]

Todo lo que estoy diciendo sobre la relación entre la gracia y la enfermedad mental, está bellamente representado en el antiguo mito griego de Orestes y las Furias.[38] Orestes era nieto de Atreo, un hombre que quiso ser más poderoso que los dioses, quienes, a causa de este crimen, lo castigaron con una maldición que alcanzaría a todos sus descendientes. En el marco de esta maldición contra la Casa de Atreo, Clitemnestra, madre de Orestes, mata a Agamenón, su marido y padre del joven héroe. La maldición de este crimen recae en Orestes porque, a causa del código de honor griego, un hijo estaba obligado sobre todas las cosas a matar al asesino de su padre, pero al mismo tiempo, el máximo pecado que un griego podía cometer era el matricidio. Orestes se torturó con el dilema hasta que finalmente tomó la decisión de matar a su madre, motivo por el cual los dioses lo castigaron con la presencia constante y abrumadora de las Furias, tres espectrales y horribles figuras que sólo él podía ver y oír, y que lo atormentaban día y noche con sus reproches y su aspecto aterrador.

Perseguido por las Furias, Orestes vagó por el mundo para expiar su crimen. Después de muchos años de penurias y solitaria reflexión, pidió a los dioses que levantaran la maldición de la Casa de Atreo y que él dejara de ser hostigado por las Furias, pues en su opinión, ya había expiado suficientemente el matricidio. Los dioses llevaron a cabo el juicio de Orestes y Apolo, que hablaba en defensa del héroe, explicó que él había sido el artífice de la situación en la que Orestes no había tenido más remedio que matar a su madre; por lo tanto, no podía ser considerado el auténtico responsable del crimen. Orestes se puso en pie y, contradiciendo a su propio defensor, dijo: «Fui yo, no Apolo, quien mató a mi madre». Los dioses quedaron admirados. Ningún miembro de la Casa de Atreo había cargado nunca con una responsabilidad tan grande sin echar la culpa a los dioses. Éstos se pronunciaron en favor de Orestes, y no sólo levantaron la maldición de la Casa de Atreo, sino que también transformaron a las Furias en Euménides, espíritus afables que, a consecuencia de los sabios consejos obtenidos de Orestes, permitieron que éste siempre tuviera buena suerte.

El significado de este mito no es oscuro. Las Euménides, o las «Benignas», se llaman también a veces las «portadoras de gracia». Las Furias de la alucinación, que sólo podían ser percibidas por Orestes, representan los síntomas de éste, el infierno de su enfermedad mental. La transformación de las Furias en Euménides es la transformación de la enfermedad mental en un estado saludable. Esta transformación se dio porque Orestes estaba dispuesto a hacerse responsable de su enfermedad mental. Aunque Orestes trataba de librarse de las Furias, no las veía como un castigo injusto, ni él mismo se consideraba víctima de la sociedad o de los dioses. Como eran el inevitable resultado de la maldición original que pesaba sobre la Casa de Atreo, las Furias también simbolizan el que la enfermedad mental es un asunto de familia, pues los pecados de los padres y de los abuelos revierten en los hijos. Pero Orestes no echó la culpa a su familia —a sus padres o a su abuelo—, como muy bien podría haber hecho. Tampoco culpó a los dioses ni al «destino». Aceptó, en cambio, su dolencia como algo debido a él mismo y se esforzó por curarla. La curación fue un largo proceso, como suele ser casi toda terapia, pero el resultado fue la curación y, a consecuencia de este proceso curativo surgido de su propio esfuerzo, las mismas cosas que antes lo habían atormentado se convirtieron en las que le daban sabiduría.

Todos los psicoterapeutas experimentados han visto representado este mito en su práctica terapéutica y han sido testigos de la transformación de las Furias en Euménides, cuando sus pacientes, una vez curados, han dado un giro a su vida.

No es una transformación fácil porque en cuanto los pacientes se dan cuenta de que el proceso psicoterapéutico les exige responsabilizarse de su enfermedad y de su curación, casi todos ellos, por mucho que desearan someterse a terapia al principio, abandonan el tratamiento. Prefieren estar enfermos y culpar por ello a los dioses a sentirse bien pero no poder achacarle nada a nadie. De la minoría de pacientes que perseveran en la terapia, casi todos deben aprender a asumir la total responsabilidad como parte de su curación. Esta enseñanza —«entrenamiento» podría ser una palabra más exacta— es una tarea penosa, pues el terapeuta debe hacer ver a los pacientes esta negativa a asumir su responsabilidad, y debe hacerlo una y otra vez, sesión tras sesión, mes tras mes, y a veces año tras año. Con frecuencia, como niños obstinados, los pacientes patalean y gritan cuando se los hace totalmente responsables de sí mismos. Es raro el paciente que inicia la terapia dispuesto a asumir la responsabilidad total desde el comienzo; en estos casos, la terapia, aunque requiere un par de años, es un proceso relativamente breve, relativamente tranquilo y con frecuencia placentero tanto para el paciente como para el terapeuta. En cualquier caso, la transformación de las Furias en Euménides se materializa.

Quienes han afrontado su enfermedad mental, han aceptado su total responsabilidad y se han transformado a sí mismos para superarla, se encuentran no sólo curados y libres de las maldiciones de su niñez y de sus antepasados, sino también viviendo en un mundo nuevo y diferente. Lo que antes percibían como problemas, les parecen ahora oportunidades; lo que antes eran pesadas barreras, son ahora emociones gratas; los pensamientos que antes eran desagradables, se convierten en intuiciones útiles; los sentimientos que antes repudiaban, son ahora fuente de energía y de orientación; los hechos que antes les parecían pesadas cargas (incluso los síntomas de los que dichos pacientes se han recobrado), se manifiestan ahora como dones. «La depresión y los ataques de angustia han sido lo mejor que me ha ocurrido» dirán, por lo general, al terminar con éxito una terapia. Aunque salgan de la terapia sin creer en Dios, estos pacientes sienten, en un sentido muy real, que han sido tocados por la gracia.

Resistencia a la gracia

Orestes no recurrió a un psicoterapeuta, sino que se curó él mismo, y aunque hubiera habido expertos psiquiatras en la antigua Grecia, Orestes habría tenido que curarse él mismo, pues como ya hemos dicho, la psicoterapia es sólo un instrumento, una disciplina. Al paciente le toca elegir o rechazar el instrumento y, una vez lo ha elegido, es el paciente quien determina cómo usarlo y con qué fin. Hay personas que superan toda clase de obstáculos para conseguir un tratamiento de terapia que les resulte beneficioso: la falta de dinero, las desastrosas experiencias previas con psiquiatras o psicoterapeutas, los familiares que desaprueban el tratamiento, las clínicas frías e indiferentes... Pero otros rechazan la terapia aunque se la ofrezcan en bandeja de plata o, si se inician en ella, permanecerán sentados en el consultorio, rígidos como palos y sin sacar ningún provecho de ella, a pesar de la habilidad, el esfuerzo y el afecto que ponga el terapeuta en su labor. Aunque al terminar con éxito un caso me siento tentado a pensar que he curado al paciente, sé que en realidad no he sido más que un catalizador. Si la gente deja de tener enfermedades mentales, tanto si acude a la psicoterapia como si no, ¿por qué son tan pocos los que se curan? El camino del desarrollo espiritual, a pesar de las dificultades que presenta, está abierto a todos; sin embargo, ¿por qué son tan pocos los que deciden tomarlo?

A esta cuestión se refería Cristo cuando dijo «Muchos son los llamados pero pocos los escogidos».[39] Pero ¿por qué son pocos los escogidos, qué distingue a esos pocos de los demás? La respuesta que la mayoría de los psicoterapeutas suelen dar se basa en el grado de psicopatología. En otras palabras, creen que, aunque casi todos están enfermos, algunos lo están más que otros y que, cuanto más enfermo esté uno, más difícil es de curar. Además, la gravedad de una enfermedad mental está determinada por la falta de cuidados recibidos de los padres durante la niñez. Si las personas que padecen psicosis tuvieron hasta los nueve meses de vida una mínima atención por parte de sus padres, su enfermedad puede mejorarse con un tratamiento u otro, pero es casi imposible su curación. Se considera que los individuos con trastornos del carácter recibieron cuidados adecuados durante la primera infancia, pero muy deficientes durante el período que comprende aproximadamente desde los nueve meses hasta los dos años; de ello resulta que están menos enfermos que los psicóticos, pero están también enfermos y resultan difíciles de curar. Se considera que los individuos con neurosis recibieron cuidados adecuados en la primera infancia, pero en el período comprendido entre los dos años y antes de los cinco o seis, estos cuidados se prodigaron menos; por este motivo, los neuróticos se consideran menos enfermos que los que presentan trastornos del carácter o los psicóticos y, en consecuencia, son mucho más fáciles de tratar y de curar.

Creo que hay gran parte de verdad en este esquema que forma parte de la teoría psiquiátrica y es muy útil para los que ejercen la terapia; sin embargo y, aunque no debería ser criticado con ligereza, este esquema no es completo. Entre otras cosas, pasa por alto la enorme importancia de la influencia de los padres en la niñez tardía y en la adolescencia. Hay buenas razones para creer que una actitud incorrecta de los padres cuando los hijos tienen estas edades, puede ser una causa de enfermedad mental y que, asimismo, si los padres corrigen su actitud durante los años posteriores, se pueden curar muchas, quizás todas, las heridas causadas por la anterior falta de cuidados. Además, a pesar de que el esquema tiene un valor de previsión desde el punto de vista estadístico (los neuróticos se adaptan más al tratamiento que los que presentan trastornos del carácter, y éstos, en general, reaccionan mejor al tratamiento que los psicóticos), no prevé el desarrollo de una de estas enfermedades en los casos individuales. Por ejemplo, el tratamiento psicoanalítico más rápido y beneficioso que he vivido en mi trabajo, fue el de un hombre con una psicosis grave cuya terapia, sin embargo, terminó al cabo de nueve meses. Por otra parte, sin embargo, estuve tratando durante tres años a una mujer que «sólo» padecía una neurosis, sin obtener más que una mejoría mínima.

Entre los factores que el esquema mencionado no tiene en cuenta, hay uno que es típico del paciente individual y que podríamos denominar «voluntad de evolucionar». Es posible que un individuo esté muy enfermo y que, al mismo tiempo, posea una «voluntad de evolucionar» extremadamente fuerte; en este caso se producirá la curación. Por otra parte, una persona que esté sólo levemente enferma, pero que carezca de la voluntad de evolucionar, no mejorará; por eso, creo que la voluntad de un paciente es un factor decisivo del éxito o del fracaso en la psicoterapia. Sin embargo, dicho factor no es entendido, ni siquiera reconocido por la teoría psiquiátrica contemporánea.

Aunque estoy afirmando la extrema importancia de esta voluntad de evolucionar, no sé hasta qué punto podré contribuir a su comprensión, puesto que el concepto nos lleva otra vez más al borde del misterio. Habrá que comprender que la voluntad de evolucionar es, en esencia, el mismo fenómeno que el fenómeno del amor. El amor es la voluntad de extender los propios límites con miras al desarrollo espiritual. Las personas que experimentan amor verdadero son, por definición, personas que están evolucionando. He señalado que en nuestra capacidad de amar influye la actitud que han tenido nuestros padres con nosotros, pero también he indicado que la actitud parental no explica por sí sola la existencia de esa capacidad en todas las personas. El lector recordará que la segunda sección de este libro terminaba con cuatro preguntas sobre el amor, dos de las cuales estamos considerando ahora: ¿por qué algunas personas no responden al tratamiento de los mejores terapeutas, mientras que otras trascienden el desamor que experimentaron en su infancia (con ayuda de la psicoterapia o sin ella), para convertirse en personas llenas de amor? El lector también recordará que he tenido dudas para dar respuestas satisfactorias a estas preguntas. He sugerido, sin embargo, que si se tiene en cuenta el concepto de la gracia, es posible ver con cierta claridad estas cuestiones.

He llegado a creer y he tratado de demostrar que la capacidad de amar y, por lo tanto, la voluntad de evolucionar, se nutre, no sólo del amor de los padres durante la niñez, sino también de la gracia o amor de Dios durante toda la vida. Se trata de una poderosa fuerza, exterior a la conciencia, que se manifiesta a través de la acción de personas que experimentan amor y que no son los padres. Por la gracia, ciertas personas pueden trascender los traumas ocasionados por el desamor de los padres y convertirse en personas que se han elevado muy por encima de ellos en la escala de la evolución humana. ¿Por qué, entonces, sólo algunas personas evolucionan espiritualmente más que sus padres? Creo que la gracia es accesible a todos, que el amor de Dios nos envuelve a todos por igual, por lo que la única respuesta posible es que la mayoría de nosotros decide no escuchar la llamada de la gracia y rechazar su asistencia. Para mí, la afirmación de Cristo «Muchos son los llamados pero pocos los escogidos» tendría el sentido de «Todos nosotros somos llamados por la gracia pero pocos decidimos escuchar su llamada».

La pregunta sería entonces: ¿por qué tan pocos de nosotros decidimos escuchar la llamada de la gracia? ¿Por qué casi todos nos resistimos a la gracia? Ya hemos dicho antes que la gracia nos proporciona cierta resistencia inconsciente a la enfermedad, ¿cómo se explica, entonces, que nuestra resistencia a la enfermedad sea aparentemente igual a nuestra resistencia a la salud? En realidad, ya hemos dado la respuesta a esta pregunta; se trata de nuestra pereza, el pecado original de la entropía por el que todos estamos malditos. Así como la gracia es el último eslabón de la fuerza que nos impulsa hacia la evolución humana, la entropía es lo que nos hace resistir esa fuerza, permanecer en nuestro lugar cómodo y fácil e incluso la que nos hace descender a formas de existencia cada vez menos exigentes. Hemos tratado extensamente el tema de la dificultad que conlleva la disciplina: amar de verdad y desarrollarse espiritualmente, y hemos llegado a la conclusión de que es natural que rehuyamos las dificultades. Aunque ya hemos considerado los elementos básicos de la entropía y la pereza, el problema presenta un aspecto que, una vez más, merece una particular atención: se trata de la cuestión del poder. Los psiquiatras y muchos profanos en la materia, están familiarizados con el hecho de que los problemas psiquiátricos son muy frecuentes en individuos que acaban de ser ascendidos y ocupan, por tanto, posiciones de mayor poder y responsabilidad. El psiquiatra militar, que está particularmente familiarizado con este problema de la «neurosis del ascenso», también sabe que el problema no se da con una mayor frecuencia porque muchos soldados se resisten a ser ascendidos. Hay un gran número de suboficiales que no desean ser ascendidos a suboficiales de rango superior, y hay también muchos suboficiales que preferirían morir antes que convertirse en oficiales y que se niegan a ser adiestrados para obtener esa categoría, a pesar de que su inteligencia y su capacidad los hacen adecuados para ese puesto.

En el desarrollo espiritual ocurre como en la vida profesional, pues la llamada de la gracia es un ascenso que permite ocupar una posición de mayor responsabilidad y poder. Reconocer la gracia, experimentar personalmente su constante presencia y saber que se está cerca de Dios, es conocer y experimentar continuamente una paz y una tranquilidad que pocos poseen. Pero, por otro lado, este conocimiento y esta conciencia acarrean una enorme responsabilidad. Experimentar que se está cerca de Dios es también tener la obligación de ser como Dios, de ser el agente de su poder y de su amor. La llamada de la gracia es una llamada a una vida de esfuerzos y cuidados, a una vida dedicada a prestar servicios y a hacer cualquier sacrificio que se crea necesario. Es una llamada que nos lleva desde la niñez espiritual hasta la madurez espiritual, una llamada a ser padres de la humanidad. T. S. Eliot lo describió muy bien en el sermón de Navidad que pronuncia Thomas Becket en la obra de teatro *Asesinato en la catedral*:

> *Pero pensad por un momento en el significado de la palabra «paz». ¿Os parece extraño que los ángeles hayan anunciado la Paz cuando el mundo ha estado incesantemente conmocionado por la Guerra y por el miedo que ésta provoca? ¿Os parece que las voces angélicas estaban equivocadas y que la promesa ha sido una desilusión y un engaño?*
> *Reflexionad ahora acerca de cómo Nuestro Señor habló de la paz. Les dijo a sus discípulos: «Mi paz os dejo, mi paz os doy». ¿Se refería a la paz tal como la concebimos nosotros: el reino de Inglaterra en paz con sus vecinos, los barones en paz con el rey, el dueño de la casa haciendo el recuento de sus tranquilas ganancias, la chimenea sin hollín, su mejor vino para un amigo sentado a su mesa, su mujer cantando a los niños? Aquellos hombres, sus discípulos, no conocieron estas cosas: viajaron lejos para sufrir en el mar y en la tierra, para conocer la tortura, la prisión, el desengaño, para morir martirizados. ¿Qué quiso decir Jesús? Si os lo preguntáis, recordad que también dijo: «Mi manera de dar no es como la del mundo». Así pues, dio la paz a sus discípulos, pero era una paz diferente de la que el mundo da.*[40]

La paz de la gracia conlleva la angustia de las responsabilidades, los deberes y las obligaciones. No ha de sorprendernos que tantos sargentos capacitados no quieran ser oficiales, y no ha de extrañarnos que los pacientes de la psicoterapia no se sientan atraídos por el poder que acompaña a la salud mental.

Una chica que estuvo sometida a terapia conmigo durante un año, a causa de una profunda depresión y que había llegado a conocer bastantes cosas sobre la psicopatología de sus familiares, un día estaba entusiasmada porque había logrado manejar una situación familiar con gran destreza, ecuanimidad y facilidad. «Me he sentido muy bien por eso», dijo. «Me gustaría sentirme así más a menudo.» Le manifesté que lo podría lograr y le indiqué que la razón de su sentimiento era que se encontraba en una posición de poder, desde la que se daba cuenta de todas las comunicaciones deformadas y las tortuosas maneras con que los miembros de su familia habían intentado manipularla para que ella se aviniera a sus exigencias; al fin, la paciente se había colocado por encima de la situación. Le dije que a medida que fuera capaz de extender este tipo de conciencia a otras situaciones, se sentiría cada vez más «por encima de las cosas» y que, por lo tanto, experimentaría con mayor frecuencia esa buena sensación. La paciente me miró con una expresión de horror. «¡Pero esto me obligaría a estar pensando constantemente!», dijo.

Convine con ella en que reflexionando mucho podría desarrollar y conservar su poder, y que así se vería libre de esa sensación de impotencia que estaba en la raíz de su depresión. La paciente se puso furiosa y gritó:

—¡No quiero tener que pensar continuamente! ¡No he venido aquí para que mi vida resulte más difícil! Lo único que deseo es estar tranquila y gozar de la vida. ¡Usted pretende que yo sea una especie de diosa o algo por el estilo!

Fue triste comprobar, poco después, que esta mujer, potencialmente brillante, abandonó el tratamiento aterrada por las exigencias propias de la salud mental.

Podrá parecer extraño a los que no ejercen la psicoterapia, pero los psicoterapeutas están familiarizados con el hecho de que la gente, en general, teme la salud mental. Una parte importante del trabajo psicoterapéutico es, además de hacer que los pacientes se sientan mentalmente sanos, impedir (mediante actitudes y palabras tranquilizadoras, consoladoras y acompañadas de cierto rigor) que huyan de esa experiencia una vez que la han logrado. Un aspecto de este miedo a la salud mental es bastante legítimo; uno puede temer que al hacerse poderoso abuse del poder. San Agustín escribió: «*Dilige et quod vis fac*», que significa «Sé diligente y haz lo que quieras».[41] Si una persona progresa lo suficiente en psicoterapia, terminará por superar la sensación de que no puede enfrentarse a un mundo cruel y abrumador, y un día, de pronto, advertirá que está en su poder hacer cualquier cosa que desee. Comprender esta libertad es terrible, pues esta persona se dirá: «Si puedo hacer lo que quiera, ¿qué me impide incurrir en grandes errores, cometer crímenes, ser inmoral, abusar de mi libertad y de mi poder? ¿Son suficientes mi diligencia y mi amor para gobernarme?»

Si la comprensión del poder y la libertad de uno mismo se experimenta como una llamada de la gracia, como a menudo ocurre, la respuesta del individuo será: «¡Oh, Señor, no soy digno de que confíes en mí!» Este temor es, desde luego, una parte de la diligencia y del amor y, por lo tanto, es útil para que uno se gobierne a sí mismo e impida abusar del poder. Por este motivo no hay que descartar el temor, aunque no debería ser tan grande como para impedir que una persona escuche la llamada de la gracia y asuma el poder de que es capaz. Algunos de los que han sido llamados por la gracia podrán debatirse durante años con este temor antes de trascenderlo y aceptar su condición, semejante a la de Dios. Cuando el temor y la sensación de ser insignificante son tan grandes que impiden asumir el poder, se trata de un problema neurótico y ésta puede ser la cuestión central que hay que considerar en la psicoterapia.

Sin embargo, en la mayoría de las personas, la resistencia a la gracia no es el temor a abusar de su poder. Lo que las inquieta de la máxima de san Agustín no es la parte que indica «Haz lo que quieras», sino la que dice «Sé diligente». La mayoría de nosotros somos como niños o adolescentes: creemos que nos corresponden la libertad y el poder de la edad adulta, pero no nos gusta la responsabilidad de los adultos. Por mucho que nos sintamos oprimidos por nuestros padres, por la sociedad o por el destino, necesitamos un poder superior para culparlo de nuestros males; elevarnos hacia una posición de poder en la que la culpa sólo sea nuestra nos aterra. Como ya hemos señalado, si no fuera por la presencia de Dios, que nos acompaña cuando estamos en la cima, nos sentiríamos sobrecogidos por la soledad. Muchos poseen una capacidad tan mínima para tolerar la soledad del poder que prefieren rechazar la presencia de Dios a sentirse los únicos dueños de su existencia, pues la mayoría de las personas desea la paz sin la soledad del poder y la seguridad del adulto que no ha crecido.

Ya nos hemos referido a lo difícil que es evolucionar. Algunos avanzan sin vacilar hacia la edad adulta, ansiosos por obtener nuevas y mayores responsabilidades. La mayoría, en cambio, «arrastra los pies» y, en realidad, nunca traspasa la categoría de adulto parcial, que se arredra siempre ante las exigencias de la madurez. Así ocurre con el desarrollo espiritual, que es inseparable del proceso de maduración psicológica, pues al fin y al cabo la llamada de la gracia es una exhortación a que nos unamos a Dios, a que nos elevemos a su propio plano. Estamos acostumbrados a imaginar la experiencia de la conversión o de la repentina llamada de la gracia como un fenómeno gozoso, pero, según mi experiencia, generalmente es un fenómeno que produce pánico. En el momento en que escuchamos la llamada, podemos decir: «¡Oh, gracias, Señor!» o podemos decir: «¡Señor, no soy digno!», o «Señor, ¿tengo que hacerlo?».

De manera que el hecho de que «muchos son los llamados pero pocos los escogidos» es fácilmente explicable por las dificultades inherentes a responder a la llamada de la gracia. La cuestión pendiente no es la de por qué la gente no acepta la psicoterapia o por qué los seres humanos suelen resistirse a la gracia, pues la fuerza de la entropía determina que esto resulte natural y sea así; la cuestión pendiente es la opuesta: ¿cómo se explica que sólo unos pocos oigan una llamada que resulta tan difícil? ¿Qué distingue a los pocos de los muchos? No puedo dar respuesta a esta cuestión. Esos pocos pueden provenir de ambientes ricos y cultos o de ambientes pobres y supersticiosos; pueden haber estado muy bien cuidados por sus padres, pero también pueden haber carecido de su afecto y de su interés; pueden iniciar la psicoterapia a causa de problemas menores o a causa de una grave enfermedad mental; pueden ser jóvenes o viejos; pueden escuchar la llamada de la gracia de manera repentina y con aparente tranquilidad, o pueden resistirse a ella, maldecirla y admitirla luego tras grandes esfuerzos. Por consiguiente, y atendiendo a la experiencia de los años, me he vuelto menos selectivo al determinar a quién he de atender terapéuticamente. Pido disculpas a quienes quedaron excluidos de la terapia a causa de mi ignorancia; he llegado a comprender que, en las primeras fases del proceso psicoterapéutico, no soy capaz de predecir cuál de mis pacientes dejará de responder a la terapia, cuál responderá con un desarrollo significativo pero parcial y cuál, milagrosamente, evolucionará hasta alcanzar el estado de gracia. El propio Jesucristo se refirió al carácter impredecible de la gracia cuando dijo a Nicodemo: «El viento sopla donde quiere; tú oyes su sonido, pero no sabes de dónde viene ni adónde va: así sucede con todo el que ha nacido del Espíritu. No sabemos a quién se le concederá esta vida procedente del cielo».[42]

Aunque hayamos hablado con profusión sobre el fenómeno de la gracia, al final hemos de reconocer que su naturaleza continúa siendo un misterio.

Admisión de la gracia

De nuevo nos encontramos ante la paradoja. A lo largo de toda la obra nos hemos ocupado del desarrollo espiritual como si fuera un proceso ordenado y predecible; se ha dado a entender que el desarrollo espiritual podía aprenderse como se aprende cualquier otro conocimiento, mediante un curso de doctorado; si uno paga la matrícula y trabaja en serio, obtendrá el título. He interpretado las palabras de Cristo «Muchos son los llamados pero pocos los escogidos» como que son muy pocos los que deciden escuchar la llamada de la gracia, a causa de las dificultades que entraña. Con esta interpretación he indicado que el hecho de ser o no ser bendecidos por la gracia depende de nuestra elección; he querido decir que la gracia se gana. Y sé que es así, aunque al mismo tiempo sé que no es enteramente así, ya que no nos acercamos a la gracia, sino que es ella la que viene a nosotros; por más que nos esforcemos por obtener la gracia, ésta puede eludirnos y si no la buscamos, ella puede encontrarnos. De manera consciente podemos desear ávidamente la vida espiritual, pero descubrir luego toda clase de obstáculos en nuestro camino. O bien podemos sentirnos poco atraídos por la vida espiritual y, sin embargo, sentirnos llamados por ella a nuestro pesar. Aunque a un nivel decidimos si escuchamos o no la llamada de la gracia, a otro nivel parece claro que es Dios quien decide. La experiencia común de los que han alcanzado un estado de gracia, de aquellos a quienes les ha sido otorgada la «vida procedente del cielo» es una experiencia de admiración por haber llegado a ese estado, pero no sienten que se lo han ganado; aunque pueden tener una conciencia realista acerca de la naturaleza de su bondad, no atribuyen esta naturaleza a su propia voluntad, sino que más bien creen que ha sido creada por manos más sabias y más diestras que las suyas. Los que se encuentran más cerca de la gracia son los que tienen mayor conciencia del misterioso carácter del don recibido.

¿Cómo resolver esta paradoja? No lo sé. Quizás lo mejor que se puede decir es que a pesar de que no podemos obtener la gracia por nuestra voluntad, sí podemos conseguirla siendo receptivos a su milagrosa llegada, preparándonos para ser terreno fértil, para darle la bienvenida. Si somos totalmente disciplinados, si nos convertimos en personas llenas de amor, aunque ignoremos la teología y no dediquemos ningún pensamiento a Dios, estaremos preparados para recibir la gracia. Por el contrario, el estudio de la teología es, en sí mismo, un medio de preparación completamente inútil. Sin embargo, he escrito esta sección porque creo que reconocer la existencia de la gracia puede ayudar en gran medida a los que han decidido seguir por la difícil senda del desarrollo espiritual. En efecto, esta conciencia les facilitará el viaje, por lo menos de tres maneras:

les ayudará a beneficiarse con la gracia durante todo el camino, les dará una orientación y los alentará.

La paradoja que supone el que, a la vez, nosotros podamos decidirnos por la gracia y ésta nos pueda elegir a nosotros, es la esencia del fenómeno de la casualidad afortunada, que ya hemos definido como «la cualidad de hallar cosas valiosas o agradables no buscadas». Buda alcanzó la iluminación sólo cuando dejó de buscarla, cuando dejó que la luz fuera hacia él. Por otro lado, ¿quién puede dudar que la iluminación le llegó precisamente porque había dedicado por lo menos dieciséis años de su vida a buscarla? Su objetivo fue ambas cosas: buscarla y no buscarla. También las Furias se transformaron en portadoras de gracia, precisamente porque Orestes se esforzó por alcanzar el favor de los dioses y, al mismo tiempo, no esperaba que los dioses le facilitaran el camino. Como consecuencia de esta misma mezcla paradójica de buscar y no buscar, Orestes obtuvo el don de la «casualidad afortunada» y las bendiciones de la gracia.

La manera en que los pacientes utilizan los sueños en psicoterapia demuestra habitualmente este mismo fenómeno. Algunos pacientes, sabiendo que los sueños contienen respuestas a sus problemas, tratan ansiosamente de buscarlas, y registran de manera deliberada, mecánica y con muchos esfuerzos, cada uno de sus sueños, detallándolos de tal manera que acuden a las sesiones terapéuticas con montones de sueños anotados que en realidad les ayudan bien poco porque lo cierto es que todo este material onírico puede ser un impedimento a su terapia. En primer lugar, no se dispone de tiempo suficiente en la hora que dura la terapia para analizar todos esos sueños. Además, el voluminoso material onírico puede impedir el trabajo en otros ámbitos más fructíferos del análisis. Y, finalmente, es probable que todo el material resulte singularmente oscuro. Hay que enseñar a estos pacientes a no obstinarse en analizar sus sueños y a dejar que éstos les lleguen espontáneamente, de manera que sea su inconsciente el que decida qué sueños han de entrar en la conciencia. Esta enseñanza puede resultar muy difícil, puesto que exige que el paciente afloje un poco su control y entre en una relación más pasiva con su propia psique; pero una vez que el paciente aprende a no hacer esfuerzos conscientes para atrapar sus sueños, el material onírico recordado disminuye en cuanto a cantidad, pero aumenta espectacularmente en cuanto a calidad. De esta manera, los sueños del paciente —esos dones del inconsciente, ahora ya no buscados— facilitan el proceso curativo que se desea. Si miramos la otra cara de la moneda, comprobamos que hay muchos pacientes que entran en psicoterapia sin tener el menor conocimiento o la menor comprensión del inmenso valor que pueden tener los sueños para ellos. Por consiguiente, apartan de su conciencia todo el material onírico considerándolo carente de importancia. A esos pacientes hay que enseñarles primero a recordar sus sueños y luego a percibir y apreciar los tesoros que ellos contienen. Para utilizar los sueños de manera efectiva, debemos esforzarnos para adquirir conciencia de su valor y beneficiarnos de ellos cuando acuden a nosotros, y también hemos de esforzarnos a veces para no buscarlos o esperarlos. Debemos dejar que sean verdaderos dones; así ocurre con la gracia. Ya hemos visto que los sueños son sólo una de las formas de recibir los dones de la gracia. El mismo enfoque paradójico debería emplearse en todas las otras formas: intuiciones repentinas, premoniciones y otros hechos sincrónicos, y también debería emplearse en el amor. Todo el mundo desea ser amado, pero primero hay que hacerse digno del amor. Nos preparamos para ser amados convirtiéndonos en seres humanos llenos de amor y disciplina. Si buscamos ser amados —y lo esperamos— este deseo no se cumplirá; seremos sólo personas dependientes y ávidas de amor, pero no auténticos amantes. En cambio, cuando impulsemos nuestro desarrollo y el de otros, sin el interés de hallar una recompensa, nos haremos dignos del amor y la recompensa será el sentirnos amados. Así ocurre con el amor humano y también con el amor de Dios.

Una de las principales finalidades de esta sección sobre la gracia ha sido ayudar a aprender la capacidad de la «casualidad afortunada» a quienes avanzan hacia el camino del desarrollo espiritual. Y volvamos a definir ahora la «casualidad afortunada» entendida, no ya como un don en sí mismo, sino como una capacidad para reconocer y utilizar los dones de la gracia que recibimos del inconsciente. Con esta capacidad comprobaremos que nuestro viaje hacia el desarrollo espiritual está guiado por la mano invisible y la inimaginable sabiduría de Dios, con una exactitud infinitamente mayor de la que podría ser capaz nuestro consciente por sí solo. Con esta guía, el viaje se hace cada vez más rápidamente.

De una manera u otra estos conceptos fueron formulados antes por Buda, por Cristo, por Lao Tse y por muchos otros. La originalidad de este libro estriba en que yo llegué a las mismas ideas a través de los desviados caminos individuales de mi vida en el siglo XX. Si el lector aspira a una mayor comprensión que la que ofrecen estas modernas anotaciones, debe remitirse a los antiguos textos, en los que la encontrará, pero no debe esperar hallar más detalles, porque hay muchas personas que, a causa de su pasividad, dependencia, temor y pereza, quieren que se les muestre cada centímetro del camino y que se les afirme que cada paso que van a dar será seguro y digno de esfuerzo. Esto no se puede hacer, ya que aunque el viaje hacia el desarrollo espiritual exige valor, iniciativa e independencia de pensamiento, además de la acción y las palabras de los profetas y la ayuda de la gracia, este camino ha de recorrerse en soledad; ningún maestro puede guiarnos, no hay fórmulas precisas. Los ritos son sólo medios auxiliares de aprendizaje, pero no son el saber mismo. Comer carne, decir cinco avemarías antes del desayuno, rezar mirando al este o al oeste o ir a la iglesia los domingos, no nos llevará a nuestro destino. Ninguna palabra, ninguna doctrina librará al viajero espiritual de la necesidad de recorrer su propio camino, con esfuerzo y angustia, a través de las circunstancias únicas de su propia vida, hacia la meta de identificar su yo individual con Dios.

Incluso cuando comprendemos estas cuestiones, el viaje hacia el desarrollo espiritual es tan solitario y difícil que a menudo nos desanimamos. Vivimos en la era de la ciencia, lo cual, aunque presenta un aspecto positivo, encierra una dificultad nada alentadora. Creemos en los principios mecánicos del universo, no en los milagros. Por medio de la ciencia sabemos que el sitio en el que vivimos no es más que uno de los planetas de un astro perdido en medio de una galaxia situada entre muchas otras galaxias, y de la misma manera que nos parece estar perdidos en medio de la enormidad del universo, la ciencia nos da una imagen de nosotros mismos como seres irremisiblemente determinados y regidos por fuerzas internas que no están sometidas a nuestra voluntad (moléculas químicas de nuestro cerebro y conflictos de nuestro inconsciente). De este modo, reemplazamos nuestros mitos humanos por la información que nos proporciona la ciencia y nos convertimos en seres insignificantes como individuos y como especie, en medio de un universo cuyas dimensiones ni siquiera la ciencia puede medir.

Y, sin embargo, es esta misma ciencia la que, en cierto modo, me ha ayudado a percibir el fenómeno de la gracia, a través del cual esa imagen del género humano como algo insignificante empieza a perder validez, pues la existencia, más allá de nuestro consciente, de una fuerza que nos ayuda a evolucionar, indica que nuestro desarrollo espiritual es sumamente importante para alguien cuya grandeza es superior a la nuestra; ese alguien es Dios. La existencia de la gracia es en principio una prueba no sólo de la existencia de Dios, sino también de que Su voluntad está dedicada a la evolución espiritual del ser humano. Lo que parecía un cuento de hadas es la realidad: vivimos nuestra vida a la vista de Dios, somos el centro de su visión y de su interés. Es probable que el universo, tal como lo conocemos, no sea más que un peldaño que nos conduce al reino de Dios y, por supuesto, no estamos perdidos en ese universo, sino al contrario, ya que el fenómeno de la gracia indica que la humanidad está en el centro del universo. Cuando mis pacientes dejan de sentirse importantes y se desaniman ante el esfuerzo que requiere la terapia, suelo decirles que el género humano está dando un salto evolutivo y «que tengamos éxito o no al dar ese salto, depende de su propia responsabilidad», y de la mía. El universo, ya lo hemos dicho, es un peldaño que nos allana el camino, pero nos corresponde a nosotros recorrerlo trecho a trecho. La gracia nos ayuda a no tropezar y, por ella, sabemos que somos bienvenidos. ¿Qué más podemos decir?

Epílogo

Durante el tiempo transcurrido desde que apareció la primera edición, he tenido la satisfacción de recibir muchas cartas de lectores de *La nueva psicología del amor*. Todas han sido cartas extraordinarias, inteligentes, claras y también afectuosas. Además de expresar comprensión, la mayoría de ellas contenían otros regalos: poesías oportunas, citas útiles de otros autores, dosis de sabiduría y descripciones de experiencias personales. Estas cartas han enriquecido mi vida. Se me ha demostrado que en todo el país hay multitud —mucho más inmensa que lo que yo había creído— de personas que han estado recorriendo silenciosamente largas distancias, por el poco transitado camino del desarrollo espiritual. Esas personas me han dado las gracias por haber reducido su sensación de soledad en el viaje y yo, a mi vez, les agradezco el mismo servicio.

Algunos lectores han puesto en tela de juicio mi fe en la eficacia de la psicoterapia. He dicho que la calidad de los psicoterapeutas varía enormemente. Y continúo creyendo que la mayoría de las personas que no logran beneficiarse con el trabajo de un terapeuta competente, deben culpar de ello a su falta de disposición para afrontar los rigores del trabajo terapéutico. Sin embargo, quiero aprovechar para especificar que hay una pequeña minoría de personas —tal vez el cinco por ciento—, con unos problemas psiquiátricos cuya naturaleza no responde a la psicoterapia, que pueden agravarse a consecuencia de la profunda introspección que implica la labor psicoterapéutica.

Es muy improbable que pertenezca a este cinco por ciento quien haya leído enteramente el libro y haya entendido su mensaje. En todo caso, un terapeuta competente tiene la responsabilidad de distinguir cuidadosamente, y a veces de forma gradual, a los pocos pacientes a los que no conviene someter al trabajo psicoanalítico, sino que corresponde orientarlos hacia otras formas de tratamiento que puedan resultarles beneficiosas.

Pero ¿qué es un psicoterapeuta competente? Varios lectores de mi libro que buscaban ayuda psicoterapéutica, me han escrito para preguntarme cómo elegir al terapeuta adecuado y distinguir entre el competente y el incompetente. Mi primer consejo es que se tome seriamente tal elección. Es una de las decisiones más importantes que uno pueda tomar en su vida. La psicoterapia representa una gran inversión, no sólo de dinero, sino de tiempo y de energía. Es lo que los agentes de bolsa llamarían una inversión de alto riesgo. Si la elección es acertada, proporcionará unos dividendos espirituales con los que el paciente ni siquiera había soñado. Si la elección es mala, difícilmente producirá daños reales, pero significará malgastar dinero, tiempo y energías.

De manera que no hay que vacilar en buscar una y otra vez lo que resulta conveniente. Ni tampoco hay que vacilar en confiar en las primeras impresiones o intuiciones. Generalmente, en una sola entrevista con un terapeuta, el paciente puede tener buenas o malas «corazonadas». Si son malas, pagará los honorarios correspondientes a esa entrevista y acudirá a otro. Estas impresiones son, por lo general, intangibles, pero pueden tener su origen en pequeños indicios tangibles. Cuando en 1966 me sometí a terapia, estaba muy preocupado por la circunstancia, para mí inmoral, de que Estados Unidos intervinieran en la guerra de Vietnam. En la sala de espera de mi terapeuta había ejemplares de *Ramparts* y de la *New York Review of Books*, ambas, publicaciones liberales y antibélicas. Antes de haber visto al terapeuta, yo ya tenía una buena impresión de él por ese detalle.

Pero más importante que las inclinaciones políticas, la edad o el sexo del terapeuta, es el hecho de que sea una persona capaz de interesarse de verdad por el paciente. Esto también se puede notar en seguida, aunque el terapeuta no se precipite hacia el paciente, con estridentes y efusivas palabras de amabilidad. Si los terapeutas son capaces de preocuparse por el paciente, también serán cautelosos, disciplinados y habitualmente reservados, pero una persona siempre puede intuir si la reserva encubre frialdad o calidez.

Así como al entrevistar a un posible paciente, los terapeutas consideran si lo aceptan o no, es perfectamente correcto que el paciente haga, a su vez, lo mismo. Es importante que el posible paciente no se abstenga de preguntarle al terapeuta qué piensa sobre determinadas cuestiones, como por ejemplo la liberación de las mujeres, la homosexualidad o la religión.

Uno tiene derecho a recibir respuestas sinceras, francas y claras. En cuanto a otro tipo de cuestiones —como la de saber cuánto tiempo podría durar la terapia o si el salpullido de la piel es un síntoma psicosomático—, es bueno confiar en el terapeuta que confiesa desconocerlo. Lo cierto es que las personas muy instruidas, que han alcanzado éxito en cualquier profesión y que admiten su ignorancia, son por lo general las más experimentadas y dignas de confianza.

La capacidad de un terapeuta guarda muy poca relación con los títulos que posee. Los diplomas universitarios no certifican el amor, el valor y la sabiduría. Por ejemplo, psiquiatras que cuentan con certificados de profesionales reconocidos y terapeutas con los títulos más prestigiosos, tienen que haber pasado por cursos de formación suficientemente rigurosos, para que los pacientes tengan la seguridad de no haber caído en manos de un charlatán. Pero un psiquiatra no es necesariamente mejor terapeuta que un psicólogo, un asistente social o un sacerdote... y a veces ni siquiera es tan bueno como éstos. Y lo cierto es que dos de los mejores terapeutas que conozco carecen de títulos universitarios.

La información oral es, a menudo, el mejor sistema para buscar a un psicoterapeuta. Si el lector tiene algún amigo que está satisfecho con los servicios de un determinado terapeuta, ¿por qué no seguir su recomendación? Otra manera muy aconsejable, si los síntomas son graves o si el paciente tiene además dificultades físicas, sería empezar con un psiquiatra. Por su formación médica, los psiquiatras son generalmente los terapeutas más caros, pero están en las mejores condiciones para comprender todos los aspectos de la situación. Al terminar la primera visita, una vez que el psiquiatra ha tenido ocasión de considerar las dimensiones del problema, se le puede pedir que aconseje un terapeuta más asequible, aunque no sea médico. Los mejores psiquiatras estarán dispuestos a indicar a los terapeutas más competentes. Por supuesto, si este médico nos produce buena impresión y él mismo está dispuesto a aceptarnos como pacientes, conviene que nos quedemos con él.

Si no se dispone de dinero ni de cobertura médica para la psicoterapia, la única opción es solicitar la asistencia de una clínica de salud mental o establecimiento psiquiátrico financiado por la administración pública. Allí se establecerá una retribución que esté de acuerdo con los medios del paciente, quien puede estar completamente seguro de que no caerá en manos de un chapucero. Por otro lado, la psicoterapia practicada en las clínicas suele ser superficial, de manera que las posibilidades de elegir a un terapeuta adecuado pueden ser muy limitadas. A pesar de ello, con frecuencia se obtienen muy buenos resultados.

Estas breves pautas tal vez no hayan sido tan específicas como querrían los lectores. Pero el mensaje central consiste en que, como la psicoterapia exige una relación psicológicamente intensa e íntima entre dos seres humanos, no se puede rehuir la responsabilidad de elegir personalmente al otro ser humano en quien uno pueda confiar y a quien pueda tomar como guía. El mejor terapeuta para una persona puede no ser el mejor para otra. Cada persona, terapeuta y paciente, es única; de modo que uno debe confiar en su propio juicio intuitivo, que también es único. Todo ello implica ciertos riesgos, por lo que le deseo suerte al lector. Dado que el acto de someterse a psicoterapia, con todo lo que ésta supone, es un acto de valor, quien da este paso, cuenta con mi admiración.

M. Scott Peck
Bliss Road
New Preston, Conn. 06777
U. S. A.
Marzo de 1979

Notas

I. LA DISCIPLINA

1. La primera de las «cuatro verdades nobles» que enseñó Buda fue que «la vida es sufrimiento».

2. *Collected Works of C. G. Jung*, trad. inglesa, Princeton University Press, Princeton (Nueva Jersey), 1973 (2.ª ed.), vol. II, *Psychology and Religion: West and East*, 75.

3. Que yo sepa, el lugar donde el tema de la libertad de elegir entre dos males se define con mayor rigor, incluso con sensibilidad poética, es el capítulo «Freedom and Necessity», de *How People Change*, del psiquiatra Allen Wheelis, Harper and Row, Nueva York, 1973. Recomiendo su lectura a quien desee estudiar más detalladamente la cuestión.

4. Hilde Bruch, *Learning Psychotherapy*, Harvard Univ. Press, Cambridge (Mass.), 1974, p. ix.

5. No sólo los individuos sino también las organizaciones se caracterizan por querer lavarse las manos. En cierta ocasión, el jefe del Estado Mayor del Ejército me encargó que preparara un análisis de las causas psicológicas de las atrocidades de My Lai y de su ulterior encubrimiento, y sugerí ciertas investigaciones tendentes a impedir que semejante conducta se repitiera. El Estado Mayor del Ejército desautorizó las sugerencias, alegando que las investigaciones no podrían mantenerse en secreto. «La existencia de esas investigaciones —me dijeron— nos pondría a merced de las peticiones de responsabilidades. En este momento, ni el presidente ni el ejército necesitan más peticiones de cuentas.» De manera que el análisis de las razones causantes de un incidente que hubo que ocultar tuvo que ocultarse igualmente. Semejante conducta no se limita a los militares o a la Casa Blanca; por el contrario, es común al Congreso, a otras ramas de la administración nacional, empresas e incluso universidades y organizaciones benéficas; en suma, es común a todas las organizaciones humanas. Así como es necesario que los individuos acepten y agradezcan las críticas que se hagan a su mapa de la realidad y a su *modus operandi*, si quieren acrecentar su sabiduría y efectividad, también es necesario que las organizaciones acepten de buen grado las peticiones de cuentas y las críticas, si quieren ser instituciones viables de progreso. Esta circunstancia es cada vez más reconoci-

da por individuos como John Gardner, de Common Cause, para quien es evidente que una de las labores más importantes que debe afrontar nuestra sociedad en las próximas décadas es instaurar en las estructuras burocráticas de nuestras organizaciones un espíritu abierto a las críticas, un espíritu que responda a ellas y que reemplace la resistencia institucionalizada que actualmente es típica de las organizaciones.

6. La CIA, que es particularmente experta en este terreno, emplea un sistema de clasificación más complicado, como es lógico, y hablaría de propaganda blanca, gris y negra, donde la gris sería una sola mentira negra, y la negra una mentira negra falsamente atribuida a otra fuente.

7. Muchos son los factores que pueden interferir en el proceso de renuncia y, por lo tanto, convertir una depresión normal y saludable en patológica y crónica. De todos los factores posibles, uno de los más comunes y poderosos es una red de experiencias de la infancia en que los padres o el destino, insensibles a las necesidades del niño, le quitan «cosas» antes de que el niño esté psicológicamente preparado para renunciar a ellas o sea suficientemente fuerte para aceptar su pérdida. Esta red de experiencias de la niñez sensibiliza al niño ante la experiencia de la pérdida y le crea una tendencia, mucho más fuerte que la que se encuentra en individuos más afortunados, a aferrarse a «cosas» y a evitar el sufrimiento de la pérdida o la renuncia de esas cosas. Por esta razón, aunque todas las depresiones patológicas entrañen un bloqueo del proceso de renuncia, creo que existe un tipo de depresión neurótica crónica que tiene su raíz central en un daño traumático infligido a la capacidad fundamental del individuo para renunciar a algo; a este subtipo de depresión lo llamaría «neurosis de renuncia».

8. Harper and Row, Nueva York, 1970, p. 28.

9. T. S Eliot, «The Journey of the Magi» [1936], en *The Complete Poems and Plays, 1909-1950*, Harcourt Brace, Nueva York, 1952, p. 69.

10. Citado por Erich Fromm, *The Sane Society*, Rinehart, Nueva York, 1955.

II. EL AMOR

11. Quienes hayan leído *Open Marriage* de O'Neils, reconocerán que éste es el principio básico del matrimonio abierto, que se opone al cerrado. El trabajo con parejas me ha convencido de que el matrimonio abierto es la única clase de matrimonio maduro realmente saludable y que no tiende a destruir la salud y el desarrollo espiritual de los miembros de la pareja.

12. *Religions, Values, and Peak-Experiences*, Viking, Nueva York, 1970.

13. Reconozco la posibilidad de que esta concepción sea falsa; de que toda la materia, la animada y la inanimada, posea espíritu. La distinción que hacemos entre nosotros como seres humanos y los seres «inferiores», los animales y las plantas, y también los seres inanimados, la tierra y las piedras, es una manifestación de la *maya*, o apariencia engañosa, en el

marco de referencia de la mística. Lo cierto es que hay niveles de comprensión. En este libro abordo el amor a un nivel determinado. Por desgracia, mi capacidad de comunicación no puede abarcar más de un nivel al mismo tiempo, ni puede tener más que un atisbo esporádico de un nivel diferente de aquel en que me comunico.

14. Rollo May, *Love and Will*, Delta Books (Dell), Nueva York, 1969, p. 220. (Trad. cast., *El amor y la voluntad*, Emecé Editores, Buenos Aires, 1971.)

15. Véase Carlos Castaneda, *The Teachings of Don Juan: A Yaqui Way of Knowledge; A Separate Reality; Journey to Ixtlan* y *Tales of Power*. A un nivel amplio, son libros sobre el proceso psicoterapéutico. (De todos ellos hay trad. castellana.)

16. La importancia de la distinción entre paternidad biológica y paternidad psicológica se halla clara e ingeniosamente expuesta en Goldstein, Freud y Solnit, *Beyond the Best Interests of the Child*, Macmillan, 1973.

17. *The Cloud of Unknowing*, Julian Press, Nueva York, 1969, p. 92.

18. «Love Is Everywhere», de John Denver, Joe Henry, Steve Weisberg y John Martin Sommers. Copyright, 1975. Cherry Lane Music Co.

19. *The Prophet*, Alfred A. Knopf, Nueva York, 1955, pp. 17-18. (Hay trad. cast.)

20. «To My Dear and Loving Husband», de 1678. En Walter Blair y otros (eds.), *The Literature of the United States*, Scott, Foresman, Glenview (Illinois), 1953, p. 159.

21. *The Prophet*, cit., pp. 15-16.

22. Véase Peter Brent, *The God Men of India*, Quadrangle Books, Nueva York, 1972.

III. DESARROLLO Y RELIGION

23. Con frecuencia (aunque no siempre), la esencia de la niñez de un paciente y, por lo tanto, la esencia de su concepción del mundo, está grabada en los «primeros recuerdos». Por esto les digo a menudo a mis pacientes: «Cuénteme el recuerdo más antiguo que tenga». Aseguran que no pueden porque tienen muchos recuerdos tempranos, pero cuando les presiono para que elijan uno, la respuesta puede variar desde: «Bueno, recuerdo a mi madre cogiéndome en brazos para enseñarme una bonita puesta de sol», hasta «Me veo sentado en el suelo de la cocina. Había mojado los pañales y mi madre agitaba un cucharón en el aire mientras me gritaba». Es probable que estos primeros recuerdos, lo mismo que el fenómeno de los recuerdos encubridores, sean recordados precisamente porque simbolizan con exactitud la naturaleza de la primera infancia de una persona. No es sorprendente, pues, que la modalidad de estos primeros recuerdos sea con frecuencia la misma que tienen los más profundos sentimientos de un paciente con respecto a la naturaleza de la existencia.

315

24. Bryant Wedge y Cyril Muromcew, «Psychological Factors in Soviet Disarmament Negotiation», *Journal of Conflict Resolution*, 9, n.º 1 (marzo, 1965), pp. 18-36. (Véase también Bryant Wedge, «A Note on Soviet-American Negotiation», *Proceedings of the Emergency Conference on Hostility, Aggression, and War*, American Association for Social Psychiatry, noviembre, 17-18, 1961.)

25. Alan W. Jones, *Journey Into Christ*, Seabury Press, Nueva York, 1977, pp. 91-92.

26. Citado por Idries Shah, *The Way of the Sufi*, Dutton, Nueva York, 1970, p. 44.

27. *Science and the Common Understanding*, Simon and Schuster, Nueva York, 1953, p. 40.

28. Michael Stark y Michael Washburn, «Beyond the Norm: A Speculative Model of Self-Realization», *Journal of Religion and Health*, vol. 16, n.º 1 (1977), pp. 58-59.

IV. LA GRACIA

29. «Amazing Grace», de John Newton (1725-1807).

30. «An Experimental Approach to Dreams and Telepathy: II Report of Three Studies», *American Journal of Psychiatry* (marzo, 1970), pp. 1282-1289. Recomendamos la lectura de este artículo a quien no esté todavía convencido de la realidad de la percepción extrasensorial o dude de su validez científica.

31. Joseph Campbell (ed.), *The Portable Jung*, Viking Press, Nueva York, 1971, pp. 511-512.

32. *Revelations of Divine Love*, cap. VI, British Book Centre, Nueva York, 1923, ed. a cargo de Grace Warrack.

33. La opinión de que la evolución va contra la ley natural no es nueva ni original. Recuerdo haber leído en mis años de universidad un libro donde se decía que «La evolución es una contracorriente en la segunda ley de la termodinámica», pero por desgracia no he podido localizar el título. Para una exposición contextualizada de la idea, cf. Buckminster Fuller, *And It Came to Pass-Not to Stay*, Macmillan, Nueva York, 1976.

34. André P. Derdeyn, «Child Custody Contests in Historical Perspective», *American Journal of Psychiatry*, vol. 133, n.º 12 (diciembre 1976), p. 1369.

35. C. G. Jung, *Memories, Dreams, Reflections*, Vintage Books, Nueva York, 1965, ed. a cargo de Aniela Jaffe, p. 4.

36. Reconozco que este esquema de la enfermedad mental está muy simplificado. Por ejemplo, no tiene en cuenta factores físicos o bioquímicos que en ciertos casos pueden ser importantes e incluso predominantes. También reconozco que es posible que individuos que estén mucho más en contacto con la realidad que sus conciudadanos puedan ser tachados de

«insanos» por una «sociedad enferma». Con todo, el esquema que aquí presentamos es válido en la gran mayoría de los casos de enfermedad mental.

37. Mateo 5, 3.

38. Hay varias versiones de este mito con sustanciales diferencias entre sí. Ninguna versión es más exacta que otra. La que presentamos aquí se ha tomado en su mayor parte de Edith Hamilton, *Mythology*, Mentor Books, New American Library, Nueva York, 1958. Me fijé en este mito por la forma de enfocarlo de Rollo May en su libro *Love and Will* y de T. S. Eliot en la obra teatral *The Family Reunion*.

39. Mateo, 22, 14; véase también 20, 16.

40. T. S. Eliot, *Murder in the Cathedral* (1936), en *The Complete Poems and Plays, 1909-1950* (Harcourt Brace, Nueva York, 1952), pp. 198-199.

41. 1 Jn. 7. *Patrología Latina*, 35, 2033.

42. Juan 3, 8.